"十二五"职业教育国家规划教材
经全国职业教育教材审定委员会审定
航空运输类专业系列教材

客舱服务（第2版）

廖正非　陈　卓　主　编
杨　菲　汤　黎　副主编

电子工业出版社
Publishing House of Electronics Industry
北京·BEIJING

内 容 简 介

本书从专业的角度全方位揭示了民航乘务员（空中乘务员）岗位的工作内容、工作程序、注意事项及要求。本书共7个学习单元，用五项航班飞行任务作为载体，包括民航乘务员基础知识、客舱服务基本技能、特殊旅客服务、特殊情况（航班延误）处置等内容，涵盖了民航乘务员服务工作所涉及的各个方面。本书内容实用、丰富，按照民航乘务员岗位工作实际和学生认知学习的规律安排了适当的训练内容，最终引导学生应用知识，掌握岗位技能，逐步具备民航乘务员岗位所需的专业能力和综合素质。

本书可作为高职院校空中乘务、航空服务专业的教材，也可作为普通高等学校相关专业教材，以及从事航空旅客服务的工作人员的参考用书。

未经许可，不得以任何方式复制或抄袭本书之部分或全部内容。
版权所有，侵权必究。

图书在版编目（CIP）数据

客舱服务/廖正非，陈卓主编．—2版．—北京：电子工业出版社，2020.9（2025.8重印）

ISBN 978-7-121-37967-3

Ⅰ．①客… Ⅱ．①廖… ②陈… Ⅲ．①民用航空－旅客运输－商业服务－高等职业教育－教材 Ⅳ．①F560.9

中国版本图书馆 CIP 数据核字（2019）第 255768 号

责任编辑：李　静
印　　刷：北京捷迅佳彩印刷有限公司
装　　订：北京捷迅佳彩印刷有限公司
出版发行：电子工业出版社
　　　　　北京市海淀区万寿路173信箱　邮编：100036
开　　本：787×1092　1/16　印张：13　字数：333千字
版　　次：2016年3月第1版
　　　　　2020年9月第2版
印　　次：2025年8月第7次印刷
定　　价：42.00元

凡所购买电子工业出版社图书有缺损问题，请向购书店调换。若书店售缺，请与本社发行部联系，联系及邮购电话：（010）88254888，88258888。
质量投诉请发邮件至 zlts@phei.com.cn，盗版侵权举报请发邮件至 dbqq@phei.com.cn。
本书咨询联系方式：（010）88254604，lijing@phei.com.cn。

航空运输类专业系列教材
建设委员会

主任委员

马广岭（海航集团）
马　剑（北京临空国际技术研究院）
杨涵涛（三亚航空旅游职业学院）
李宗凌（奥凯航空有限公司）
李爱青（中国航空运输协会）
李殿春（香港航空公司）
吴三民（郑州中原国际航空控股发展有限公司）
李　赛（国际航空运输协会）
迟　焰（北京航空航天大学）
张武安（春秋航空股份有限公司）
张宝林（西安交通大学）
陈　燕（中国航空运输协会）
郑　越（长沙航空职业技术学院）
耿进友（北京外航服务公司）
黄　伟（重庆机场集团）
慕　琦（广州民航职业技术学院）

副主任委员

| 王　帅 | 江洪湖 | 汤　黎 | 陈　卓 | 何　梅 | 何　蕾 |
| 罗良翌 | 赵晓硕 | 赵淑桐 | 廖正非 | 熊盛新 | |

委　员

马晓虹	马爱聪	王　东	王　春	王　珺	王　蓓	王冉冉	王仙萌	王若竹
王远梅	王慧然	方凤玲	邓娟娟	孔庆棠	石月红	白冰如	宁　红	邢　蕾
先梦瑜	刘　科	刘　琴	刘　舒	刘连勋	刘晓婷	许　赟	许夏鑫	江　群
范　晔	杜　鹤	杨　敏	杨青云	杨祖高	杨振秋	李广春	吴甜甜	吴啸骅
汪小玲	张　进	张　琳	张　敬	张桂兰	陆　蓉	陈李静	陈晓燕	金　恒
金良奎	周科慧	庞　荣	郑菲菲	赵　艳	郝建萍	胡元群	胡成富	冒耀祺
鸥志鹏	钟波兰	姜　兰	拜明星	姚虹华	姚慧敏	夏　爽	党　杰	徐　竹
徐月芳	徐婷婷	高文霞	郭　凤	郭　宇	郭　沙	郭　婕	郭珍梅	郭素婷
郭雅荫	郭慧卿	唐红光	曹义莲	曹建华	崔学民	黄　山	黄　华	黄华勇
章　健	韩奋畤	韩海云	程秀全	傅志红	焦红卫	湛　明	温　俊	谢　芳
谢　苏	路　荣	谭卫娟	熊　忠	潘长宏	霍连才	魏亚波		

总策划　江洪湖

协助建设单位

国际航空运输协会	长沙南方职业学院	武汉东湖光电学校
春秋航空股份有限公司	长沙商贸旅游职业技术学院	闽西职业技术学院
奥凯航空有限公司	长沙民政学院	黄冈职业技术学院
香港快运航空公司	南京航空航天大学	衡水职业技术学院
重庆机场集团	浙江旅游职业学院	山东海事职业学院
北京外航服务公司	潍坊工程职业学院	安徽建工技师学院
北京临空国际技术研究院	江苏工程职业技术学院	安徽国防科技职业学院
郑州中原国际航空控股发展有限公司	江苏安全技术职业学院	惠州市财经职业技术学院
	湖南生物机电职业技术学院	黑龙江能源职业学院
杭州开元书局有限公司	河南交通职业技术学院	北京经济技术管理学院
三亚航空旅游职业学院	浙江交通职业技术学院	四川文化传媒职业学院
广州民航职业技术学院	新疆天山职业技术学院	济宁职业技术学院
浙江育英职业技术学院	正德职业技术学院	泉州海洋职业学院
西安航空职业技术学院	山东外贸职业学院	辽源职业技术学院
武汉职业技术学院	山东轻工职业学院	江海职业技术学院
武汉城市职业学院	三峡旅游职业技术学院	云南经济管理学院
江西青年职业学院	郑州大学	江苏航空职业技术学院
长沙航空职业技术学院	滨州学院	山东德州科技职业学院
成都航空职业技术学院	九江学院	河南工业贸易职业学院
上海民航职业技术学院	安阳学院	兰州航空工业职工大学
南京旅游职业学院	河南工学院	四川交通职业技术学院
西安交通大学	中国石油大学	烟台工程职业技术学院
三峡航空学院	厦门南洋学院	重庆第二师范学院
西安航空学院	广州市交通技师学院	南阳师范学院
北京理工大学	吉林经济管理干部学院	成都文理学院
北京城市学院	石家庄工程职业学院	郑州工商学院
烟台南山学院	陕西青年职业学院	云南旅游职业学院
青岛工学院	廊坊职业技术学院	武汉外语外事职业学院
西安航空职工大学	廊坊燕京职业技术学院	德阳川江职业学校
南通科技职业学院	秦皇岛职业技术学院	武汉外语外事职业学院
中国民航管理干部学院	广州珠江职业技术学院	湖北交通职业技术学院
郑州航空工业管理学院	广州涉外经济职业技术学院	

《客舱服务（第 2 版）》
编 委 会

主　编　　廖正非　陈　卓

副主编　　杨　菲　汤　黎

参　编　　罗娅晴　喻　萌　李璐珈

前言

当前，以高等职业教育为代表的中国职业教育正面临着新的突破性发展。高等职业教育教学改革已经从宏观层面逐步发展到微观层面，即根据专业所针对的岗位能力目标设置课程体系，面向岗位工作过程设定课程内容，根据学生的认知规律进行"课程整体教学设计"和"课程单元教学设计"。在进行课程改革的过程中，我们明显感觉到，原有的以理论知识的逻辑线索为依据的教材已无法满足课程整体能力目标实现的需要，也就是说，原有的教材只考虑了课程所需的理论知识，而没有考虑教师如何教及学生如何学等问题。我们理想中的教学，特别是针对高等职业教育的教学应该是理论知识、能力训练和实践尽可能一体化进行的，老师需要明确学生对于理论知识的掌握程度，从而帮助学生解决实际工作中可能遇到的问题。本书就是从高等职业教育教学改革的实际出发，针对民航乘务员岗位的客舱服务工作而编写的理论实践一体化的教材。

本书主要针对初级乘务员岗位客舱服务的工作需要，按照岗位实际工作过程及学生认知规律，从掌握客舱服务相关的基本知识开始，以航班飞行实际工作任务为载体，将航运知识与客舱服务工作有机地结合起来。本书内容从最简单的短航线服务训练开始，逐步到客舱餐饮服务训练、特殊旅客服务训练，以及航班延误服务训练。本书还以国际地区航班飞行的形式，增加了中级乘务员所需的部分知识技能训练；以客舱飞行管理的形式，增加了小部分高级乘务员所需的知识技能训练作为提高。训练内容由浅入深、通俗易懂，并附有大量的照片为学生学习和教师教学提供参考，实用性很强。训练内容由易到难，并在重复训练中逐步加深难度，操作性较强。

本书由廖正非、陈卓任主编，杨菲、汤黎任副主编。其中：学习单元1、2、5由廖正非编写；学习单元3由陈卓、罗娅晴编写；学习单元4由汤黎编写，学习单元5由杨菲编写；学习单元7由喻萌编写；附录由李璐珈编写。全书由廖正非统稿。

本书在编写过程中，得到了成都航空职业技术学院、三亚航空旅游职业学院、长沙航空职业技术学院、武汉职业技术学院等院校的领导、专家、同行的指导和帮助，在此表示衷心的感谢！此外，在编写本书的过程中编者还参阅了大量书籍、报刊等资料，在此，谨向所有有关作者表示衷心感谢！

限于编者的水平，书中可能存在遗漏和不妥之处，诚望广大读者和同行、专家批评指正。

廖正非

2020 年 6 月

目录

学习单元 1　乘务员基础知识 ... 1
1.1　乘务员应具备的专业素质 ... 1
1.2　乘务员的专业形象及行为规范 ... 2
1.2.1　专业形象 ... 2
1.2.2　行为规范 ... 4
1.3　乘务员部分专业术语 ... 7
1.4　乘务员常用英文代码 ... 9
1.5　乘务相关的安全知识 ... 10
1.5.1　客舱紧急设备 ... 10
1.5.2　客舱安全规定 ... 16
1.6　乘务相关的航空运输知识 ... 18
1.6.1　客票的一般规定 ... 18
1.6.2　特殊旅客 ... 18
1.6.3　行李运输 ... 19
1.6.4　飞机颠簸 ... 21
1.7　相关案例 ... 21
1.8　思考题 ... 22
1.9　知识链接 ... 22

学习单元 2　一小时以内的国内线普通舱服务 ... 26
2.1　训练情境 ... 26
2.2　前期知识 ... 27
2.2.1　客舱服务设备 ... 27
2.2.2　客舱安全设备 ... 28
2.3　训练内容 ... 28
2.3.1　预先准备阶段 ... 28
2.3.2　直接准备阶段 ... 31
2.3.3　飞行实施阶段 ... 34
2.3.4　航后讲评阶段 ... 39
2.3.5　训练指导 ... 39
2.4　相关案例 ... 39

2.5	思考题	41
2.6	知识链接	41
	2.6.1 九寨沟	41
	2.6.2 成都	42
	2.6.3 九寨黄龙机场	43
	2.6.4 成都双流国际机场	43

学习单元3 一个半小时左右的国内线普通舱服务 45

3.1	训练情境	45
3.2	前期知识	46
	3.2.1 客舱服务用品	46
	3.2.2 客舱安全设备	48
3.3	训练内容	48
	3.3.1 预先准备阶段	48
	3.3.2 直接准备阶段	50
	3.3.3 飞行实施阶段	52
	3.3.4 航后讲评阶段	63
	3.3.5 训练指导	63
3.4	相关案例	63
3.5	思考题	64
3.6	知识链接	65
	3.6.1 取消一小时以内航班餐食	65
	3.6.2 北京	66
	3.6.3 上海	67

学习单元4 两小时左右的国内线普通舱服务 68

4.1	训练情境	68
4.2	前期知识	68
	4.2.1 特殊旅客	68
	4.2.2 客舱设备介绍	75
	4.2.3 标准服务程序	78
4.3	训练内容	81
	4.3.1 预先准备阶段	81
	4.3.2 直接准备阶段	82
	4.3.3 飞行实施阶段	83
	4.3.4 飞行实施阶段中的个例服务	97
	4.3.5 航后讲评阶段	100
	4.3.6 训练指导	101

4.4　相关案例 ··· 101
4.5　思考题 ··· 103

学习单元5　三小时以上的航班 ··· 104

5.1　训练情境 ·· 104
5.2　前期知识 ·· 104
　　5.2.1　客舱服务 ·· 104
　　5.2.2　气象条件 ·· 106
5.3　训练内容 ·· 108
　　5.3.1　预先准备阶段 ·· 108
　　5.3.2　直接准备阶段 ·· 109
　　5.3.3　飞行实施阶段 ·· 112
　　5.3.4　航后讲评阶段 ·· 121
　　5.3.5　训练指导 ·· 121
5.4　相关案例 ·· 124
5.5　思考题 ··· 126
5.6　知识链接 ·· 126
　　5.6.1　航班延误或取消 ·· 126
　　5.6.2　广州新白云国际机场 ·· 126
　　5.6.3　乌鲁木齐地窝堡国际机场 ·· 127

学习单元6　国际地区航班 ·· 128

6.1　训练情境 ·· 128
6.2　前期知识 ·· 129
6.3　训练内容 ·· 131
　　6.3.1　预先准备阶段 ·· 131
　　6.3.2　直接准备阶段 ·· 134
　　6.3.3　飞行实施阶段 ·· 135
　　6.3.4　航后讲评阶段 ·· 147
　　6.3.5　训练指导 ·· 148
6.4　相关案例 ·· 148
6.5　思考题 ··· 149
6.6　知识链接 ·· 151
　　6.6.1　知名酒类品牌 ·· 151
　　6.6.2　常见蒸馏酒 ··· 151
　　6.6.3　新加坡 ··· 153
　　6.6.4　新加坡樟宜国际机场 ·· 155

学习单元 7　客舱服务管理 ……………………………………………………… 156
　7.1　客舱资源管理 …………………………………………………………… 156
　　　7.1.1　灯光调控管理 …………………………………………………… 156
　　　7.1.2　温度调控管理 …………………………………………………… 157
　　　7.1.3　厨房管理 ………………………………………………………… 158
　　　7.1.4　客舱环境管理 …………………………………………………… 158
　　　7.1.5　播放登机音乐管理 ……………………………………………… 158
　　　7.1.6　播放安全告示管理 ……………………………………………… 158
　　　7.1.7　机内广播管理 …………………………………………………… 159
　　　7.1.8　飞机喷洒药物的管理 …………………………………………… 159
　　　7.1.9　顾客物品保管的管理原则 ……………………………………… 159
　　　7.1.10　旅客出口座位安排管理 ……………………………………… 160
　　　7.1.11　客舱故障填写要求 …………………………………………… 161
　　　7.1.12　公邮、票证箱的签收及交接 ………………………………… 161
　　　7.1.13　食品单、餐食单的核实及签收 ……………………………… 161
　　　7.1.14　核销单的检查、签收及交接 ………………………………… 161
　　　7.1.15　货单、业务袋的签收及交接 ………………………………… 161
　7.2　顾客服务规范及管理 …………………………………………………… 162
　　　7.2.1　顾客服务规范 …………………………………………………… 162
　　　7.2.2　顾客服务管理 …………………………………………………… 167
　　　7.2.3　训练指导 ………………………………………………………… 170
　7.3　相关案例 ………………………………………………………………… 170
附录 A ……………………………………………………………………………… 172
参考文献 …………………………………………………………………………… 198

学习单元 1　乘务员基础知识

本学习单元讲解乘务员岗位所需的基本知识，旨在通过设定的训练项目进行养成训练和实践操作，了解乘务员岗位要求，完善职业形象，掌握乘务员岗位实操训练前所需基本知识、技能。

知识目标

（1）掌握乘务员仪容仪表行为规范等专业形象的要求。
（2）学习乘务员专业术语与乘务专业英文代码。
（3）了解机上应急设备操作、使用方法和检查要求。
（4）学习航空运输知识。

能力目标

（1）能够阅读任务书，查找执行航班任务所需的各种资料信息。
（2）能够按照乘务员出差标准做好自身的仪容仪表着装准备。
（3）掌握机上应急设备检查要求。
（4）完成客舱安全示范。

1.1　乘务员应具备的专业素质

民航乘务员又称空中乘务员，简称乘务员，是指根据空中服务程序、规范，以及客舱安全管理规则在飞机客舱内为旅客服务的人员。

乘务员的言谈举止、服务态度会给乘坐飞机的国内外旅客留下比较深刻的印象，一般旅客在谈及某个航空公司服务质量的时候，最容易进行比较的就是乘务员的服务。实际上，乘务员的服务水平也就是航空公司服务水平的重要体现。

乘务员在飞机上需要为旅客提供热情周到的服务，更重要的是需要提供机上安全的保证。在任何特殊的情况下，尽全力减少旅客安全事故的发生，是民航飞行的一个共识。

乘务工作的服务对象是不同国家、地区，不同文化层次、职业、年龄、地位，不同风俗习惯的旅客，因此服务存在差异性。为了满足不同服务对象的服务需求，乘务员需要提高自身的文化修养，掌握扎实的服务技能，运用具有亲和力的沟通交流技巧，把握旅客的服务需求及心理特点，完成航班服务工作。

1.2 乘务员的专业形象及行为规范

1.2.1 专业形象

乘务员的专业形象包括着装、发型、化妆、饰物佩戴等,其基本要求是美观、整洁、卫生、得体。

1. 乘务员的发型

女乘务员可以留短发,但发型不宜奇特。短发的前刘海不能遮住眉毛,短发的长度不能过肩。

女乘务员的长发需要束起来,盘于脑后,并佩戴统一的头花。如果束起的头发太少,无法将发髻充满,最好选择佩戴有织物能将发髻处遮住的头花,或者将发髻装饰满后再戴上头花。要求发面光洁,如果碎发较多,需使用啫喱水与黑色发卡将碎发固定[图1-1(a)、(b)]。长发刘海必须通过发胶使其服帖于额头,低头不下垂且高于眉毛。目前,中国国际航空股份有限公司(简称中国国际航空公司)、中国东方航空集团有限公司(简称东方航空公司)等航空公司女乘务员长发盘发不再使用头花,而改用隐形发网、盘发器、发卡等完成长发造型[图1-1(c)、(d)]。与以往戴头花的盘发发型相比,新发型更显简洁优雅、大方时尚。乘务员的发色只能是自然的黑色或深棕色。

 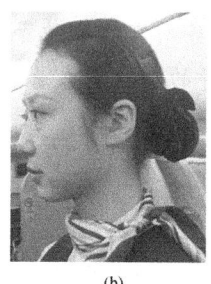  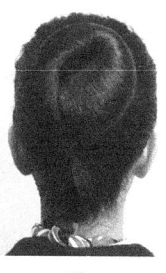

　　(a)　　　　　　(b)　　　　　　(c)　　　　　　(d)

图 1-1　女乘务员的长发发型

男乘务员的发型要求轮廓分明,修剪得体,保持整洁,两侧鬓角不能长于耳垂底部,头发后面的长度不超过衬衣领,前面的长度不遮盖眼部,男乘务员发型如图1-2所示。

   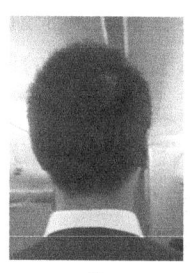

　　(a)　　　　　　(b)　　　　　　(c)　　　　　　(d)

图 1-2　男乘务员发型

2. 乘务员的化妆规定

乘务员的化妆属于职业妆范畴，要求保持容貌清雅、秀丽。选用与肤色协调接近的粉底，并确保脸和脖颈之间的色差不明显。眉毛修剪得当，眉形柔和，眉毛的颜色需接近头发的颜色。使用睫毛膏时，应注意不宜太浓，可选用黑色或棕色睫毛膏。彩妆（眼影、口红、腮红等）颜色按照公司妆容标准，与制服颜色相配，唇妆不得单独使用唇彩。此外，由于乘务员的工作环境基本上是在灯光下，所以乘务员的妆容会比一般的生活妆稍浓一些。良好的妆容会带给人神采奕奕的感觉。需要注意：乘务员不应在旅客面前补妆，在飞机上应养成在洗手间补妆修饰的习惯。

3. 乘务员的着装

乘务员出勤执行任务需统一穿着制服。穿制服、风衣、大衣行进时，需要戴帽子，帽子需戴在眉上方1～2指处。乘务员着制服时，必须系好纽扣，在穿风衣或大衣时，除系好纽扣外还需系好腰带。在执行航班任务的过程中，应根据服务阶段的不同要求统一着装，乘务员的制服需熨烫平整，保持干净，系好纽扣。男乘务员穿着衬衣时，应扣好纽扣、佩戴领带、肩章，并将衬衣下摆系入裤子中。裤子要熨烫平整，保持整洁干净。

登机前佩戴登机证，客舱服务时佩戴服务牌，服务牌佩戴在衬衣、马甲、制服、围裙左上侧。皮鞋应保持光亮、无破损，注意鞋后跟的保养、修理。乘务员应穿公司配发的袜子或与之同色的袜子。女乘务员在上、下飞机中穿中、高跟鞋。因为工作需要，乘务员的鞋跟通常都不会太细。

在提供餐饮服务时，女乘务员会穿戴围裙，围裙需要保持干净。在进入卫生间打扫卫生之前，需脱去围裙。

4. 乘务员的配饰

由于工作需要，乘务员出勤时需佩戴走时准确的手表，初始培训或飞行的乘务员经常会由于没有养成戴表的习惯而忘记，要多加注意。手表样式应简单，大小适中，不能佩戴装饰表。表带应是银色、金色的金属或黑色、棕色的皮质表带，宽度不超过2厘米。可戴一枚样式简洁的戒指，镶嵌物的直径不应超过5毫米。项链不能露在衬衣外面。在飞行中，不允许佩戴手链、手镯、脚链。可以佩戴一副耳钉，对称于耳垂部位，式样设计简单，大小不超过5毫米。

5. 乘务员仪容仪表的细节要求

由于乘务员的手和指甲会经常呈现在旅客面前，因此，保持手及指甲的干净、整洁是十分重要的。指甲油颜色以透明、淡粉为宜，不可彩绘指甲，涂指甲油的指甲长度不超过手指尖5毫米，不涂指甲油的指甲不超过手指尖2毫米，双手各手指甲的长度应保持一致。

如果男乘务员有吸烟的习惯，要注意手指不能留有抽烟时熏黄的痕迹，指甲应保持清洁，修剪整齐，无凹凸不平的边角，长度也不得超过手指尖2毫米。男乘务员在执行任务前，要剃净胡须，修剪鼻毛，不能留小胡子和络腮胡须。

🎯 训练项目

任务1-1 岗前仪容仪表检查

按照乘务员的专业形象要求检查自己的发型、妆容、着装等是否符合标准,并完成仪容仪表检查单(表1-1)的填写,也可以对照要求与小组同学进行互评。

表1-1 仪容仪表检查单

项目		是否达标	存在问题	解决办法及时间
发型	长度			
	发色			
	刘海			
	发面			
化妆	粉底			
	眉毛			
	眼部			
	腮红			
	口红			
着装	制服			
	皮鞋			
	袜子			
配饰	手表			
	项链			
	耳钉			
	其他			
细节	手部			
	指甲			

1.2.2 行为规范

1. 身体姿态

1)站姿

乘务员的站姿规范要求:上体正直,头正目平;收颔梗颈,挺胸收腹;双臂下垂,立腰收臀;嘴唇微闭,表情自然。由于性别差异,男乘务员的立姿要稳健,女乘务员要柔美。除肃立外,男乘务员可采取双手相握叠放于腹前的前腹式,或者双手背于身后相握的后背式站姿;女乘务员主要为前腹式,但双腿膝盖处要基本并拢,穿短裙时脚跟靠紧,脚掌分开呈"V"或"Y"状。注意:两肩的高度一致,不要弓背;不要使腰的位置下落;不要使身体歪斜和叉开双腿。要给旅客留下挺拔、舒展、健美的印象,站姿如图

1-3 所示。

2) 坐姿

乘务员的坐姿规范要求：上体正直，头部端正；双目平视，两肩齐平；下颏微收，双手自然搭放。坐好后，男乘务员双膝并拢或稍微分开，并视情况向一侧倾斜，两脚自然着地；女乘务员应温文尔雅，自然轻松。坐姿的基本要求是腰背挺直，手臂放松，双腿并拢。特别是就座于正向面对旅客的乘务员座位时，需注意并拢膝盖，手自然地搭放在两腿之间稍往前的位置。注意：不要跷腿，身体稍前倾；有桌子时，轻轻拉开椅子，从左侧进入，再坐下，不要发出太大的声音，坐姿要稳，身体稍微前倾，坐姿如图 1-4 所示。

3) 蹲姿

乘务员的蹲姿有高低式、交叉式、半蹲式、半跪式等。无论采用哪种蹲姿，女乘务员都要注意将两腿靠紧，保持上身挺直。注意：不要深度弯腰，应保持上身端正，蹲姿如图 1-5 所示。

图 1-3 站姿

图 1-4 坐姿

图 1-5 蹲姿

4) 行姿

乘务员的行姿规范要求：上身挺直，头正目平；收腹立腰，摆臂自然；步态优美、稳健、轻盈；动作协调。注意：在行走时，脚内侧在同一直线上，行姿要轻、稳、灵，不要给旅客留下慌慌张张的感觉，行姿如图 1-6 所示。

5) 鞠躬

乘务员的鞠躬规范要求：立正站立，背部伸直，以腰为轴前倾 15°、30°、45°。女乘务员的双手应在腹部相交，右手搭在左手上；男乘务员的双手在背后相交或双手下垂。注意：面带微笑，起身的速度比前倾的速度稍慢，起身后要微笑注视旅客的眼部，以传递善意与问候,鞠躬如图 1-7 所示。

图 1-6　行姿

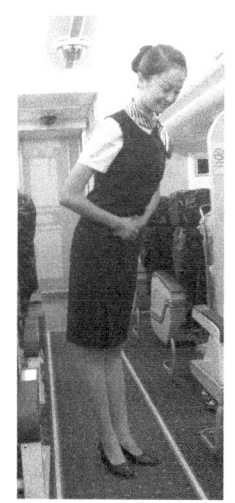

图 1-7　鞠躬

2. 表情与眼神

1) 微笑

乘务员的微笑应发自内心,自然、真诚、热情、友善,如图 1-8 所示。

(a)

(b)

(c)

(d)

图 1-8　微笑

2) 眼神

乘务员在面对旅客时,面部表情要自信而友善。在目光交互中,要用眼睛看着对方的两眼与额头中部之间的"上三角"部位,并在适当的时候与交谈对象做目光的交流。

3. 手势

作为人的一种肢体语言,乘务员的手势要恰如其分地表达情意,必须与人的眼神、面部表情密切结合,做到简洁明确、动作适度、自然得体、和谐统一。

手势的运用应注意与面部的表情和身体各部分协调一致,眼神应与手势的方向一致,大小臂之间的角度为 140°左右弯曲为宜,手心与地面成 45°,五指并拢,左手自然下垂。乘务员常用的手势包括引导、指示等,如图 1-9 所示。

(a)　　　　　　　　　　(b)

图 1-9　常用手势

4. 谈吐

乘务员彬彬有礼的谈吐要使用规范和礼貌的词语,应做到亲切、准确、诚挚、热情;发音规范、吐字清晰,不要含混不清;声调要适中,语气谦和,要用语准确。

训练项目

任务 1-2　自我介绍

用 1 分钟的时间完成中、英文的自我介绍。

提示:在自我介绍之前,先完成自我介绍的书面准备,用简练的语言充分突出自己的特点,给人留下良好、深刻的印象。

1.3　乘务员部分专业术语

(1) 任务:所飞航班计划。

(2) 签到:起飞前,在规定时间内在乘务员所执行的航班签到本上签名,或者通过网络完成确认。

(3) 准备会:飞行前,按规定的时间参加由乘务长组织的航前乘务会,主要内容有复习航线机型知识;分工了解业务知识;制订服务方案、客舱安全紧急脱离预案等。

(4) 机组会:在飞行前一天由机长召集,机组成员及带班乘务长参加,主要内容有汇报各工种准备情况;听取机长的有关要求等。

(5) 供应品:旅客和机组配备的航线上需要的物品总称。

(6) 回收：将机上剩余的供应品等清点后放入规定餐箱、餐车内，铅封好并填好回收单的工作过程。

(7) 操作分离器：将飞机客舱门紧急滑梯的手柄移动自动（预位）或人工（解除）位置的过程。

(8) 机上值班：在洲际长航线两餐服务之间，为保持乘务员的精力和体力而采取的轮换工作制度。

(9) 安全检查：飞机在起飞、下降、着陆、颠簸或紧急情况下，为确认旅客及各种设施符合安全规定而进行的检查，内容包括以下几项。

① 紧急出口、走廊、厕所无障碍物；

② 小桌板靠背在正常位置；

③ 行李架关好扣牢；

④ 厨房内所有物品固定好；

⑤ 拉好窗帘并固定好；

⑥ 系好安全带；

⑦ 禁止吸烟；

⑧ 禁止使用对无线导航设备有影响的电子设备。

(10) 巡视客舱：乘务员在客舱内走动，观察旅客需求、安全状况，处理特殊情况，提供及时、周到的服务。

(11) 清舱：在旅客登机前，安全员或乘务员检查机上所有部位，以确保机上无外来人、外来物。

(12) 旅客名单：写有旅客姓名、目的地座位号等内容的单子，通常由商务部门在飞机起飞前同业务袋一起送上飞机。

(13) 特殊餐：有特殊要求的餐食，如清真餐、素食、婴儿餐、犹太餐等。

(14) 预先准备：乘务工作的四个过程之一，指执行任务前至登机阶段的各项准备工作。

(15) 直接准备：乘务工作的四个过程之一，指乘务员登机后至乘客登机前的准备工作。

(16) 飞行实施：乘务工作的四个过程之一，指飞机开始滑行至乘务员下机前所有的服务工作。

(17) 航后讲评：乘务工作的四个过程之一，指完成航班任务之后的工作讲评。

(18) 航线图：标明飞机飞行航线、距离及地点的图示。

(19) 航班：在规定的航线上，使用规定的机型，按规定的日期、时刻进行的运输飞行。

(20) 载重表：航班载运旅客、行李、邮件、货物和集装设备重量的记录，是运输服务部门和机组之间、航线各站之间接载的凭证，记载着飞机的各种重要数据。

(21) 载重图：以空机重心指数作为计算的起点，确定飞机的起飞重心的位置，并根据飞机重心的要求,妥善安排旅客在飞机上的座位和各货舱载重的填制图。

(22)随机业务文件袋:总申报表、旅客舱单、载重平衡、货运单及邮件路单等业务文件,以及客、货、油舱等图。

1.4 乘务员常用英文代码

(1) F 舱:First Class 头等舱。

(2) C 舱:Business Class 公务舱。

(3) Y 舱:Economy Class 经济舱。

(4) CP:Chief Purser 主任乘务长。

(5) PS:Purser 乘务长。

(6) FS:头等舱乘务员。

(7) CS:公务舱乘务员。

(8) SS:普通舱乘务员。

(9) VIP:Very Important Person(重要旅客)包括政府官员、外交使节、部级以上领导、航空公司认可的要客。

(10) VVIP:Very Very Important Person(非常重要的旅客)包括国家元首、享受专机待遇的旅客。

(11) PAX:旅客。

(12) UM:无成人陪伴的小旅客。

训练项目

任务 1-3　读取航班飞行信息

根据给出的航班任务信息表(表1-2),说出有关飞行任务的内容,如起飞时间、机型、准备任务时间等。

表 1-2　航班任务信息

	日期	航班号	机型	机号	起飞城市	起飞时间	到达城市	到达时间	职务
1	4/APR	3U8889	A319	6043	CTU	16:20	PEK	18:45	SS
2	日期	航班号	机型	机号	起飞城市	起飞时间	到达城市	到达时间	职务
	6/MAY	CZ6885	B757	2852	URC	13:30	CAN	18:10	CS
3	日期	航班号	机型	机号	起飞城市	起飞时间	到达城市	到达时间	职务
	3/MAR	CA4111	B757	2841	CTU	19:00	PEK	21:40	CS
	4/MAR	CA585	B733	2537	PEK	06:50	YNT	08:10	CS
	4/MAR	CA4106	B757	2841	PEK	20:35	CTU	23:05	CS

(续表)

	日期	航班号	机型	机号	起飞城市	起飞时间	到达城市	到达时间	职务
4	8/JUN	CA4401	A340	2388	CTU	08:00	LXA	09:50	PS
	8/JUN	CA4103	A340	2388	CTU	13:20	PEK	15:45	CP
	日期	航班号	机型	机号	起飞城市	起飞时间	到达城市	到达时间	职务
5	2/SEP	ZH9879	B733	2933	SZX	14:20	TAO	17:15	FS
	日期	航班号	机型	机号	起飞城市	起飞时间	到达城市	到达时间	职务
6	1/AUG	FM9450	B733	2958	LYG	12:35	KMG	13:25	SS
	1/AUG	FM9450	B733	2958	KMG	14:25	SHA	17:30	SS

1.5 乘务相关的安全知识

1.5.1 客舱紧急设备

1. 氧气瓶的使用方法及注意事项

波音公司（简称波音）飞机和空中客车公司（简称空客）A340-300 的氧气瓶容量为 311 升，空客 A319、A320 的氧气瓶容量为 310 升。氧气瓶由两个氧气出口向氧气面罩内输出氧气，分别为高流量出口（HI）：输出 4 升/分，最多可使用 77 分钟；低流量出口（LO）：输出 2 升/分，最多可使用 155 分钟。高流量为病人使用，低流量为一般性缺氧时使用。氧气瓶结构如图 1-10 所示。

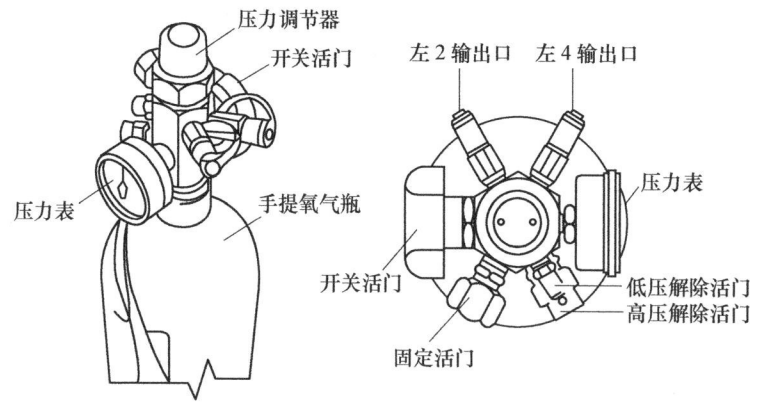

图 1-10 氧气瓶结构

1）使用方法

氧气瓶使用方法如图 1-11 所示，详见以下内容。

（1）取出氧气瓶；

（2）根据需要打开其中一个防尘帽（选择高流量或低流量）；

（3）插上氧气面罩；

（4）逆时针打开氧气开关；

(5) 检查氧气袋是否充满氧气;
(6) 戴上氧气面罩。

2) 注意事项

氧气瓶的使用注意事项如下:
(1) 用氧周围4米内不能吸烟,应无火源;
(2) 避免摔、撞氧气瓶;
(3) 避免氧气与油脂接触,使用人要擦掉浓重的口红、润肤油;
(4) 当压力指针指示为500磅/英寸^{2}时,应禁止使用,以便再次充氧;
(5) 肺气肿患者应使用低流量。

3) 航前检查

航前,应检查机上氧气瓶的正确位置,以及是否完好,机上氧气瓶位置如图1-12所示。
(1) 与之相配的氧气面罩与氧气瓶是否在一起;
(2) 保险丝应完好,开关在"关"位;
(3) 压力指针在红色区域。

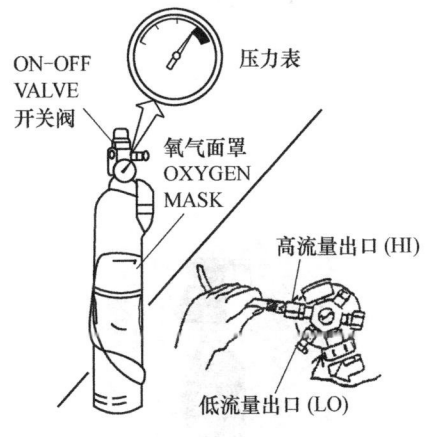

图1-11 氧气瓶使用方法

图1-12 机上氧气瓶位置

2. 海伦灭火瓶的使用方法及注意事项

海伦灭火瓶适应于各种类型(A、B、C、D类)火灾,最适用油类、电器类失火事故。

1) 使用方法

海伦灭火瓶的结构如图1-13所示,海伦灭火瓶的使用方法如下:
(1) 快速取下安全销(空客机型为打开保险爪);
(2) 垂直握住瓶体;
(3) 握住手柄和触发器,喷嘴应对准火源底部边缘;
(4) 移动灭火瓶直喷向火源的底部边缘;
(5) 喷射时距离火源2米,喷射时间约10秒(空客A320/A321飞机是7秒)。

2）注意事项

海伦灭火瓶的使用注意事项如下。

（1）海伦灭火瓶喷出的是雾,但很快被气化。这种气化物是一种惰性气体,它可以隔离空气使火扑灭,夹层的火很快被扑灭后,而里层仍有余火,所以应随后将火区用水浸透。

（2）瓶体不能横握或倒握。

（3）不能喷射在人的身上,以免窒息。

（4）喷射时距离火源2～3米。

（5）喷射时间大约为10秒（空客机型为7秒）。

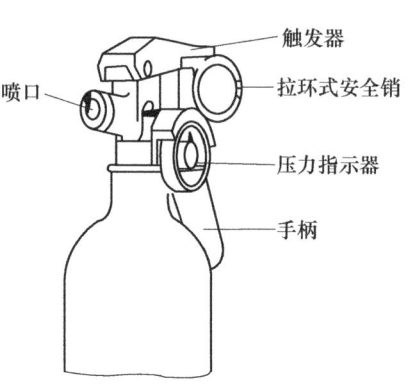

图1-13 海伦灭火瓶的结构

3）航前检查

波音机型海伦灭火瓶如图1-14所示,在航前应检查灭火瓶是否完好或是否固定:

（1）灭火瓶在指定位置并固定好；

（2）安全销穿过手柄和触发器（空客机型为保险爪扣下,空客机型海伦灭火瓶如图1-15所示）；

（3）压力指针应指向绿色区域；

（4）灭火瓶使用日期在有效期内。

图1-14 波音机型海伦灭火瓶

图1-15 空客机型海伦灭火瓶

3. 水灭火瓶的使用方法及注意事项

水灭火瓶适应于纸、木、布类（A类）火灾,目前只在波音机型上配备,水灭火瓶的结构如图1-16所示。

1）使用方法

水灭火瓶的使用方法如下：

（1）垂直握住瓶体；

（2）向右转动手柄；

（3）按住触发器，喷嘴对准火源底部边缘；
（4）移动灭火瓶由外向内灭火。

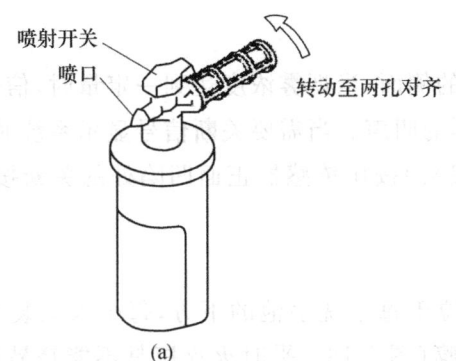

图 1-16 水灭火瓶的结构

2）注意事项

水灭火瓶的使用注意事项如下：

（1）不能用于油类及电器类失火；
（2）瓶体不能横握或倒握；
（3）瓶内水中加有防冻剂，不能饮用；
（4）喷射时应距火源 2～3 米；
（5）喷射时间约为 40 秒。

3）航前检查

在航前，应检查水灭火瓶是否完好或固定：

（1）在指定位置，并固定好；
（2）铅封丝应完好，无损坏；
（3）灭火瓶使用日期应在有效期内。

4. 洗手间的灭火系统

1）烟雾报警系统

烟雾报警系统可以尽早地发现突发的火情并自动发出警告，它包括烟雾报警器（图 1-17）和信号显示系统。

图 1-17 烟雾报警器

2）烟雾传感器

烟雾传感器安装在洗手间顶部，当洗手间内的烟雾达到一定浓度时，会通过它的烟雾传感器传给信号显示系统。

3）信号显示系统

信号显示系统位于烟雾传感器的侧面，当烟雾浓度达到一定量时，信号显示系统的红色指示灯闪亮，并发出非常刺耳的叫声。当需要关断信号显示系统时，按下传感器侧面的按钮或使用尖锐物品（如发夹）按压传感器正面凹陷处的关断按钮，即可关闭指示灯及刺耳的叫声。

4）自动灭火系统

（1）工作原理。自动灭火系统位于每个洗手池的下方，每个灭火装置包括一个海伦灭火瓶和两个指向废物箱的喷嘴（图 1-18），平时灭火瓶是不能轻易看到的。通常情况下，温度显示器为白色，两个喷嘴是用黑色的密封剂封死的。当环境温度达到 77～79℃时，温度指示将由白色变为黑色，喷嘴的密封剂会自动熔解，灭火瓶开始喷射，两个喷嘴将同时向废物箱内喷射海伦灭火剂。当灭火剂释放完毕后，喷嘴尖端的颜色为白色，温度指示则显示为黑色。空客 A340-300 飞机的卫生间自动灭火系统没有温度指示，其压力指针指向绿色区域为正常。

（2）使用时间。喷射时间为 3～15 秒。

（3）航前检查。检查温度显示器应为白色，空客 A340-300 飞机的卫生间则检查其压力指针，压力指针指向绿色区域为正常。如果不是，则需要报告机长或地面机务人员，卫生间温度显示器如图 1-19 所示。

图 1-18 灭火瓶及喷嘴

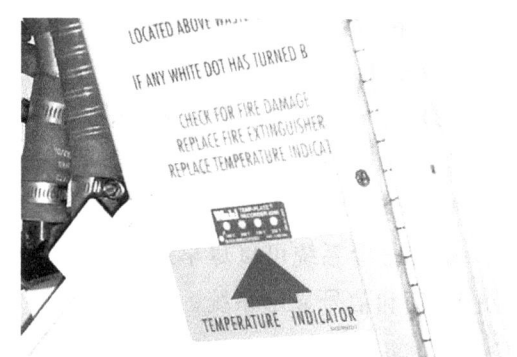

图 1-19 卫生间温度显示器

5. 其他

1）防烟面罩

防烟面罩是乘务员和机组人员在客舱封闭区域失火和有浓烟时使用的，它可以保护灭火者的眼睛并避免吸入有毒气体，防烟面罩如图 1-20 所示。机上防烟面罩如图 1-21 所示。

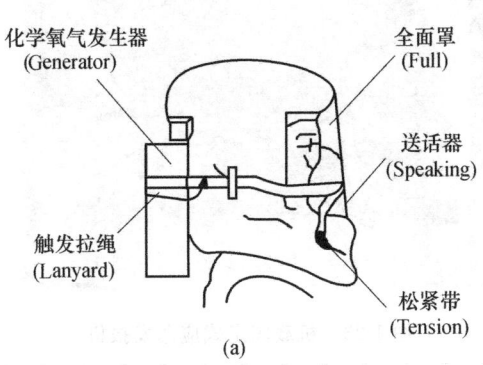
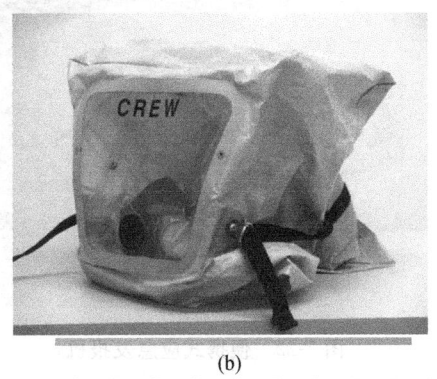

图 1-20 防烟面罩

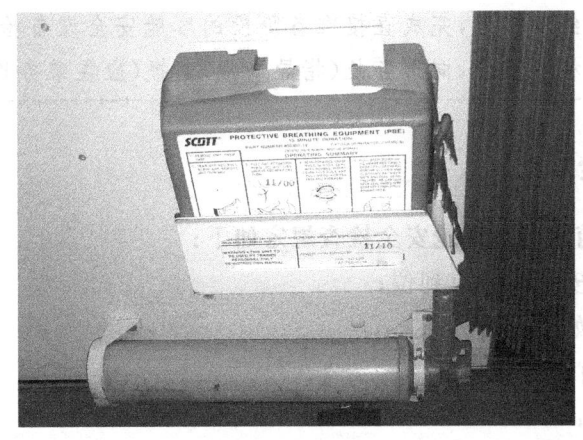

图 1-21 机上防烟面罩

氧气是靠防烟面罩上的化学氧气发生器提供的,当拉动触发拉绳后,其中的化学元素发生了化学反应并释放出热量,即化学氧气发生器中的温度上升,产生氧气。

防烟面罩使用的平均时间为 15 分钟,呼吸快时可能有灰尘感和咸味,时间要相对短一些。

2) 应急发报机

应急发报机(ELT,Emergency Locator Transmitter),即应急定位发射机,也称应急电台,分两种类型:便携式(需要乘务员携带操作,如图 1-22 所示)和机载固定式(如图 1-23 所示)。民航应急发报机工作频率为民用 121.5 兆赫和军用 243 兆赫。

图 1-22　便携式应急发报机　　　图 1-23　机载固定式应急发报机

训练项目

任务 1-4　客舱安全设备检查

根据老师所给的机型,完成直接准备阶段的客舱安全设备检查工作,并说出各种设备的航前检查要求,向乘务长(指导老师)汇报(应在乘务模拟舱完成)。

1.5.2　客舱安全规定

1. 飞机起飞前乘务员客舱安全检查规定如下：

（1）乘务员的安全示范应到位；

（2）乘客应系好安全带；

（3）打开客舱门帘,并扣好；

（4）禁止吸烟；

（5）椅背调直,脚垫收起；

（6）扣好小桌板；

（7）打开所有遮光板；

（8）固定好厨房餐具及供应品；

（9）扣好行李箱；

（10）手提行李不应放在紧急出口、走廊过道及机门道旁；

（11）确认紧急出口座位的旅客；

（12）儿童要用安全带固定好,或者由成人抱好；

（13）乘务员在指定位置坐好,并系好安全带和肩带。

2. 飞机降落前乘务员客舱安全检查规定如下：

（1）由广播员广播安全规定内容；

（2）确保厨房内设备、餐车固定好；

（3）旅客的安全带应系好；

（4）椅背调直,脚垫收起；

（5）扣好小桌板；

(6) 拉开遮光板；

(7) 厕所无人使用；

(8) 旅客座位处无食物、饮料、餐具；

(9) 电视屏幕收起；

(10) 行李箱扣好，手提行李固定好；

(11) 调暗客舱灯光；

(12) 关闭厨房电源；

(13) 打开客舱门帘并扣好；

(14) 乘务员在指定位置坐好，并系好安全带和肩带。

3. 系好安全带的规定

在下列情况下，乘务员应检查或广播通知旅客系好安全带：

(1) 飞机滑行、起飞、降落时；

(2) "系好安全带"信号灯亮时；

(3) 飞机在颠簸时；

(4) 飞机在夜间飞行时；

(5) 在起飞和着陆过程中，乘务员也必须按规定坐在其值勤位置上，并系好安全带和肩带。

4. 安全演示的规定

在旅客登机完毕，关机门后，乘务员通过演示或录像向旅客介绍如下的客舱安全规定：

(1) 安全带的操作；

(2) 紧急出口位置；

(3) 氧气面罩的储藏位置及使用方法；

(4) 吸烟规定；

(5) 收直椅背，扣紧餐桌；

(6) 旅客安全须知；

(7) 限制使用的电子设备；

(8) 滑梯的使用；

(9) 紧急撤离灯；

(10) 延伸跨水飞行或距最近的海岸线50海里飞行时，需介绍救生设备位置及其使用方法；

(11) 为残疾旅客做安全知识介绍；

(12) 为坐在紧急出口处的旅客做应急出口演示介绍；

(13) 为未成年的、无成人陪伴儿童单独介绍；

(14) 在演示期间，乘务员应分布在所有出口门附近。

> **训练项目**
>
> 任务1-5　客舱安全演示
>
> 分组完成客舱安全演示(包括救生衣的演示)。

1.6　乘务相关的航空运输知识

1.6.1　客票的一般规定

中国旅客在购票时,须提供本人居民身份证,并填写"旅客订座单"。外国游客、华侨及港、澳、台胞购票须出示有效护照,如回乡证、台胞证,或者公安机关出具的其他有效身份证件,并填写"旅客订座单"。购买儿童票(2~12周岁以内)、婴儿票(14天~2周岁以内),应提供儿童、婴儿出生年月的有效证明。重病旅客购票,须持有医疗单位出具的适于乘机的证明,经承运人同意后方可购票。购买承运人规定的优惠票,应提供规定的证明。自2008年6月1日开始禁用纸质客票,全部使用电子客票。在网上购票时,应按照要求填写有效身份证件的号码,并根据约定完成支付手续,旅客只需到机场指定柜台出示身份证件即可办理登机手续。目前办理登机手续的方法包括机场自助值机、提前网上值机及短信值机等,如果不需要托运行李,乘客可以使用更加简便的方式办理登机手续,以节省时间。

> **训练项目**
>
> 任务1-6　网上购票
>
> 根据给出的购票要求,学生在网上模拟完成购票过程:
> (1) 两名成年人三亚—北京的单程机票;
> (2) 一名外籍旅客上海—北京的往返机票;
> (3) 一名成年人带一名婴儿杭州—西安的单程机票;
> (4) 一名无成人陪伴儿童温州—北京的往返机票。
> 思考并小组讨论在购票过程中会出现的问题。

1.6.2　特殊旅客

特殊旅客分为重要旅客、无成人陪伴儿童,以及老年旅客、孕妇、婴儿、盲人、聋哑人、醉酒旅客、犯人、机要交通人员、外交信使、额外占座者、自理行李占座者、保密人员、病残旅客,共计15种特殊旅客。

关于特殊旅客的载运限制:在每一航段上,特殊旅客(不包括VIP)的数量不得超过四名(轮椅旅客、担架旅客不得超过两名)。

以下主要介绍机上常见的特殊旅客。

1. 重要旅客

重要旅客分为最重要旅客(VVIP)、一般重要旅客(VIP)、工商企业界重要旅客(CIP)(须提供有效证明同时注明随行人员)。

2. 无成人陪伴儿童

无成人陪伴儿童是指年龄在5~12周岁之间独自一人乘机的旅客。

3. 老年旅客

老年旅客是指年龄在70岁以上(含70岁),年迈体弱,虽然身体并未患病,但在航空旅客中显然需要他人帮助的旅客(注意:年龄超过70岁,身体虚弱,需要轮椅代步的老年旅客,应视同病残旅客给予适当的照料)。

4. 孕妇

由于飞机是在高空飞行,高空空气中氧气相对较少,气压较低,因此,航空公司对孕妇乘机有一定的限制条件。只有符合航空运输规定的孕妇,才可接受其乘机。怀孕不足8个月(32周)的健康孕妇,可按一般旅客运输。

5. 婴儿

由于新生儿的抵抗力差,呼吸功能不完善,咽鼓管又较短,鼻咽部常有黏液阻塞,飞机升、降时气压变化大,对身体刺激大,新生儿又不会做吞咽动作,难以保持鼓膜内、外压力平衡。所以,对婴儿乘坐飞机要有一定限制条件。承运人规定:足月新生儿出生不满14天(含14天)或出生不足90天的早产婴儿不能乘机。这里的婴儿是指年龄不满2周岁的。

6. 醉酒旅客

醉酒旅客是指酒精、麻醉品或毒品中毒,失去自控能力,在航空旅客中明显会给其他旅客带来不愉快或可能造成不良影响的旅客。

7. 犯人

由于犯人是受到我国现行法律管束的,在办理犯人运输时,应与有关公安部门配合。

8. 病残旅客

病残旅客是指,由于身体或精神上的缺陷或病态,在航空旅行中不能自行照料自己的旅途生活,需要他人帮助照料的旅客。

(1) 予以承运的轮椅旅客:自带轮椅可免费运输,作为托运行李装在货舱内。在每一航班的每一航段上,只限载运一两名轮椅旅客。轮椅旅客的代码分别为 WCHC/WCHR/WCHS。

(2) 予以承运的担架旅客:担架旅客需提前申请,并由机务人员完成客舱座椅的拆除,轮椅旅客的免费行李额为60千克。担架旅客代码为 STCR。

1.6.3 行李运输

承运人承运的行李,按运输责任分为托运行李、自理行李和随身携带物品,相关规定内容如下。

1. 托运行李

托运行李是指旅客交由承运人负责照管和运输,并填开逾重行李票的行李。托运行李每件重量不能超过50千克,体积不能超过40厘米×60厘米×100厘米。

2. 自理行李

自理行李是指经承运人同意、由旅客自行负责照管的行李,又称为客舱行李、手提行李。自理行李的重量计算在免费行李额内,单件重量不超过10千克。自理行李的体积不能超过20厘米×40厘米×55厘米。

3. 随身携带物品

随身携带物品是指,经承运人同意、由旅客自行携带乘机的零星小件物品。旅客随身携带的手提物品的重量,每位旅客以5千克为限。持头等舱客票的旅客,每人可以携带两件物品,持有公务舱或经济舱客票的旅客,每人只能携带一件物品。在波音系列飞机执行的航班中,上述物品的体积不能超过20厘米×40厘米×55厘米。

4. 免费行李额

国内航班行李运输实行计重制免费行李额,持成人或儿童票的旅客免费行李额:头等舱40千克,公务舱30千克,经济舱20千克。

持婴儿票的旅客无免费行李额,但可携带一辆折叠式婴儿推车或一个婴儿摇篮,允许带入客舱,但应置于座椅下或不影响其他旅客的位置。

5. 行李运输相关规定

目前,乘坐国内航班的旅客一律禁止随身携带液态物品,但可办理交运,其包装应符合民航运输有关规定。旅客如携带少量旅行自用的化妆品,每种化妆品限带一件,其容器容积不得超过100毫升,并应置于独立袋内,接受开瓶检查。乘务员执行过夜航班时,随身携带的个人洗护用品也应遵守此规定。

6. 锂电池运输相关规定

根据锂电池安全航空运输的要求,旅客或机组成员个人自用内含锂或锂离子电池芯或电池的便携式电子装置,如锂电池移动电源(充电宝)、照相机、手机、手提电脑、便携式摄像机等应作为手提行李携带登机,并且锂电池的额定能量值不得超过100瓦特小时。超过100瓦特小时但不超过160瓦特小时的锂电池属于限制携带,需经航空公司批准后才可以随身携带含有该种锂电池的电子设备上机,但数量不得超过两个。超过160瓦特小时的锂电池严禁携带或托运。携带上机的备用电池必须单个做好保护以防短路(放入原零售包装或以其他方式将电极绝缘,如在暴露的电极上贴胶带,或者将每个电池放入单独的塑料袋或保护盒中),并且仅能在手提行李中携带。飞行过程中装有启动开关的锂电池移动电源(充电宝),应当确保开关处于关闭状态。不得使用移动电源为消费电子设备充电或作为外部电源使用;不得开启移动电源的其他功能。如果电池上只标记有毫安时(mAh),可将该数值除以1000得到安培小时(Ah),再乘以额定电压即可得到其额定瓦特小时,即额定能量(Wh)=电池容量(Ah)×标称电压(V)。未标记额定能量的便携式电子装置不能通过安检,乘务员应该按照规定检查自身携带的便携式电子设备及移动电源是否符合锂电池安全航空运输的要求,并对相关乘客做好宣传解释工作。

1.6.4 飞机颠簸

飞机颠簸(Aircraft Turbulence)是指飞机在飞行中突然出现的忽上忽下、左右摇晃及机身震颤等现象,是由于飞机飞入扰动气流区,扰动气流使作用在飞机上的空气动力和力矩失去平衡,飞行高度、飞行速度和飞机姿态等发生突然变化而引起的。当扰动气流的水平尺度与机身长度大致相当时,易发生颠簸。飞机颠簸多发生在急流、晴空湍流、对流云区、低空风切变和地形波等条件下。

飞机颠簸强度与扰动气流强度、飞行速度、翼负荷等有关,通常分为弱、中、强三级。中度以上颠簸会使飞机仪表指示失常,操纵困难,影响客舱服务和旅客安全等。特别严重时,会破坏飞机结构,造成事故。飞机一旦进入颠簸区,机长通常会发出系上安全带的信号,客舱乘务员应及时广播,提醒旅客系上安全带。

1.7 相关案例

案例一

中国的民航事业发展史,以1949年10月1日中华人民共和国宣告成立之日为分界点。

1. 中华人民共和国成立前的民航事业

清政府时期开始兴办航空事业,购买外国飞机,建飞机场所,训练飞行人员,被视为中国近代航空史的起点。

北洋政府时期,专门成立航空署,管理航空业,并陆续向国外购进一些飞机,招聘了外籍驾驶员,开辟了几条航线,但后来都陆续停办了。

南京国民政府时期,先后成立了"中国航空公司"和"中央航空公司"(简称"两航")开展运营活动。

2. 中华人民共和国成立后的民航事业

1949年11月2日成立中国人民革命军事委员会民用航空局。1949年11月9日,"两航"在香港起义,组织了12架飞机北飞至北京和天津。加上以后两年中组织"两航"机务人员修复的国民党遗留在内地的17架飞机,构成了中华人民共和国民航事业初创时期飞行工具的主体。

改革开放前,中国民航实行的是政企合一的管理体制,集政府部门、航空公司和机场于一身,既是主管民用航空事业的政府职能部门,又是直接经营民用航空业务的全国性企业,民航事业规模不大、生产力水平不高,发展缓慢,不能适应国民经济发展和社会进步的需要。

改革开放后,为适应新形势的要求,中国民航管理体制进行了根本性的改革,中国的民航事业进入了飞速发展的时期。

1980年3月,中国民航脱离军队建制,实行政企分开,走企业化道路。

2009年11月2日,中华人民共和国的民用航空事业迎来了它的60周年纪念日。60年来,中国民航取得了辉煌的业绩。中国航空运输在世界排列的名次,按总周转量计由1978年的第37位上升为第2位,按旅客运输周转量计由第33位上升为第2位。中国正从一个航空大国向航空强国迈进。

案例二

2007年7月6日下午3时30分许,由悉尼飞往广州的中国南方航空集团有限公司(简称南方航空公司)CZ322航班,在途经菲律宾上空时遭遇晴空湍流,飞机发生严重颠簸。在10多秒钟的强气流袭击下,机上多名乘客飞离座位,头部撞上机舱顶,20多名乘客及机组人员头部或颈部受伤。两个多小时后,飞机安全降落在广州白云国际机场(简称白云机场),受伤人员很快被分别送往机场附近的三所医院检查治疗,经检查均无生命危险。据了解,执飞此航班的飞机是2005年购进的空客A330机型。湍流可以造成飞机轻微、严重颠簸,或者俯仰甚至横滚,连较缓和的湍流都有可能移动顶部行李舱中的物品,使饮料从餐盘中打飞。严重的湍流则可以造成行走困难,使没有固定的东西在机舱里乱飞。飞机一般能够承受这些状况,但严重的湍流可能会对旅客造成伤害。因此,遇到湍流时,乘务员应该保持镇静,应根据实际情况决定是否停止客舱服务供应。在舱内走动时,一定要扶着座椅靠背或顶部行李舱。如遇严重颠簸时,需就近固定好自己,系好安全带。此外,在湍流过后,需提醒旅客在打开顶部行李舱时,要小心挡住行李箱盖,缓慢开启,以免行李箱内的物品滑落砸伤其他旅客。

1.8 思 考 题

(1) 在飞机颠簸时,应如何向旅客解释并做相关要求。
(2) 简单模拟整个飞行过程,并叙述在每个阶段的安全注意事项。
(3) 身份证丢失后,如何才能办理登机手续?
(4) 你认为乘务员最重要的职业素质是什么?为什么?

1.9 知 识 链 接

早在1914年2月,世界上就有了首次航班飞行。在1919年6月14～15日,进行了世界上第一次国际飞行。自1919年8月25日起,定期国际航班开始通航。但在长达21年的时间内,飞机上的乘客一直是由副驾驶兼顾照料的。

1930年5月的一天,在美国旧金山一家医院内,波音公司驻旧金山董事史蒂夫·

斯迁柏森到医院看朋友,并和护士埃伦·丘奇小姐聊天。出于好奇,护士埃伦·丘奇小姐问了许多飞机上的事情。闲谈中,史蒂夫表示,由于旅客们对飞机的性能不了解,为安全起见,旅客们更喜欢坐火车而不是乘飞机。而且即使乘坐飞机的少数旅客,还是会在飞行中提出各种各样的要求,副驾驶有时根本忙不过来,可是挑剔的乘客还是牢骚满腹,意见不断。这时埃伦·丘奇小姐想起自己所照顾的那些病人,不由得插话说:"先生,您为什么不雇用一些女乘务员呢?姑娘的天性完全可以胜任对旅客的服务工作呀!"埃伦·丘奇小姐的话使董事先生茅塞顿开,随后史蒂夫与波音主席取得联系,提议招一些聪明、漂亮的护士作为机上服务员。公司主席采纳了史蒂夫的意见,还授权他先招 8 位姑娘,建立一个服务机组。史蒂夫将这一消息告诉了埃伦·丘奇小姐,埃伦·丘奇小姐又高兴地告知了其他一些护士。在 10 天之后,埃伦·丘奇小姐与其他 7 名女护士作为世界上第一批空中小姐(简称空姐,后称空中乘务员)走上了美国民航客机,并于 1930 年 5 月 15 日执行从旧金山到芝加哥的航班飞行。其他民航公司见到波音公司的做法后,纷纷效仿,大选"空中小姐"。以后,这一做法很快风行全球,空中乘务员迅速发展成为一个全新的职业。

1. 中国最早的空姐

在中国民用航空史上,空中小姐的首次出现,应追溯到 20 世纪 30 年代末。当时的中国航空公司(简称中航)在重庆招聘了一位空中乘务员,那时还没有"空中乘务员""空中服务员""空中小姐"等名称,一律按西方惯例,以英文称为 air hostess。中国第一个空中乘务员名叫鲁美英,1940 年 10 月 29 日,中航 DC-2 型 39 号飞机在云南遭日寇战机袭击,在紧急降落时焚毁,机长美国人 Walter Kane 和空中乘务员鲁美英均以身殉职。鲁美英烈士的英名已列入 1995 年 9 月 3 日中国航空联谊会在南京市紫金山北麓航空烈士公墓内的航空烈士纪念碑的名单之中。在鲁美英之后,中航又聘用了一位姓林的空中乘务员,中文名字已无从查考,英义名字为 Winnie Lln。1945 年 8 月抗战胜利后,"中航"开始成批招收空中乘务员。

2. 空姐名称的来历

在中航第一批空中乘务员培训期间,当时有一名上海著名大报的记者进行了采访,并为她们在停机坪上一架改装为客机的 C-46 型飞机机舱内照了相,两天后,照片连同文字报道一并见诸报端,这位记者为 air hostess 首创了一个中文名称"空中小姐"。从此,"空中小姐"这一称谓不胫而走,不仅在中国内地,而且在港、澳甚至东南亚各地流传。大约是在 20 世纪 50 年代,又被在香港的广东人称为"空姐",现在内地亦被采用。

3. 空姐的早期工作

1946 年 5 月,中航首批空姐登机服务时,中航仅有的 DC-3 型和 C-46 型客运机型飞机的后舱设备比较简单,除红茶及咖啡的加温设备外,没有供应热餐的设施,所以只发给乘客每人一个冷餐盒,冷餐盒由地勤人员在飞机起飞前备妥,并负责送上飞机,放置于后舱工作台下的柜橱内,空姐在出发前按时到达机场后,先到简令下达室了解当日天气情况、机组成员名单,并从地勤人员处取得当班飞机乘客名单,以便在旅客登机时核对姓名和人数,并在中转站及终点站交接,直至全部旅客安全抵达其目的地。一般情况下,当时空中小姐的工作比现在的空姐闲得多。1946年年初,在"中航"向美国订购来的DC-4型飞机上,仍无供应热餐的设施,所以即使在这种当时最大的客机上,空姐在飞行中的工作量并无多大增加,仍是按时发给旅客和机组人员冷餐盒及饮料,并随时巡视机舱,发现旅客需要睡眠时,为其放下座椅靠背,必要时盖上毛毯。如遇旅客打铃需要饮料时,则随时供应,常规服务依旧。此时,运行于国际航线和北平航线的飞机均以DC-4型代替,但空姐短缺,原应设有两名空姐不得不减为一人。直至1947年至1948年,又先后扩招了20名空姐后,才在DC-4型航班上设置了两名空姐。

4. 第一名飞往美国的中国空姐

抗战胜利之后,"中航"先后开辟了一些新的国内、国际航线。在中美航线正式开航之前,于1947年1月21日先进行了试航,当时的空中小姐就是钟佩瑜。在抵达夏威夷的檀香山之后,新闻记者专门采访了第一次飞越太平洋的中国机长陈齐发和空中小姐钟佩瑜,采访报道及二人照片均在翌日报端发表。

5. 因飞机失事而遇难的两位空姐

继鲁美英烈士1940年在云南沾益遇难后,1948年冬又有两位中航空姐因飞机失事而遇难。当日,中航有3架DC-4型客机由上海飞往香港,其中第二架由丹麦籍机长Captain Sunby驾驶到达香港时,天气恶化,不幸在周围盘桓等待时,在一个名为火石洲的小岛上空撞山起火坠毁,全体乘客及机组人员无一幸免。遇难的两位空姐分别名为黄苏梅、朱人娴。

6. 20世纪40年代后期的一些空姐状况

中航于1946年、1947年和1948年招收的三批空姐,以及中央航空公司(简称央航)在同时招收的一些空中小姐的下落各不相同。中航招收的第一批空姐仅6人,中航后于1947年和1948年招收的两批空中小姐,以及央航于同时招收的空中小姐人数较多,大多随公司转移至香港。1949年11月9日"两航"起义后,不少空姐离职另谋出路,有进入加拿大航空公司、国泰航空公司任地面工作的,也有先后移居美国的。参加"两航"起义复员至内地的空姐为数不多,后都改做其他工作。

7. 20世纪70年代的空姐

据70年代加入新疆航空公司的民航乘务员王静(化名)回忆说:当时,她高中毕业后参加了航空公司的招乘,除在地面上要经过种种严格的身体检查外,还有一个项目就是一群小姑娘坐上伊尔十四型苏制小飞机经受晕机的考验。当时,她看到周围有些同伴都吐了,心里难受极了,但想到要当乘务员,便坚持住了没有吐,最后顺利地成为一名乘务员。而成为乘务员后,在飞行的前一天,则需要上机打扫飞机客舱内的卫生。在将近40℃高温的停机坪上,狭小的客舱闷热无比,乘务员汗流浃背地做着现在清洁工的工作。在当时,民航属于部队编制,空姐是军事化管理。

8. 20世纪80年代的空姐

20世纪80年代,乘飞机的人不多,机场的监管也没有现在严格。那时,机组人员都是自己走路或骑自行车到飞机底下,再直接上飞机的。停机坪和跑道都没有现在的管理严格,工作人员在附近走动,必须"见机行事"。

当时买得起自行车的人不多,不少机组人员在执行任务时,都是找有自行车的同行当"司机",载一程,然后把自行车放到停机坪的一个角落里,再直接上飞机执行任务。由于没有换衣服的地方,当时机组人员都是穿上制服骑车进入停机坪的。飞机的发动机一启动,产生的动力很大,骑车经过的机组人员常被"吹"走。20世纪80年代参加工作的一位空姐说,刚开始的时候没有准备,骑车经过的时候,"呼"的一声,被吹到一边去了,人和车都倒在一边。等飞机走了,她才爬起来,重新骑车上路。后来,有人告诉她们,飞机发动机喷出来的风能把一辆大车吹走。于是,她们慢慢有了经验,一看到飞机的发动机启动,不是站远一点,就是加大"马力",希望在飞机发动机"威力"未发作前赶紧冲过去。但有时躲不过,还是被"吹"走了。

20世纪80年代,在需要为100多名旅客供餐的喷气式飞机上,在没有餐车的情况下,沉重的大餐箱需要两个乘务员一起抬。乘务员两手从服务舱端出餐盘给旅客供餐,来回需要走几里路。在那个时期,空姐多是以招工的形式,高中或初中毕业就可加入中国民用航空总局(简称民航总局)下属的各航空公司,但当时体检的要求是非常严格的,一点儿不逊于飞行员的招收标准。

9. 20世纪90年代的空姐

随着社会的发展,航空市场的激烈竞争,对空姐的服务要求越来越高,旅客不但需要舒适的机舱环境,同样需要高雅、端庄、大方、温馨的服务,他们会因为空姐的服务不周而提出意见或表示不满。此时,航空公司开始逐渐面向社会招收乘务员,空姐的队伍里开始出现专科生、本科生或是研究生毕业的高学历的女孩了。

10. 21世纪的空姐

在个性化服务的时代,空姐不但要具备高雅、端庄、大方的仪态,还要根据不同的旅客需求提供不同的服务,对空姐的职业素养和岗位技能有了更高的要求。随着航空业的不断发展,标准化、程序化、规范化的服务已经不能满足航空旅客的服务需求,各航空公司逐渐致力于差异化、人性化的服务,以满足旅客越来越高的服务需求,以塑造航空公司优质的品牌形象。而空姐作为直接面对旅客的服务人员,更是成为反映航空公司服务水平高低的一个极其重要的标志。

学习单元 2　一小时以内的国内线普通舱服务

2.1　训 练 情 境

本航班为成都—九寨,机型为 A319。这是进入客舱服务教程的第一个航班飞行任务,在这个训练任务中,需要应用客舱服务的知识技能,完成设定的一小时内的国内线普通舱(成都—九寨)航班飞行服务的各个训练项目。

知识目标

(1) 掌握乘务员仪容、仪表行为规范等专业形象的要求;
(2) 重点掌握乘务员专业术语与乘务专业英文代码;
(3) 掌握乘务员职责分工;
(4) 了解航线知识和应急设备操作使用的方法。

能力目标

1. 预先准备阶段

(1) 阅读任务书,查找执行航班任务所需的各种资料信息;
(2) 按照乘务员出差标准做好自身的仪容仪表着装准备;
(3) 根据乘务长(指导教师)的要求完成航班准备会各项内容,明确自身航班岗位职责任务。

2. 直接准备阶段

(1) 按照岗位职责要求完成客航紧急设备、服务设备的检查工作;
(2) 完成服务用品的清点整理工作。

3. 飞行实施阶段

(1) 完成迎客阶段的各项工作;
(2) 能够完成出口座位旅客确认及客舱安全检查工作。

4. 一般航程部分广播内容

迎客广播词及落地广播词。

2.2 前期知识

2.2.1 客舱服务设备

1. 旅客服务设备

旅客服务设备包括旅客座位附近的设施设备,以及洗手间内的其他设施。该机型旅客座位上方有呼唤铃、阅读灯、通风口等可操控设备,如图 2-1 所示。

图 2-1 旅客服务设备

A319 洗手间内的各种设施有:洗手台,放置卫生纸、擦手纸等用品的装置,垃圾箱入口,如图 2-2 所示,以及马桶。

图 2-2 机上洗手间

2. 乘务员使用的服务设备

在成都—九寨航段中,乘务员会使用到的厨房服务设备包括水槽(图 2-3)、热水器(图 2-4)等。

乘务员服务时还会用到报车(图 2-5)、餐水车等。

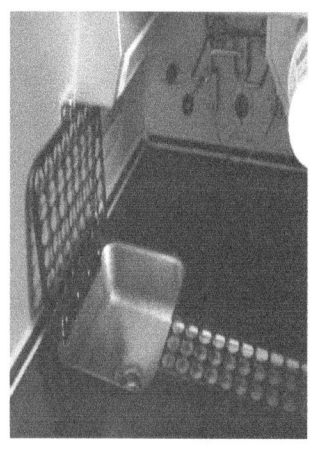 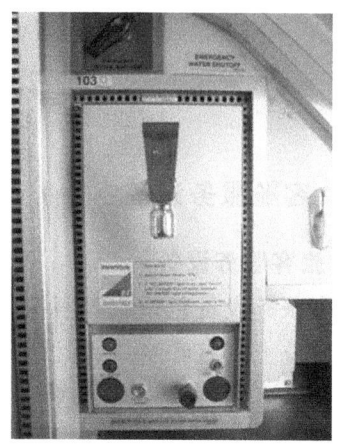

图 2-3　水槽　　　　　图 2-4　热水器

图 2-5　报车

2.2.2　客舱安全设备

在 A319 的直接准备阶段,需检查的主要安全设备包括氧气瓶、海伦灭火瓶、应急发报机、防烟面罩、急救药箱、麦克风、手电筒等(可参照学习单元 1 的内容)。

2.3　训 练 内 容

本学习单元训练内容以中国国际航空公司 CA4495/6 为例进行。

2.3.1　预先准备阶段

> **训 练 项 目**
> 任务 2-1　航行资料查阅
> 请根据给出的模拟任务书查阅附录资料,补充完成以下航班飞行资料。

××航空公司任务书

日期		航线		航班号	
机号		机长		起飞时间	
PS1		FS2		SS3	
SS4		SS5			

[训练提示]

(1) 乘务员在接受航班任务后,需及时查看航班任务书(航班信息表),以了解航线、航班号、机型、机号、机长姓名、乘务组人员、飞机起飞时间、签到时间、准备会时间、机组乘车时间等相关信息,预先做好准备工作;

(2) 乘务员在执行任务时,必须携带登机证、健康证、乘务员执照(简称三证),佩戴走时准确的手表,同时需携带乘务员手册、化妆品,以及其他必需的服务用品(如冰夹、防烫手套、面包夹等),兼任广播员职责的乘务员需携带广播词。

1. 航班飞行资料信息

航班飞行资料信息如表 2-1 所示。

表 2-1 航班飞行资料信息

航班号	CA4495/6	起飞时间	09:50
飞行距离	350 千米	飞行时间	40 分钟
飞经省份	四川	飞经地标	岷江
餐食配备信息	小吃、矿泉水	机场概况	九寨黄龙机场、成都双流国际机场

2. A319 乘务员职责(以中国国际航空公司为例)

本航班为 5 人制飞行,乘务员的号位工作职责如下。

1) PS1

(1) 负责全程监控、管理客舱的安全和服务检查;

(2) 负责 L1 门及乘务员座席处应急设备的检查;

(3) 负责 F 舱的服务、安全和设备检查;

(4) 根据旅客人数调整乘务员位置及职责;

(5) 负责签收各种业务文件;

(6) 负责国际航线检查 CIQ 申报单据,并办理相关手续;

(7) 负责前舱卫生间的清理检查及卫生用品的摆放;

(8) 负责 L1 配电板的使用,并在 L1 门迎客;

(9) 与乘客、两舱旅客进行简短交谈;

(10) 在特殊、紧急情况下,负责组织与指挥;

(11) 填写表格或报告,对航班服务进行记录和总结;

(12) 负责放像设备的检查和放映;

(13) 负责滑梯操作口令及 L1 门的分离器操作。

2) FS2

(1) 负责前厨房餐食、供应品的检查、回收及各项准备;

(2) 负责 R1 门处应急设备的检查;

(3) 负责前厨房各项设备的检查;

(4) 与 PS1 配合完成 F 舱服务;

(5) 为机组服务;

(6) 负责 R1 门的分离器操作。

3) SS3

(1) 负责清洁用品的接收、清点、交接;

(2) 负责乘务员座席处应急设备的检查;

(3) 与 SS4 配合完成 Y 舱的服务、安全和设备检查;

(4) 负责 Y 舱报纸、杂志的接收和摆放;

(5) 与 PS1 负责小卖部的清点、销售及服务;

(6) Y 舱前半部迎客。

4) SS4

(1) 负责 L2 门处和乘务员座席处应急设备的检查;

(2) 负责 Y 舱两个卫生间的清理、检查及卫生物品的摆放;

(3) 与 SS3 配合完成 Y 舱的服务、安全和设备检查;

(4) 在 Y 舱后半部迎客;

(5) 负责 L2 门的分离器操作。

5) SS5

(1) 负责后厨房餐食、供应品的检查、回收、交接;

(2) 负责普通舱供餐、供饮的各项准备;

(3) 负责 R2 门处和乘务员座席处的应急设备检查;

(4) 负责后厨房控制板和设备的检查;

(5) L2 门迎客或协助客舱乘务员 Y 舱后半部迎客;

(6) 负责 R2 门的分离器操作。

训练项目

任务 2-2　模拟航前准备会

4 位同学参加模拟航前准备会,乘务长(指导老师)检查乘务员仪容、仪表并指正(参见乘务员专业形象有关要求),确定乘务员号位,并根据航班情况提出问题。

[训练提示]

乘务组在进行由乘务长组织召开的预先准备会时,乘务长首先检查乘务员的仪容、仪表、着装是否符合出差标准;在分配完本次航班的乘务员负责的号位后,乘务长采用提问的方式对航班基本信息、机型紧急设备的位置、使用方法,以及紧急脱离的注意事项等对乘务员逐一进行提问。通过准备会,乘务员对即将执行的航班、机型的相关情况进一步熟悉,以保证飞行安全和航班服务质量。在实际工作中,乘务员会观看执行航班机型的录像,乘务长还会根据当天航班的实际情况提出具体的对细微服务的要求,如在成都—九寨航线上要求乘务员提醒旅客全程应系好安全带。

3. 预先准备会

乘务长通常的提问如下:

(1) 航班飞经的(省份)主要地标?

(2) 成都双流国际机场(简称双流机场)的离城距离?

(3) 氧气瓶的数量、位置和使用注意事项?

(4) 海伦灭火瓶的数量、位置和使用方法?

(5) 海伦灭火瓶的使用注意事项?

(6) FS2(或其他具体号位)紧急撤离时负责的区域及携带物品?

2.3.2 直接准备阶段

训练项目

任务 2-3 客舱设备检查

按照岗位职责要求完成客舱紧急设备、服务设备的检查工作。按照号位工作职责完成服务用品的清点整理工作。

[训练提示]

乘务员在进行直接准备阶段的紧急设备检查工作时,最符合要求的方法就是严格按照乘务员座椅下的紧急设备检查单来进行逐项的检查。另外,服务设备、设施的检查,要求乘务员耐心细致地逐一检查旅客服务设施或厨房设备。因为108个座位只有一个阅读灯不能使用,那就意味着,坐在那个座位上的旅客百分之百无法在需要时打开头顶上方的阅读灯。

1. 客舱安全设备检查

A319客舱紧急设备检查工作如下:

乘务员登机后,应首先检查客舱安全设备,如氧气瓶、灭火瓶(海伦灭火瓶、水灭火瓶)、应急发报机、防烟面罩、急救药箱、有氧防烟面罩、麦克风、手电筒等完好情况,然后通过内话系统向乘务长报告,如:"2号门区域紧急设备检查完毕,一切正常。"

如果发现紧急设备的数量、位置及待用状况与标准适航状况不符,应立即通过内话系统向乘务长报告,通知机务人员前来处理。

2. 服务设施检查

1) A319客舱服务设施检查

乘务员FS2、SS3分别检查商务舱、普通舱旅客服务设施的完好情况,并要求旅客座椅靠背能够竖直,小桌板收好。

注意检查阅读灯、呼唤铃及通风口的完备情况,如设施无法使用,需将座位号记下,检查完毕后,立即向乘务长报告故障设施的名称、位置,通知机务人员修理。

2) A319卫生检查

(1) 乘务员FS2检查前卫生间,SS4检查后卫生间。卫生间卫生标准如下:

① 确认洗手池、镜面卫生无水渍,擦拭干净;

② 确认地板、坐便器内外、壁板无水渍,擦拭干净;

③ 废纸箱内清除干净;

④ 按标准配备卫生用品,如卫生纸、擦手纸、卫生巾、婴儿尿布、香水、洗手液、坐便器垫纸等。

(2) 乘务员FS2检查商务舱客舱卫生,SS3检查普通舱客舱卫生。客舱内卫生标准如下:

① 客舱地板清洁,无灰尘及残杂物。

② 座椅整洁,调至竖直状态;安全带插入带扣后呈一字形摆放,如图2-6所示。

图2-6 安全带呈一字形摆放

③ 座椅背后口袋里配备安全须知、清洁袋、航机杂志,并按顺序摆放,如图2-7所示。

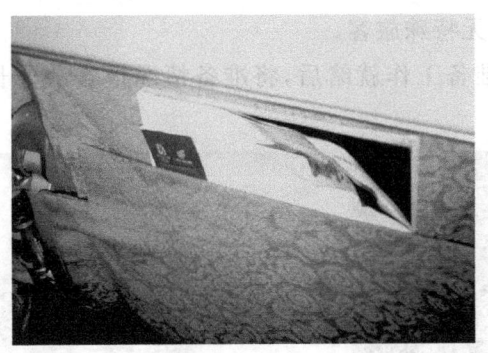

图 2-7　座椅背后口袋物品的摆放

④ 扶手、行李架、衣帽间、紧急设备放置箱、服务柜、客舱壁板、舷窗清洁无尘；行李架内无废弃物；烟灰缸清洁。

⑤ 商务舱的毛毯和小枕头都放在座椅上，如图 2-8 所示；普通舱的毛毯、小枕头整齐摆放在行李架上，如图 2-9 所示。

图 2-8　商务舱准备

图 2-9　普通舱行李架内的毛毯、小枕头

⑥ 确认行李架内无外来物品后，关闭商务舱行李架。

(3) 乘务员 FS2 检查前厨房卫生，SS4 检查后厨房卫生。厨房内卫生标准如下：

① 地板清洁，无食物、饮料造成的污迹；

② 厨房台面干净，无油腻感；

③ 下水漏畅通，池内无杂物；

④ 烤箱、储存柜清洁，无异物；

⑤ 垃圾箱清洁，无异物、无异味。

3. 服务用品准备

1) 餐饮服务用品清点准备

中国国际航空公司成都—九寨航班配备备用矿泉水，SS5 按照供应品清单进行清点，检查供应品的种类，食品的种类、数量和质量，确认后签字。

2) 其他服务用品

FS2、SS3 认真检查书报、杂志数量，同时摆放整齐，供旅客登机后阅读。报纸应对折，刊头向上，排列整齐备用，如图 2-10 所示。

了解旅客人数,有无特殊旅客。

客舱乘务员各项准备工作就绪后,将准备情况报告乘务长,乘务长报告驾驶舱"客舱准备完毕"。

图 2-10　准备好的报纸

2.3.3　飞行实施阶段

> **训练项目**
>
> 任务 2-4　客舱迎接旅客
>
> 按照 A319 机型的乘务员职责要求,完成迎客阶段的各项工作,完成出口座位旅客确认及客舱安全检查工作。
>
> [训练提示]
>
> 迎客阶段的工作重点:尽快地协助旅客找到座位,帮助旅客安放好行李,在规定时间内完成登机程序,保证航班正点起飞。因为迎客阶段是乘务员与乘机旅客在整个航程的第一次接触,因此做好迎客阶段的各项服务工作,营造良好的服务氛围,是保证航班服务质量、提高旅客满意度的重要途径。

1. 迎客

在旅客登机前,乘务员需要再次检查和整理个人的仪容仪表、着装,站到指定的位置上迎接旅客登机。

> A319 机型迎客位置(参照中国国际航空公司标准)
> (1) PS1 前登机门;
> (2) FS2 商务舱第 2 排右侧座位处;
> (3) SS3 普通舱第 4 排右侧座位处;
> (4) SS4 普通舱第 17 排右侧座位处。

乘务员应面带微笑,并注意配以柔和的眼神及标准的身体姿态,主动向登机旅客点头问好:

学习单元 2　一小时以内的国内线普通舱服务

> **服务用语**
> （1）早上（中午、下午、晚上）好！
> （2）您好，欢迎登机！
> （3）您好，请往里走。

乘务员主动、热情地向可能需要帮助的旅客提供如下协助：

> **服务用语**
> （1）我能看一下您的登机牌吗？
> （2）您的座位在……请坐。
> （3）这里是第××排，A、L是靠窗座位，C、J是靠通道座位。
> （4）我帮您拿行李吧！
> （5）我带您到座位上好吗？请跟我来。
> （6）这位旅客的座位是××排，麻烦你带他过去（前、后舱的乘务员在进行服务交接时）。

乘务员主动引导旅客尽快找到座位，安放好行李，并保持客舱通道畅通。因为在这个过程中可能会向旅客提出各种予以配合的请求，所以服务语气需要更温和：

> **服务用语**
> （1）麻烦您站到座位（通道）里面，把通道让出来好吗？
> （2）麻烦您把包转个方向放好吗？这样行李架上还可以放下一件行李。
> （3）您的这件行李是不是怕碰？如果方便的话，不妨放到座位下面，这样就不会怕被别人的行李碰到了。
> （4）您的这件行李超大、超宽了，行李架上确实放不下，而且不安全。地面工作人员可以在舱门口为您办理行李托运手续，您下飞机后可以在行李领取处领取。我协助您把行李拿到前登机门，好不好？
> （5）我帮您拿行李吧！

当出口座位确认后，对坐在出口座位的旅客介绍出口的使用方法及紧急情况下的职责，并确认在紧急情况发生时该旅客能否履行其职责：

> **服务用语**
> （1）先生/女士，您就座的是出口座位，请您阅读一下这份"出口座位旅客须知"，谢谢！
> （2）这是紧急出口，在紧急情况下才可以打开，其他时候请不要随意拉动紧急窗口手柄。

2. 起飞前的安全检查

按照客舱安全管理的相关规定进行舱门预位及互检,播放或演示《客舱安全须知》,按分工进行客舱或厨房的安全检查、起飞前确认等各项工作。客舱及厨房起飞前安全检查的相关要求及操作,可参见学习单元1的训练项目要求完成练习。

乘务员按照客舱安全检查相关要求提醒旅客:

> **服务用语**
>
> (1) 请收起小桌板,调直座椅靠背,安全带请系好;
> (2)(靠窗的旅客)请打开遮光板;
> (3) 请确认您的手机电源已经关闭。

3. 小吃及瓶(听)装饮料供应

> **训练项目**
>
> 任务 2-5　餐饮供应
>
> 按照国内线普通舱一小时以内的航班服务程序,完成客舱服务供应模拟训练。

以往飞行时间在一小时以内的航班,由于时间较短,通常飞机上准备的食品饮料是小吃及瓶(听、盒)装饮料,使用餐水车进行发放。厨房乘务员应该准备好水车,饮料、小吃等摆放整齐。而根据民航局的"96号文件"的要求(详见本书学习单元3知识链接),因本次航班是飞行时间在一小时之内的航班,目前中国国际航空公司并未在机上提供餐饮服务,只是作为航班延误备份的需要,在机上备有备份的矿泉水。正常情况下,航班全程不进行餐饮服务。

如果航班上需要进行餐饮服务,在送小吃时,应同时送上消毒纸巾。为旅客提供供应品时,要面对旅客,主动介绍名称或内容。对同一排旅客,应从里向外,对老人、女士、儿童优先。递送饮料及小吃时,要将供应品的正面面向旅客。

面向旅客的乘务员,在递送供应品时,右侧旅客使用右手递送,左侧旅客使用左手递送。背向旅客的乘务员则相反。

乘务员在提供餐饮服务时,要表情柔和,与旅客有眼神交流。

> **服务用语**
>
> (1) 先生(女士),请用小吃,这是您的饮料(或饮料名称)。
> (2) 谢谢您!(向窗口座位旅客发放供应品时,对中间或走道座位主动提供协助的旅客致谢)。
> (3) 这个航班飞行时间较短,因此没有配备茶水、咖啡等热饮。要不我给您送上一杯温开水,可不可以(对提出需要热饮的旅客)?

4. 清洁回收及客舱卫生保持

在飞机下降前,乘务员使用餐车或大餐盘对客舱进行回收。清理客舱后的卫生标准要求:客舱地面干净,无纸屑等异物;无旅客用过的饮料容器,小桌板擦拭干净。

普通舱的卫生间在3~5人使用后就应该打扫卫生,乘务员进入卫生间前应解下围裙,戴上一次性手套,清洁完卫生间后应洗手。打扫卫生后的卫生间要求:卫生间地面、洗手池、镜面无水渍,擦拭干净;根据情况补充卷纸、擦手纸等卫生用品,将卷纸前端折叠成三角形放好。

5. 下降前的安全检查

在飞机落地前20分钟,广播员会进行客舱安全检查广播,同时客舱乘务员进行客舱安全检查。客舱及厨房落地前安全检查的相关内容及操作要求,可参见学习单元1的训练项目要求。

由于九寨黄龙机场(简称九黄机场)与成都的温差较大,特别是春秋季和冬季的时候,应提醒旅客及时注意衣物的增减,要加强细微服务。

6. 广播

训练项目

任务 2-6　机上广播

按照广播员的职责要求,正确操作广播器,完成以下两篇广播词的广播(在客舱服务模拟舱内完成)。

广播员职责(参照中国国际航空公司标准)

(1) 在乘务长的领导下,除完成本服务区域的服务工作外,同时负责客舱内广播;

(2) 在航班上,按照公司规定的广播内容,适时向旅客进行中、外文广播;

(3) 遇有航班延误、颠簸等特殊情况,及时用中、外文广播通知旅客;

(4) 广播时,发音要准确、清晰,语调要柔和、亲切,广播速度音量要适中;

(5) 正确使用广播设备。

---

(1) 欢迎词

女士们,先生们:

欢迎你乘坐中国国际航空公司航班 CA4496 由成都前往九寨。由成都至九寨的飞行距离是 350 千米,预计空中飞行时间是 40 分钟。飞行高度 9000 米,飞行速度平均每小时 800 千米。

为了保障飞机导航及通信系统的正常工作,在飞机起飞和下降过程中请不要使用手提式电脑,在整个航程中请不要使用手提电话、遥控玩具、电子游戏机、激光唱机和电音频接收机等电子设备。

飞机很快就要起飞了，现在由客舱乘务员进行安全检查。请您坐好，系好安全带，收起座椅靠背和小桌板。通道上和紧急出口处禁止堆放行李。（这是一个无烟航班，请不要在机上吸烟。）

本次航班的乘务长将协同机上5名乘务员竭诚为您提供及时、周到的服务，祝您旅途愉快。谢谢！

Ladies and Gentlemen：

Welcome aboard Air China flight CA4496 from Chengdu to Jiuzhai. The distance between Chengdu and Jiuzhai is 350 kilometers. Our flight will take 40 minutes. We will be flying at an altitude of 9000 meters and the average speed is 800 kilometers per hour.

In order to ensure the normal operation of aircraft navigation and communication systems, passengers are requested not to use mobile phone and other electronic devices throughout the flight. The lap computers are not allowed to use during the take-off and landing.

We will take off immediately, please be seated and fasten your seat belt. Seatbacks and tables should be returned to the upright position. Please keep aisle and exit clear of baggage. (This is a non-smoking flight, please do not smoke on board.)

There are 5 flight attendants at your service. If there is anything we can do for you, please let us know. We hope you enjoy the flight! Thank you!

（2）终点广播词

女士们，先生们：

飞机已经降落在九寨黄龙机场，外面温度_____摄氏度（_____华氏度），飞机正在滑行，为了您和他人的安全，请先不要站起或打开行李架。等飞机完全停稳后，请您再解开安全带，整理好手提物品准备下飞机。从行李架里取物品时，请注意安全。您交运的行李请到行李提取处领取。需要从本站转乘飞机到其他地方的旅客请到候机室办理手续。

感谢您选择中国国际航空公司班机！下次旅途再会！谢谢，再见！

Ladies and Gentlemen：

Our plane has landed at Jiu Zhai Huang Long airport. The outside temperature is _____ degrees Centigrade(_____ degrees Fahrenheit), The plane is taxiing. For your safety, please stay in your seat until the Fasten Seat Belt sign is turned off. Please use caution when opening the overhead compartment. Please take all your belongings before your disembark. Your checked baggage may be claimed in the baggage claim area. If you are connecting onto other flight at this station, please go to terminal building arrange for connecting flight.

Thank you for flying with Air China today and we look forward to serving you again! Thank you and good-bye!

7. 送客、清舱

飞机完全停稳后,乘务长下达解除滑梯预位指令,各号位乘务员交叉检查,乘务长调亮客舱灯光。在接到地面工作人员发出的可以开启舱门的信号,以及机长通知开门的指令以后,两名乘务员遵照机门操作程序要求共同开启舱门。各号位乘务员站在指定的位置上送客,向乘客微笑道别。旅客下机后,乘务员检查所负责区域有无旅客遗失物品,如有旅客遗失物品需记下座位排号,将其交给地面工作人员处理,并注意办好交接手续。

2.3.4 航后讲评阶段

航后讲评阶段请参见学习单元3的相关内容。

2.3.5 训练指导

(1)在完成本次训练项目时,还可以选择其他一小时内的航班进行训练,但需注意:目的地不同,广播的内容不同。

(2)迎客及客舱服务阶段的模拟训练可采用在同学之间或师生之间进行,本阶段强调能够完成航班预先准备阶段、直接准备阶段工作,能够完成机上应急设备的检查工作,掌握比较标准的服务用语,并注意表情(微笑)、眼神、身体姿态的配合,不需要太复杂的服务场景模拟设置。

(3)本学习单元六个训练项目虽然内容有区别,但在实际训练时,需要将六个训练项目与乘务工作的四个阶段紧密结合,完成一个完整的工作模拟过程。训练强调完整地还原工作过程,通过训练达到"熟练使用客舱服务设备,掌握乘务工作四个阶段的要点,熟悉客舱服务程序"的目的。

2.4 相 关 案 例

案例一

××航空公司考勤规定

执行航班任务的人员名单以生产协调部公布的《飞行计划》为准,乘务员本人提前一天可通过计算机或电话航班查询系统确认航班。看错航班或请人代看航班造成迟到或误机者责任自负。由于乘务员个人原因,如所留电话号码有误,手机不通、不接而导致生产协调部无法通知其航班变更情况,后果由本人自负。

乘务组人员必须按规定的航班准备时间到检查台进行微机指纹签到(如微机故障,由检查台值班员按北京时间监督人工签到),否则,按"迟到""误机"规定处理(突发事件原因除外,其中由于交通事故原因引起的"迟到""误机",必须由本人提供充分的书面证据——交警队事故证明和相关申请由其所属乘务员部确认后,报业务执行部申请撤销扣分)。

案例二

美国某航空公司的一名女乘客在飞行途中感到呼吸困难，但空中乘务员两度拒绝帮忙，后该女乘客情况恶化时机组人员才发现机上多件急救仪器全部失灵，两个氧气瓶内都没有氧气，心脏除颤器又失效，机上四名医护人员也爱莫能助，导致乘客最终在机上失救死亡。

死者德西尔，44岁，是心脏病患者，某周五偕同兄弟乔尔和表兄弟奥利弗乘搭某航班，由中美洲国家海地的首都太子港出发，目的地是美国纽约。奥利弗说德西尔吃完东西后不舒服，而且很口渴，空中乘务员便给了她一杯水。

数分钟后，德西尔呼吸困难，说需要氧气帮助呼吸，但乘务员两度拒绝其要求。她非常痛苦地向对方说："不要让我死！"此时机上其他乘客也非常着急，服务员与驾驶舱通话后只好开始采取措施，用手提式氧气瓶和氧气罩尝试给德西尔氧气，但氧气瓶竟是空的。

当时机上有两名医生和两名护士，他们尝试用第二个氧气瓶为德西尔输氧气，但这个氧气瓶也是空的。他们便让德西尔躺在地上，一名护士替她施心肺复苏术，但不成功。奥利弗说他们之后用了一个盒状的仪器急救，但也不奏效，估计这件仪器应是心脏除颤器。奥利弗见状立即要求飞机马上降落，以便将德西尔送往医院。机师答应在45分钟机程以外的佛罗里达州迈阿密降落，但还未到达目的地德西尔已经死亡。奥利弗忆述她临终前最后一句话是："我无法呼吸了。"

现场一名医生证实德西尔死亡后，飞机直接飞往纽约肯尼迪国际机场，而没有在迈阿密降落。德西尔的尸体则由毯子盖住搬到头等舱。事后某航空公司发言人拒绝就急救仪器失灵做评论。

案例三

从深圳飞往天津的CA1320客机上，一位70岁的大爷突犯高血压、心脏病，比较危险。机组人员申请优先着陆，以争分夺秒抢救病人。

2004年6月9日20时15分许，中国国际航空公司从深圳飞往天津的CA1320航班在落地前20分钟时，一位70岁的大爷感到身体不适，胸闷憋气，脸色惨白。看到老大爷的反应，估计是心脏病发作，乘务员立即拿出氧气袋，帮助这位大爷吸氧，并给他舌下含服硝酸甘油，进行紧急抢救。客机上的医生赶到现场为其治疗。机组人员立即与地面联系，呼叫医生，申请优先着陆。地面了解到情况后，与该班机前一航班取得联系，让其推迟着陆时间，优先让CA1320航班落地。客机落地之后，机场急救中心的医生立即对患者进行急救，大爷脱离险情。

小 讨 论

(1) 两个比较类似的紧急状况，结果为什么不一样？

(2) 我们从中可以得到怎样的启示？

2.5 思考题

(1) 如果本次航班除小吃饮料外,未准备其他的餐食,遇有旅客提出需要用餐,应该怎样处理?

(2) 由于是高原飞行,本次航班要求旅客全程系好安全带,到达九黄机场下降前即停用卫生间,如有旅客未能遵守相关规定,应该如何处理?

(3) 到九寨沟旅行的有不少外国游客,如果外国旅客向你打听九寨沟的旅游概况,你将如何如进行介绍呢?

(4) 乘务工作分为哪四个阶段?

(5) 请说出目前国内海拔高度前三位的机场。

(6) 讨论成都—九寨这个航班中,旅客有哪些特点?服务上应该有哪些需要特别注意的地方?航班去程、回程服务有何区别?

2.6 知识链接

2.6.1 九寨沟

九寨沟风景名胜区位于四川省阿坝藏族羌族自治州九寨沟县境内,距离成都市400多千米,是一条纵深40余千米的山沟谷地,总面积约62000公顷,因周围有9个藏族村寨而得名。有长海、剑岩、诺日朗、树正、扎如、黑海六大景区,以翠海、叠瀑、彩林、雪峰、藏情这五绝而驰名中外。1992年被列为世界文化遗产。

九寨沟景区自然景色兼有湖泊、瀑布、雪山、森林之美。九寨沟为多种自然要素交汇地区,山地切割较深,高差悬殊(从海拔1980米到3100米),植物垂直带谱明显,植物资源丰富。林中夹生的箭竹和各种奇花异草,使举世闻名的大熊猫、金丝猴、白唇鹿等珍稀动物乐于栖息在此。沟中海子沿岸山峦叠彩,绿权幽深。随季节的变换,水中的世界,不是倒映出百花簇拥的雪山,就是雪山衬映下的枫叶。九寨沟地僻人稀,景物特异,富于原始自然风貌,有"童话世界"之誉。

Jiuzhaigou located in jiuzhaigou County, Aba Tibetan-Qiang Autonomous Prefecture. More than 400 kilometers away from chengdu city Jiuzhaigou Ravine stretches 40 kilometers in one direction and takes up an area of more than 62000 hectares. Jiuzhai Valley literally means "Nine Village Valley" and is so named because the scenic area consists of nine Tibetan villages. The area consists of six scenic spots——Changhai, Jianyan, Nuorilang, Shuzheng, Zharu and Heihai. It becomes a world renowned scenic spot because of its diversity in natural scenery which includes snowy peaks, double waterfalls, colorful forests and green sea. Furthermore, Tibetan customs are another attraction. It was listed as a world heritage site in 1992.

The Ravine boasts a number of unique features. The mountains, lakes, natural primeval forest, beautiful flowers all make Jiuzhaigou a fairyland. Mountains ranging 1980 to about 3100 meters in height are covered by a variety of trees and plants such as green conifers, luxuriant broadleaf trees and colorful rare flowers and grasses. Scenes change according to the season and the area is particularly colorful in autumn when the wind makes kilometers of tree belt along the lake undulate like a sea wave. Waterfalls, lakes, springs, rivers and shoals add to color and the green trees, red leaves, snowy peaks and blue skies are reflected from lakes and rivers.

2.6.2 成都

成都是四川省省会,是四川省政治、经济、文化中心,拥有大量的人文景观和独特的自然景观。

早在公元前4世纪,蜀国开明王朝就迁都于此,取周太王迁歧"一年成邑,二年成都"之意,取名成都,公元前256年,蜀郡太守李冰父子设计并组织兴建了都江堰水利工程,使成都平原成为"水旱从人、沃野千里"的天府之国。在汉朝,成都就成为当时著名的"五都"之一,唐朝时有"杨一益二"的说法,那时它就已经成为仅次扬州的经济中心。西汉时期,因成都织锦业驰名天下专设锦官管理,故有"锦官城""锦城"之称。五代后蜀主孟昶,在城墙上遍种芙蓉,成都又得"芙蓉城""蓉城"的美名。

作为中国的历史文化名城,成都拥有丰富的旅游资源。1500年前,晋朝的左思作《蜀都赋》盛赞成都"既丽且崇,实号成都"。唐朝的"诗仙"李白、"诗圣"杜甫也都为成都写下赞美的诗篇,杜甫就曾经写下"窗含西岭千秋雪,门泊东吴万里船"的佳句。坐拥丰富的文化遗产和美丽的旅游景点,成都的确是一个宁静、详和的城市。

Chengdu is the capital of Sichuan Province. It's the political, economical and cultural center of Sichuan province. There are a great deal of humanistic sights and the natural sceneries also take a unique style.

As early as 400BC, Kaiming IX, king of ancient Shu in the Zhou Dynasty, started to set up the capital in Chengdu. "A town was built in this area in the first year and the capital in the second year", so the ancestor named the city as Chengdu, which means to become a capital. In 256BC, Li Bing, as a local governor of the Shu State, designed and organized the building of the Dujiangyan Dam with his son. As a water control and irrigation dam, it makes the Chengdu plain to become "the flood and drought from the human, the vast fertile area land of abundance". In the Han Dynasty (206BC – 220AD), Chengdu began to enjoy the fame of one of the Top Five Capitals.

In the Tang Dynasty (618 – 907), Chengdu was reputed as the "Yang (Yangzhou) first, Yi (Chengdu) second"; it had by then became the economic center just after Yangzhou. In Western Han Dynasty (206BC – 8AD), Chengdu was especially set up with the brocade official, because brocades produced in Chengdu were very popular in China. So Chengdu was also called the City of Brocade. In the Five Kingdoms Perion (907 – 960), MengChang, king of the Houshu Kingdom decreed to plant hibiscuses on the protective wall of the city, so Chengdu was also called the City of Hibiscus.

As one of the famous city of historical culture in China, Chengdu in possession of abundant tourist resources. More than 1500 years ago, a well-known poet in the Jin Dynasty, Zuo Si extolled Chengdu as lofty and pretty. This city has also gained the eulogium by both Li Bai (the poet immortal) and Du Fu (the poet sage). "Standing before the window, the west mountain is coverad by deep snow exist over thousands of years, a sudden cold is felt; In front of the door, boats that have traveled for tens of thousands of miles throughout East Wu are parking" was written by Du Fu. With rich cultural heritage and beautiful scenic spots, Chengdu is a peaceful and prosperous city.

2.6.3 九寨黄龙机场

四川九寨黄龙机场是经国务院、中央军委批复同意新建的国内旅游支线机场，是国家实施西部大开发战略的重点建设工程。机场位于四川省阿坝州藏族羌族自治州松潘县川主寺镇东北约 11 千米处，距黄龙景区的公路为 60 千米，距九寨沟口的公路为 88 千米，属九寨黄龙景区的交通枢纽。机场海拔标高 3448 米，属高原机场。机场飞行区等级为 4d，跑道长 3370 米，可满足波音 757-200 及以下等级机型起降。

2.6.4 成都双流国际机场

成都双流国际机场(图 2-11)，是中国第四大航空枢纽，世界前 50 大繁忙机场，是四川航空股份有限公司(简称四川航空公司)、成都航空有限公司(简称成都航空公司)的基地机场。成都双流国际机场位于成都平原中部，成都市双流区北部，距离成都市中心 18 千米，有成都机场高速公路和地铁十号线等交通路径与成都市区相通。

成都双流国际机场现拥有一号、二号两座航站楼，2019 年旅客吞吐量已达 5500 万人次以上。成都双流国际机场飞行区等级为 4F。西跑道长 3600 米、宽 45 米，东跑道长 3600 米、宽 60 米；西跑道南端为 Ⅱ 类精密进近仪表着陆系统，东跑道为 Ⅲ 类 A 着陆标准建设，可供 A380 飞机起降。截止到 2019 年年底，机场共有 200 余个停机位。

图 2-11　成都双流国际机场

学习单元 3　一个半小时左右的国内线普通舱服务

3.1　训练情境

本航班为北京—上海,机型为 B737-800。在这个训练情境当中,需要应用客舱服务的知识技能,完成设定的一个半小时左右的国内线普通舱(北京—上海)航班飞行服务的各个训练项目,重点在于完成客舱餐饮准备,以及运用客舱餐饮服务知识、技能完成模拟"机上餐饮服务"等训练任务。

知识目标

(1) 掌握机上餐食、饮料的中、英文名称;
(2) 了解机上餐食、饮料的相关知识;
(3) 熟悉特殊餐食的种类;
(4) 掌握机上服务设备的使用方法。

能力目标

1. 预先准备阶段

(1) 熟练完成预先准备阶段的工作;
(2) 根据乘务长(指导教师)的要求完成航班准备会的各项内容,明确自身航班岗位职责任务;
(3) 能够说出本次航班的配餐内容。

2. 直接准备阶段

(1) 能熟练完成直接准备阶段设备的检查工作;
(2) 能完成服务用品的清点整理工作,特别是餐饮类供应品的清点准备。

3. 飞行实施阶段

(1) 能够完成出口座位旅客确认、客舱安全演示及客舱安全检查工作;
(2) 能够根据航班服务程序完成航班服务工作,特别是餐饮服务。

4. 航后讲评阶段

能够完成对训练任务完成情况的总结、评价。

5. 一般航程部分广播内容

(1) 起飞后的广播词;
(2) 供餐、供水的广播词;

(3) 预计到达时间及客舱安全检查的广播词。

3.2 前期知识

3.2.1 客舱服务用品

1. 旅客服务供应品

1) 航空公司提供的饮料

航空公司提供的非酒精饮料和酒精饮料如下：

非酒精饮料： 矿泉水　mineral water　　红茶　　black tea
　　　　　　咖啡　　coffee　　　　　　绿茶　　green tea
　　　　　　可乐　　coke　　　　　　　茉莉花茶 jasmine tea
　　　　　　七喜　　7 up　　　　　　　苏打水　soda water
　　　　　　雪碧　　sprite　　　　　　牛奶　　milk
　　　　　　橙汁　　orange juice
　　　　　　桃汁　　peach juice
　　　　　　菠萝汁　pineapple juice

酒精饮料：葡萄酒 wine（red wine/ white wine）
　　　　　啤酒　 beer

2) 早餐、正餐食谱（例）

(1) 头等舱的中、西式早餐如下表所示：

```
中式：水果盘：新鲜切片水果
      粥：白米粥
      开胃碟：什锦酱菜
      热中点：叉烧糯米糕
      热食：油条薄饼卷/荠菜鱼蓉饺、龙虾饺/萝卜糕
```

```
西式：水果盘：新鲜切片水果；玉米片
      开胃碟：杯装果酱
      面包篮：法包、番茄包、巧克力丹麦酥、意大利芝士面包、麦包、蒜蓉法包
      热食：香葱昂列蛋/扒牛肉肠/煎烟猪柳/土豆饼/西兰花/樱番
```

(2) 普通舱早餐如下表所示：

```
水果：新鲜切片水果
酸奶：杯装酸奶
热点：牛角包
热食：A 菜：炒鸡蛋/培根片/虾仁/煎牛肉肠/土豆丁/时蔬
      B 菜：炒牛肉丝/三椒丝/青菜心/上海面
```

(3) 头等舱正餐如图 3-1 所示。

冷荤：糖心干鲍/拌味珊瑚皮、红毛菜、狗牙菜、柠檬、樱番
水果盘：新鲜切片水果
热食：A 菜：清炒开背虾/高汤汁/香港面/时蔬
　　　B 菜：蘑菇芝士煎牛仔/黑椒汁/卤肉饭/时蔬
　　　C 菜：台式三杯鸡/五香汁/香港炒饭/时蔬
开胃碟：黄油花
甜羹：冰糖红枣炖雪蛤
面包篮：法包、番茄包、巧克力丹麦酥、意大利芝士面包、麦包、蒜蓉法包

图 3-1　头等舱正餐

(4) 普通舱正餐如图 3-2 所示。

水果：新鲜切片水果
冷荤：拌味虾仁/生菜/配料
热点：软餐包
热食：A 菜：台式三杯鸡/五香汁/白米饭/时蔬
　　　B 菜：猪肉丝/香菇丝/青菜/红椒丝/鸡蛋面

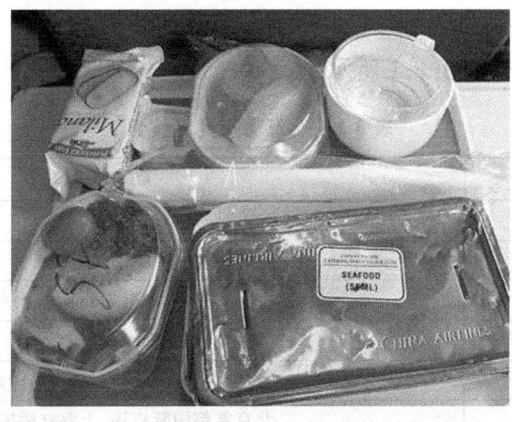

图 3-2　普通舱正餐

2. 乘务员使用的服务设备

承担本航班飞行任务的乘务员,在工作中会使用的服务设备、设施包括水车、餐车、烤箱等。

水车、餐车有专门的存放位置,放置时应将车门关上、扣好,踩下刹车,并且将存放位置的卡扣扳下,将餐车、水车锁好,以避免餐车、水车冲出放置位而引发事故。

飞机上的烤箱主要用于烘烤旅客及机组的热食。

3.2.2 客舱安全设备

B737-800 直接准备阶段需检查的主要安全设备包括氧气瓶、海伦灭火瓶、应急发报机、防烟面罩、急救药箱、麦克风、手电筒等(可参照学习单元1的相关内容)。

3.3 训 练 内 容

本学习单元训练内容以中国国际航空公司 CA3116/1 为例进行。

3.3.1 预先准备阶段

> **训练项目**
>
> **任务 3-1 模拟航前准备会**
>
> 5位同学参加模拟航前准备会,乘务长(同学)检查乘务员仪容、仪表并指正。进行分工,布置号位及职责。安排工作程序,以及餐食、供应品的配备情况。准备空防预案及水陆脱离预案,并根据航班情况提出问题。
>
> [训练提示]
>
> 由于本航班要完成的主要训练要点是餐饮供应,所以在准备会时可适当增加相关问题比例,以配合训练任务顺利完成。

1. 航班飞行资料信息

航班飞行资料信息如表3-1所示。

表3-1 航班飞行资料信息

航班号	CA3116/1
起飞时间	11:10
飞行时间	110分钟
飞行距离	1178千米
飞经省份	河北、山东、江苏
飞经地标	大运河、黄河、长江、泰山、洪泽湖、太湖
机场概况	北京首都国际机场、上海虹桥国际机场
餐食配备信息	饮料、正餐

2. B737-800乘务员职责

本航班为6人制飞行,乘务员的座位安排与操作分离器分工如下。

1) 座位安排

L1门处:PS1、SS3。

L2门处:SS2、SS5。

R2门处:SS4、SS6。

2) 负责操作分离器

L1门:PS1。

R1门:SS3。

L2门:SS2。

R2门:SS4。

本航班乘务员的号位工作职责如下。

1) PS1

(1) 乘务组负责人组织、领导客舱服务工作;

(2) 负责与机长联络,并派专人进行客舱广播;

(3) 负责签收供应品、餐食,检查清洁卫生,负责对外联系工作;

(4) 指挥各舱门紧急滑梯与地板连接杆的统一操作;

(5) 负责驾驶舱和头等舱服务工作及音乐播放;

(6) 在紧急情况下,按机长的指令指挥乘务组行动和疏散旅客;

(7) 负责L1门的开启和紧急脱离时的操作;

(8) 负责前舱滑梯连接杆操作的检查。

2) SS2

(1) 协助乘务长的工作,负责后舱和后厨房区域的工作;

(2) 负责L2门的滑梯与地板连接杆的操作和紧急脱离时的操作;

(3) 按乘务长的指派进行客舱广播;

(4) 负责后舱餐食和供应品的清点;

(5) 负责检查后舱的清洁卫生。

3) SS3

(1) 按乘务长的指派进行前舱和前厨房区域的工作;

(2) 负责R1门滑梯连接杆的操作和紧急脱离时的操作;

(3) 负责检查、清理L1门卫生间;

(4) 负责前舱紧急设备的介绍与演示;

(5) 检查外站提供的头等舱餐食和机组餐食;

(6) 负责前舱客舱的安全检查。

4) SS4

(1) 与SS5共同进行3~15排旅客的服务工作;

(2) 负责 3～15 排紧急设备、客舱服务设备及清洁卫生工作的检查;
(3) 负责 R2 门滑梯连接杆正常和紧急情况时的操作;
(4) 负责 3～15 排客舱的安全检查及清查客舱;
(5) 检查紧急出口情况,以及确认出口座位旅客是否符合乘坐规定。

5) SS5

(1) 协助 SS4 进行 3～15 排旅客的服务工作;
(2) 负责客舱安全示范表演;
(3) 负责 L2 门洗手间紧急设备、客舱设备及清洁卫生工作的检查;
(4) 负责 3～15 排客舱安全检查及清查客舱;
(5) 协助 SS2 清点餐食。

6) SS6

(1) 与 SS2 共同进行 16～28(29)排旅客的服务工作;
(2) 负责整理摆放报纸、杂志;
(3) 负责检查客舱紧急窗口情况和紧急撤离时的操作;
(4) 到站时,负责督促清洁队打扫客舱卫生;
(5) 负责客舱的安全示范表演(位于客舱第三排);
(6) 负责 R2 门洗手间紧急设备、清洁卫生的检查及卫生用品的摆放;
(7) 负责 16～28(29)排的安全检查和清查客舱。

3. 预先准备会

在预先准备会上,乘务长一般常见提问如下:
(1) 航班飞经的省份及主要地标有哪些?
(2) 飞机滑杆梯的操作顺序?
(3) AIR CHILLER,电源在什么时候不能开?
(4) 飞机关门前,是否需要确认机门外部手柄已复位?
(5) 飞机内话报警号码是多少?
(6) 白天为保持客舱舒适,客舱温度应保持在多少度之间?
(7) 登机音乐的音量应控制在什么标准才为合适?
(8) 可以用来放置全折叠式婴儿车的储藏位置在客舱的哪个部位?
(9) 海伦灭火瓶灭火剂可释放的时间大约为几秒钟?

3.3.2 直接准备阶段

> **训练项目**
>
> 任务 3-2 客舱设备检查
> 按照岗位职责要求完成客舱紧急设备、服务设备的检查工作。按照号位工作职责完成服务用品的清点整理工作。

[训练提示]

B737-800 的客舱应急设备及服务设备的检查可参见学习单元 2 的有关内容,只是不同机型或同种机型不同机号飞机的机上应急设备的位置会有区别,这也是要求乘务员上机后,按照应急设备检查单的要求完成自己所负责区域的应急设备检查的原因。这不仅是一个检查的步骤,也是一个再次熟悉客舱应急设备位置的过程。本次航班厨房乘务员还需要检查烤箱等服务设备,需要按照供应品单和餐单的内容对照检查餐饮供应品的数量、质量。

1. 客舱安全设备检查

B737-800 客舱紧急设备检查工作如下:

乘务员登机后,应首先检查客舱安全设备,如氧气瓶、灭火瓶(海伦灭火瓶、水灭火瓶)、应急发报机、防烟面罩、急救药箱、有氧防烟面罩、麦克风、手电筒等完好情况;检查紧急撤离指示灯是否正常,然后通过内话系统向乘务长报告,例如:"2 号门区域紧急设备检查完毕,一切正常。"

如果发现紧急设备的数量、位置及待用状况与标准适航状况不符,应立即通过内话系统向乘务长报告,通知机务人员前来处理。

2. 服务设施检查

1) B737-800 客舱服务设施检查

乘务员 SS2、SS3 分别检查商务舱、普通舱旅客服务设施完好情况,要求旅客座椅靠背能够竖直,小桌板收好。

仔细检查阅读灯、呼唤铃及通风口的完备情况,如设施无法使用需将座位号记下,检查完毕后,立即向乘务长报告故障设施的名称、位置,通知机务人员修理。

乘务员还需要检查娱乐和呼叫系统,以及演示用的设备,如演示用氧气面罩、安全带等。

2) B737-800 卫生准备

(1) 乘务员 SS4 检查前卫生间,SS5 检查后卫生间。卫生间卫生标准参照学习单元 2 的相关要求。

(2) 乘务员 SS2 检查商务舱客舱卫生,SS3 检查普通舱客舱卫生。客舱内卫生标准参照学习单元 2 的相关要求。

(3) 乘务员 SS4 检查前厨房卫生,SS5 检查后厨房卫生。厨房内卫生标准参照学习单元 2 的相关要求。

3) 服务用品准备

(1) 餐饮清点准备工作如下:

① 该航班配备饮料和餐食,SS5 按"配餐单""随机供应品服务用具配备回收单"来检查和核对本次航班所规定携带的服务用品、食品、饮料及餐食数量是否与单据一致,并检查质量是否符合要求;

② 把需要冰镇的酒类、食品、饮料放进冰箱（白葡萄酒、苏打水、啤酒等）；

③ 固定厨房餐具、餐车及服务用品，扣好门帘，检查服务用具是否完好，并全部放置安全妥当。

（2）其他服务用品准备工作如下：

① SS6检查机上娱乐用品、报纸、杂志的种类及数量，同时摆放整齐，供旅客登机后阅读。报纸应对折，刊头向上，排列整齐备用，应注意平均分配各段报纸。

② 了解旅客人数，并确认有无特殊旅客。

各项准备工作就绪后，客舱乘务员将准备情况报告乘务长，乘务长通知驾驶舱："客舱准备完毕。"

3.3.3 飞行实施阶段

1. 迎客及安排乘客就座

北京—上海航班乘务员的迎客位置如表3-2所示。

表3-2 北京—上海航班乘务员的迎客位置

号位	航班开L1门接廊桥	航班开L1、L2门接客梯车
PS1	L1门内侧	L1门内侧
SS2	R2门洗手间旁	L2门内侧
SS3	头等舱2排D座	头等舱2排D座
SS4	经济舱4排D座	经济舱4排D座
SS5	紧急出口处D座	紧急出口处D座
SS6	经济舱倒数第3排D座	经济舱倒数第3排D座

（1）安排旅客就座后，需核对旅客人数，确认无误后报告机长，关闭舱门。乘务员按照号位操作分离器，相互检查，并报告乘务长。

（2）广播员广播欢迎词，乘务员在指定位置上做安全演示。介绍与演示应急设备时，乘务员应面向乘客站立在过道中，面带微笑，目视前方，表情自然大方，仪态端庄，客舱安全演示如图3-3所示。

图3-3 客舱安全演示

（3）乘务员安全演示的位置是，SS3 站在头等舱第一排，SS5（或 SS4）站在经济舱第三排，SS6 站在经济舱紧急出口处。

（4）乘务员分区域完成客舱安全检查后，调暗客舱灯光，等待起飞。

2. 空中阶段

1）送饮料前

训练项目

任务 3-3　摆放水车

按照厨房乘务员岗位职责要求完成水车摆放工作。

[训练提示]

（1）大瓶的饮料，如大可乐，要放在餐车的中间，茶壶或咖啡壶一定要放在水车下方的抽屉隔挡中，以免颠簸引起水壶翻倒热饮泼洒到旅客身上，烫伤旅客。

（2）带气的饮料，杯子应倾斜 45°，以免泡沫溢出。

SS6 送毛毯、小枕头等服务用品。送物品的原则：

从前至后，先里后外，先左后右（先 ABC 后 DEF），先女士后男士。左边的客人用右手送，右边的客人用左手送。

与此同时，SS2、SS5 在服务间准备餐前饮料及摆放水车。在准备冷、热饮时，应注意热饮一定要烫，如果咖啡温度不够高，则咖啡伴侣放入咖啡时将无法及时溶解，影响口味及观感。

水车的摆放如图 3-4 所示：

（1）大筒饮料摆在水车中间，小筒饮料摆在四周，标志向外，要整齐美观，方便取用。

（2）杯子倒扣，高度不超过车上最高的瓶子。

（3）搅拌棒用毛巾叠成长条状包住搅拌棒的底部，放在一个杯子里。

（4）咖啡和茶壶下垫一块湿毛巾。

（5）水车两边各放一块湿毛巾备用。

图 3-4　水车的摆放

厨房乘务员在准备水车的时候,要将饮料瓶的瓶盖拧开后再稍拧紧:①避免碳酸类饮料由于装卸的过程中摔碰造成打开时饮料喷出;②避免有个别饮料瓶盖过紧,客舱乘务员在客舱服务时不能及时打开影响服务。

茶壶和咖啡壶在放入水车前,需将壶的外壁用湿毛巾擦拭干净。

(6) 在准备水车前,厨房乘务员还要根据需要开始加热热食餐盒。

烤餐食的加热温度如下:

牛肉、鱼、鸡肉为170℃,20分钟;

素食为150℃,10分钟;

早餐热食为150℃,15分钟。

烤餐食的注意事项:烤前,将干冰从烤箱内取出来,热食要用箅子隔开(否则会热食加热不透),特殊餐不和普通餐一起烤,应选择适合的温度。

2) 送饮料

> ### 训练项目
>
> **任务3-4 饮料供应**
>
> 模拟客舱饮料的供应,根据旅客的要求提供其所需要的饮料。
>
> [训练提示]
>
> 在客舱饮料供应时,常见的饮料包括茶水、咖啡、矿泉水、雪碧(七喜)、可口可乐(百事可乐)、橙汁、苹果汁、番茄汁等。倒饮料时,杯子不要抬得太高,要放下来,高度最好不要超过餐车,这样容易控制,不会泼洒。饮料倒至杯子的七成,儿童的倒至杯子的五成。拿杯子时,握杯子的下1/3处,无名指和小指托住杯底,其余三个手指扶住杯身(图3-5)。
>
>
>
> 图3-5 拿水杯手势
>
> 饮料送出时,杯子航徽面向客人,托盘始终对着通道,面对客人45°方位,面带微笑使用敬语:"请慢用,小心烫。"杯子放到桌面时,注意做到轻、稳、准,无论在客人面前还是在厨房都应做到这一点(图3-6)。

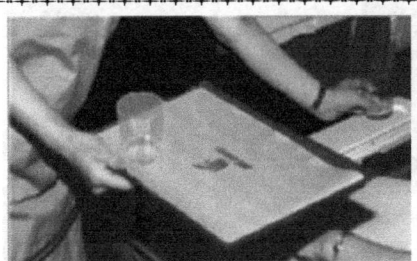

图 3-6　饮料杯的递送

广播提醒旅客要开始提供饮料，SS4、SS5 送餐前饮料。提供饮料时，需两名乘务员配合从服务间推出水车，要注意避让旅客，并且在推（拉）行的过程中提醒有些将腿伸到过道的旅客注意避让水车。

（1）果汁的服务：橙汁（用量最大）；番茄汁（外宾喜欢）加冰与否应征求客人的意见；菠萝汁（适合糖尿病人）、苹果汁（适合儿童）冰镇饮用味道好。

提供果汁时需注意：打开前，应摇晃均匀（特别是橙汁和番茄汁），如是听罐包装则需擦拭听筒的顶部。开过筒的果汁保存时间不宜过长，加冰与否应征求客人的意见。一般情况下，橙汁加冰比较常见。

（2）碳酸类饮料的服务：提供碳酸类饮料时，需注意打开前不要摇晃，在水车推出厨房前应先把瓶盖拧开再盖好；倒碳酸类饮料时，杯子应倾斜 45°（图 3-7），提供前应主动询问客人是否加冰；婴幼儿、神经衰弱者不主动提供可乐。

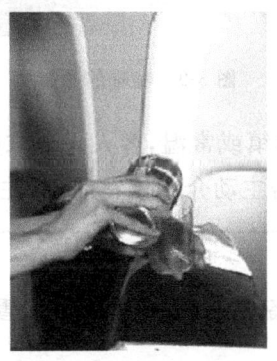

图 3-7　倒碳酸类饮料

（3）茶水的服务：普通舱一般提供花茶。提供花茶时，应将茶包预先放入壶中，倒入五成开水，到送餐时再倒入七成开水，一般一个大茶包可冲泡两次（图 3-8）。

头等舱提供绿茶、红茶。红茶一般为袋泡茶，冲好后立即送给客人。

在提供奶茶时，沏好红茶后加牛奶（不能加柠檬）。

在提供柠檬茶时，沏好红茶后加一片鲜柠檬，附送上袋糖，不用提前将糖加在杯中。

图 3-8　茶水的冲泡

（4）咖啡的服务：厨房乘务员在准备咖啡时，先将速溶咖啡冲成浓缩的咖啡汁，服务前再将其加水冲调。也可以先接好一壶开水，再将速溶咖啡加入（图 3-9），用长柄勺搅拌即可。

图 3-9　咖啡的冲制

（5）提供矿泉水时，最好冰镇或常温，客人无要求则不需加冰。

提供饮料服务时，乘务员需主动介绍饮料品种，注意言语有礼：

服务用语

（1）您好！我们为您准备了茶水、咖啡、可乐、雪碧、橙汁、苹果汁、矿泉水，请问您需要什么饮料？

（2）请问您的可乐（雪碧）需要加冰吗？

（3）这是您的咖啡，有点儿烫，请小心接好。

（4）要不您先喝着这杯，我马上就给您加好吗？（对个别一次就要几杯饮料的旅客）小桌板不大，放多了怕洒，还容易弄脏您的衣服。

3）餐食供应

送餐前，需广播开餐，通知旅客今天的餐食品种，提醒需要特殊餐食的旅客告知乘务员，以便乘务员在供应普通餐食之前就为有特殊需要的旅客提供特殊餐食。

机上餐食按照舱别分头等舱、公务舱、经济舱餐食。按照餐食的种类,根据各国不同的航线要求,可以分为西餐、中餐等。餐食可能包括糕点类、水果类、冷荤类、正餐类、饮料类。普通舱的餐食根据航班起飞时间的不同,可能会有点心餐(无热食)、轻正餐(只有一种热食)和正餐(有两种热食供旅客选择)。为满足旅客身体或宗教等原因的需要,飞机上还可能出现特殊餐食。特殊餐食包括小孩餐、婴儿餐,以及根据吃一些东西过敏等特别需求来配餐,主要为儿童餐、海鲜餐、穆斯林餐、糖尿病餐、低碳水化合物餐等,供餐服务如图 3-10 所示。

图 3-10　供餐服务

(1) 普通舱供餐要求:

① 在提供餐饮之前,乘务员应用洗手液洗手;

② 开餐前,广播通知旅客,并协助第一排的客人将扶手里的小桌子打开;

③ 先提供特殊餐食,然后再开餐;

④ 送餐时,主动向旅客介绍两种热食的种类,供旅客选择;

⑤ 不要叫醒睡觉的旅客,将其座位号记录下来,随时提供服务;

⑥ 保持餐车的同步进行;

⑦ 送餐盘时,从餐车中自下而上取出餐盘,热食对着客人;

⑧ 收餐盘时,将餐盘自上而下逐一收回放入餐车,车上放一个空托盘。

训练项目

任务 3-5　餐食供应

PS1、SS3/SS2、SS6 和 SS4、SS5 分成三组模拟客舱餐食的供应,根据旅客的要求提供其需要的餐食,并回收餐盘(餐盒)。

(2) 推、拉餐车的技巧如下:

推餐车:手扶在车上方两侧,控制好方向;拉餐车:手放在车上方的扶手凹槽内

(图 3-11～图 3-13)。一般两人推车为宜,一个人推车时应面朝旅客,严禁餐车单独放在过道上,如车上只有两个热饮壶,壶应放在面对旅客的乘务员一边。回答旅客问询,手不要搭在车上,应交叉摆放在腹前。

图 3-11　餐/水车使用手位示意

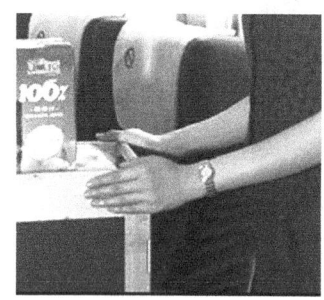

图 3-12　推餐/水车手位

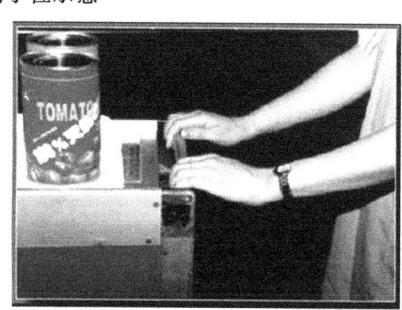

图 3-13　拉餐/水车手位

推出餐车时,注意物品、旅客(旅客的脚)、座椅扶手,速度不要快,可用语言提醒旅客往侧面靠一下,往后退的乘务员需特别注意脚下的重心。养成踩刹车的习惯,车停就应刹车,刹车声音越小越好。当车放回原处后,要注意餐车门是否关好,搭扣是否扣好,餐车是否被踩住刹车。

(3) 餐盘的送法如下:

餐车门在厨房内就打开,从下至上抽取餐盘,餐盘放在小桌板的正中,热食靠近旅客(图 3-14)。放的时候,动作要轻、稳、准,无论在厨房还是在客舱内均要注意。

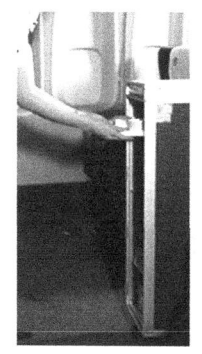 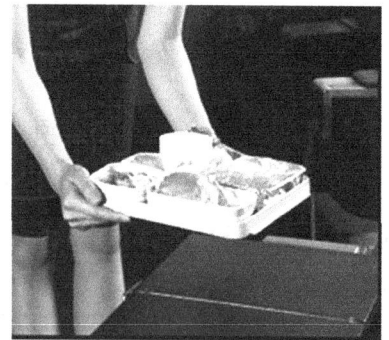

图 3-14　送餐动作

客航提供餐食时,乘务员需主动介绍餐食品种,并注意用语规范:

> **服务用语**
>
> (1) 您好!我们为您准备了鸡肉米饭、牛肉面条,请问您需要哪一种?
>
> (2) 不好意思,您需要的鸡肉米饭这个餐车上没有了,我去服务间确认一下好吗?
>
> (3) 不好意思,鸡肉米饭已经送完了,要不您试一下这份牛肉面条,味道也很好。
>
> (4) 这是您需要的清真餐(素食餐),请慢用。
>
> (5) 不好意思,我们要先保证飞机上的旅客都用上餐。要不您先用着,待会儿有富余的我马上给您送过来好吗(对个别需要额外加餐的旅客)?
>
> (6) 请问我能够帮您收走不用的餐盒吗?
>
> 不规范用语:
>
> (1) 吃完了吗?
>
> (2) 还要饭吗?
>
> (3) 您坐好,太颠。
>
> (4) 这不归我们管。
>
> (5) 铅封了。
>
> (6) 不能放这。
>
> (7) 您到底想要什么?

(4) 餐中饮料的送法如下:

在第二次送饮料时,需注意根据情况决定是否为旅客更换水杯,如果旅客两次需要的饮料品种不同,最好为旅客更换水杯。

(5) 用车收餐盘和杯子、杂物的方法如下:

杯子用托盘收,餐盘用餐车收。应征得旅客同意后再收回,可以说:"先生(小姐),请问您用完了吗?我可以收走吗?"餐车顶部放两个大托盘,放空杯子,用过的餐盘从上至下逐格摆放。先外后里收,餐盒需放在餐车里。水杯则摆放在餐车上方的托盘上,水杯摞在一起时,最多不超过五个杯高。

回收零星的餐具和纸巾时就不再使用餐车了,而应改用托盘和弹性镊子。一般镊子是用来夹取旅客用过的湿纸巾等小物品的,但拿出来之前只能放在托盘的下面,这样不容易发生意外,而且旅客也看不见一直使用的镊子,视觉效果上会好一些。

4) 巡视客舱

空中餐饮服务基本程序完成后,乘务员要带上大托盘巡视客舱,用托盘收杂物。端托盘的技巧如下:

从服务间拿空托盘出来时,竖着拿,盘面朝里,自然垂直在身体的一侧(图3-15)。

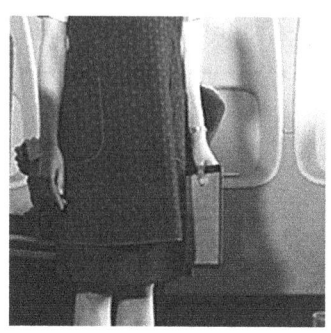

图 3-15　拿空托盘

端托盘时,双手端托盘的后半部,托盘竖着端,大小臂成 90°角。四指并拢托在托盘的下部,拇指扶在托盘的外沿(图 3-16)。

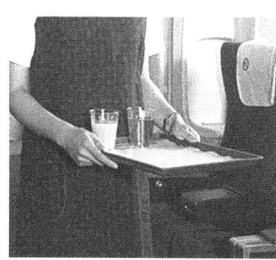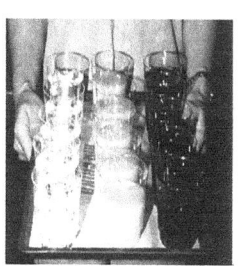

图 3-16　端拿托盘

如需在客舱内转身,应保持托盘的位置不变,在转身的同时用双手进行相互交接,变换方向后继续行走,即"人转盘不转"。

小托盘可以用来递送少量饮料或小件物品,也可以用来单独进行茶水服务。一手拿水壶,一手拿小托盘。用托盘接客人的杯子,倒饮品时壶嘴对着过道(任何时候),倒完送至旅客(图 3-17)。普通舱如无小托盘,可用毛巾,方法相同。

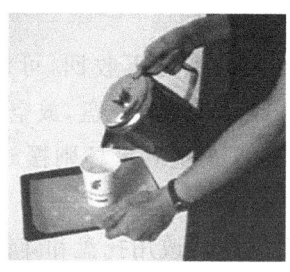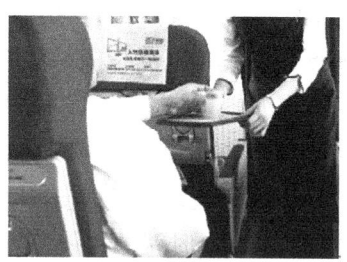

图 3-17　使用小托盘

在这段时间里,乘务员需要在巡视客舱时照顾特殊旅客,并保持客舱通道及卫生间卫生。

如果在这段时间乘务员需要用餐,则需要轮流进行,以保证客舱随时有乘务员能够为旅客提供服务。

乘务员在整个飞行途中,要注意及时回复旅客的呼唤铃,按照服务要求,乘务员必须在呼唤铃声响起后 1 分钟之内回复旅客。

5) 下降准备

在飞机准备下降时,客舱乘务员应做以下工作:

(1) 广播员广播飞机即将下降,客舱乘务员按区域做安全检查。

(2) 厨房乘务员固定厨房设备,关闭厨房电源,清点供应品,填写供应品回收单。因为这个航段相对而言供应品的品种较多,厨房乘务员需要认真清点剩余可回收的供应品,并将供应品根据回收要求锁入水车,并铅封。

(3) 乘务长调暗客舱灯光,乘务员回指定座位坐好,等待飞机下降落地。

3. 落地后阶段

飞机落地后,乘务员要进行落地广播,各号位乘务员操作滑梯分离器,交叉检查后报告乘务长。乘务长打开音乐,待飞机完全停稳后,根据地面工作人员指令打开机门,乘务员站在指定位置送客。

本架飞机的送客号位如表 3-3 所示。

表 3-3 本架飞机的送客号位

号位	航班开 L1 门接廊桥	航班开 L1、L2 门接客梯车
PS1	L1 门内侧	L1 门内侧
SS2	R2 门洗手间旁	L2 门内侧
SS3	先在头等舱与经济舱之间,头等舱下客后到廊桥口处送客	先在头等舱与经济舱之间,头等舱下客后到客梯车上送客
SS4	L2 门洗手间旁	客梯车上送客
SS5	各自座位旁	各自座位旁
SS6	各自座位旁	各自座位旁

在旅客下机后,乘务员分区域清查客舱。

4. 广播

1) 起飞后广播

起飞后的广播内容如下:

女士们,先生们:

我们的飞机已经离开北京前往上海,在这段旅途中,我们为您准备了午餐。供餐时,我们将广播通知您。

下面将向您介绍客舱设备的使用方法:

今天您乘坐的是波音 737 型飞机。您的座椅靠背可以调节,调节时请按座椅扶手上的按钮。在您前方座椅靠背的口袋里有清洁袋,供您放置杂物时使用。

在您座椅上方备有阅读灯开关和呼叫按钮。如果您需要乘务员的帮助,请按呼唤铃。

在您座位上方还有空气调节设备,您如果需要新鲜空气,请转动通风口。

洗手间在飞机的前部和后部。在洗手间内请不要吸烟。

Ladies and Gentlemen:

We have left Beijing for Shanghai. During this journeg, lunch has been prepared for you. We will inform you on the radio before we serve it.

Now we are going to introduce you the use of the cabin installations:

This is a Boeing737 aircraft. The back of your seat can be adjusted by pressing the button on the arm of your chair.

The call button and reading light are above your head. Press the call button to summon a flight attendant.

The ventilator is also above your head. By adjusting the airflow knob, fresh air will flow in or be cut off.

Lavatories are located in the front of the cabin and in the rear. Please do not smoke in the lavatories.

2) 餐前广播

餐前广播的内容如下:

女士们,先生们:

我们将为您提供餐食(点心餐)、茶水、咖啡和饮料,欢迎您选用。需要用餐的旅客,请您将小桌板放下。

为了方便其他旅客,在供餐期间,请您将座椅靠背调整到正常位置。谢谢!

Ladies and Gentlemen:

We will be serving you meal with tea, coffee and other soft drinks. Welcome to make your choice. Please put down the table in front of you.

For the convenience of the passenger behind you, please return your seat back to the upright position during the meal service. Thank you!

3) 预定到达时间广播

预定到达目的地时间的广播内容如下:

女士们,先生们:

本架飞机预定在_____分钟后到达上海,地面温度是_____摄氏度。谢谢!

Ladies and Gentlemen:

We will be landing at Shanghai airport in about _____ minutes. The ground temperature is _____ degrees Celsius. Thank you!

4) 下降时安全检查广播

飞机下降时,提醒旅客注意安全的广播内容如下:

女士们,先生们:

飞机正在下降,请您回原位坐好,系好安全带,收起小桌板,将座椅靠背调整到正常位置。所有个人电脑及电子设备必须处于关闭状态。请您确认您的手提物品是否已妥善安放。稍后,我们将调暗客舱灯光。谢谢!

Ladies and Gentlemen:

Our plane is descending now. Please be seated and fasten your seat belt. Seat backs and tables should be returned to the upright position. All personal computers and electronic devices should be turned off. And please make sure that your carry-on items are securely stowed. We will be dimming the cabin lights for landing. Thank you!

5) 旅客下飞机广播

旅客下飞机时的广播内容如下：

女士们，先生们：

本架飞机已经完全停稳（由于停靠廊桥），请您从前（中、后）登机门下飞机。谢谢！

Ladies and Gentlemen：

The plane has stopped completely(due to the bridge). please disembark from the front (middle, rear) entry door. Thank you!

3.3.4 航后讲评阶段

乘务长应主持有全组乘务员参加的工作讲评。表扬好人好事，总结经验教训。对重要问题和意见，要写出专题报告。将所有单据交到乘务值班处。

向乘务值班处汇报飞行工作中的特殊情况，将旅客的书面或口头意见如实上报，并积极提出改进乘务工作的建议，上交《乘务日志》。

> **训 练 项 目**
>
> 任务3-6　航后讲评
>
> 由小组学生轮流担任乘务长完成航后讲评阶段的总结工作，评价小组成员的训练完成情况。

3.3.5 训练指导

（1）在完成本次训练项目时，可以选择其他一个半小时以内的航班进行训练，需注意：目的地不同，广播的内容不同。

（2）迎客及客舱服务阶段的模拟训练，可采用同学之间或师生之间进行。本阶段重点强调：能够完成航班直接准备阶段工作、飞行阶段的餐食服务；能够比较熟练地完成机上应急设备的检查工作；掌握比较标准的服务用语；注意表情（微笑）、眼神、身体姿态的配合。

在本学习单元进行的训练当中，可适当增加模拟训练的难度，特别是旅客在餐饮服务阶段容易出现的问题设置。

3.4　相关案例

案例一

当一位体态较胖的成年男士在机上用餐时，国内航班提供的餐食分量往往不够他食用,于是他要求服务员再给他一份饭,这位乘务员先答应了:"好的,您稍等,发完手上的餐食就帮您拿。"但是几分钟过去之后,乘务员想确认这位先生是否还要餐,于是她随口问了一句:"先生您还要饭吗?"听了这句话,这位男士尴尬万分,不知回答什么才好,但还是回答了一句"要"。这位男士下了飞机就立刻投诉了这位乘务员。

那么,如何使用正确的语言处理此类情况,以及建立起良好的客舱文化呢?

案例二

乘务员小王刚给43C座的旅客加好茶水,放在小桌板上,没想到就被42C座那位旅客重重放下的座椅靠背碰倒了,这杯水一个侧翻直接洒在43C座旅客的大腿上,上半个裤腿都湿了,而42C座旅客还不知道身后发生的事情,所以依旧安然地休息着,43C座旅客十分生气,伸手就准备去推椅背,要和前一排的旅客进行理论。如果你是乘务员,恰好看到这一幕,你会如何处理呢?

案例三

某延误航班,旅客在地面等了几个小时后,终于上机了,乘务员歉意地问候道:"您好,让您久等了。"旅客接口回道:"好什么好,你们还知道久啊,怎么补偿我,你们必须给个解决方案!"

可以说这个问候是存在问题的,首先"您好"这个词出现在上面的语境里,容易让旅客感受到乘务员的问候是没有诚意的,是置身于其外的程序化的问候,易招反感;其次"久"字的出现又强化了旅客可能本已淡去的时间感,触动了早已蓄势待发且敏感的神经,易让旅客压抑较久的不满情绪借题发挥出来。那像这样的场景中,怎样的问候较适宜呢?在实际工作中,"十分抱歉、谢谢您的等候、您辛苦啦、感谢您的乘坐、谢谢您的理解和支持、小朋友的表现好乖哦……"这样的问候语,旅客好像更能接受些,尤其针对一些父母,他们发脾气的原因常常是觉得自己的小孩受苦了,所以此时将用词的关注点放在孩子身上可能更好些。除此之外,在回应旅客的需求时,多用些含有正面信息的词语可能会让旅客在拥有好的心理感受时对服务也给予积极的认同。如将"稍等"换为"马上就来";"有事吗"换为"我能为您做点什么";"您要哪种饭"换为"您喜欢什么口味"……一个字词的小改动,给旅客带来的可能就是对服务感受的大提升。

3.5 思考题

(1) 请大家根据B737机型的位置,以画图的形式标出空乘在迎客时所应站立的位置。

(2) 机上有一位心脏病旅客发病,旁边乘客按呼唤铃,如果你是第一个出来的乘务员,你该如何处理这种情况?

(3) 假设你是某航空公司的一位乘务长,执行南京飞往海口的航班,该航班于每晚19:30起飞。你负责调节客舱中所有的灯光,请分析在旅客上、下飞机时,飞机起飞、降落时,飞机平飞过程中,客舱内各种灯光应该如何调节?

(4) 如果在供餐过程中,有旅客要求提供两份餐食,怎么办?如果旅客偏好的餐食品种在餐车推到他的位置之前就发完了,又怎么办?

3.6 知识链接

3.6.1 取消一小时以内航班餐食

针对客舱安全管理工作中存在的普遍性问题,民航局于 2012 年 10 月 16 日正式下发了《关于加强客舱安全管理工作的意见》(96 号文件),对客舱乘务员的定位进行了明确,强调必须通过调整服务程序等措施加强客舱乘务员的疲劳管理,以落实客舱安全管理岗位职责,确保飞行安全。2013 年 1 月 1 日起,我国航企开始执行《关于加强客舱安全管理工作的意见》(96 号文件),该文规定"航班起飞后 20 分钟及落地前 30 分钟内,客舱乘务员不得从事与安全无关的工作,只履行安全职责",意味着规定中的这 50 分钟为"不服务"时间,也意味着一些航班尤其是飞行时间为 1 小时以内的航班将不会再提供机上餐食。

为什么要规定"不服务"的时间?

一架飞机从起飞到到达巡航高度(10000 米)大概需要 20 分钟,而从巡航高度到落地差不多需要 30 分钟。飞机在起飞和落地时要经过对流层的底部,这是大气气流最不稳定的区域,在这个区域容易造成颠簸,是飞机发生颠簸的高发区域。此外,在该区域鸟类的活动也最频繁,经常发生鸟击事件。

如果在这个阶段进行客舱服务,不论是对乘务员还是对旅客而言都是不安全的。特别是起飞后 3 分钟和降落前 8 分钟的"黑色 11 分钟",80% 的飞行事故都是发生在这个时间段内。况且,如果乘务员在飞机发生颠簸时还在收拾餐具,很有可能因为没有系安全带而受伤,餐具飞起也有可能导致旅客受伤。因此,"96 号文件"做出了"航班起飞后 20 分钟及落地前 30 分钟内,客舱乘务员不得从事与安全无关的工作,只履行安全职责"的规定,完全是为了保护旅客和乘务员的安全。

其实,民航局颁布的《大型飞机公共航空运输承运人运行合格审定规则》中明确将"客舱乘务员"定义为"出于对旅客安全的考虑,受运营人指派在客舱执行执勤任务的机组成员",将客舱乘务员定位于机组成员,是保障飞行运行安全的人员,并明确客舱乘务员的首要职责是保障客舱安全。因此不难看出,"96 号文件"中的相关规定,并不是创新,而只是再次明确了客舱乘务员的定位,增强了客舱乘务员的安全职责。可以说,"96 号文件"的诞生是敬畏生命的体现。

"96 号文件"于 2013 年 1 月 1 日起正式实施,并未在旅客中引起轩然大波,甚至大部分旅客对机上餐饮的变化"没有察觉出来";知道变化的旅客,大部分都表示"理解并支持这样的规定"。

此规定对于 1~2 小时的航班餐饮服务影响较大,为了能够确保落地前 30 分钟完成服务程序,也许以前送正餐的航班以后会改成冷餐或者点心餐,供应点心餐的航班也许只能供应饮料了。但是对于2小时以上和1小时以内的航班几乎是没有影响的,因为,两小时以上的航班,有足够的时间可以按部就班地完成餐饮服务;而1小时以内的航班,在此之前也大多是不配餐的航班,即使以前是配餐的航段,旅客用餐也都是很匆忙的,并且部分旅客也表示1小时的航班并不需要在机上用餐,只要有舒适的休息空间和一瓶矿泉水就足够了。

根据某国内航空公司客舱部提供的"珠海—长沙—西安"航班机上餐饮的变化情况:珠海—长沙航程为1小时10分钟,过去配的早餐是炒米粉+大饮料(有茶、咖啡、可乐及多种果汁供旅客选择),现在改配一小包花生米+矿泉水;长沙—西安航程为1小时50分钟,过去配的是正餐(热)+大饮料,现在改配正餐(热)+矿泉水。这样配是有根据的:其一,过去短程航班时间短,来不及用餐,餐食浪费很大,发出去的餐食回收率很高;其二,许多旅客尤其是年轻的旅客因航程短,会选择在目的地用餐。所以航企从飞行及旅客安全角度出发,根据实际情况改革机上配餐,最大限度地为旅客提供餐饮服务,因此,一些旅客担心"空中服务将会消失""坐飞机要自带'干粮'"是不必要的。

虽然"96号文件"的执行使机上餐饮服务流程减少,但是空中服务不只是餐饮,如何贯彻客舱服务理念,通过提供优质服务,致力于满足并超越客户的期望,用更好的服务态度,用心、贴心、细心地打造客舱文化才是我们需要努力的方向。

(来源:中国民航网)

3.6.2 北京

北京是中华人民共和国首都,全国政治、经济、交通和科学文化中心。北京市位于北纬39°56′,东经116°20′,共辖16个区、2个县。

北京是中国古代文明与现代文化的结合体。北京市内和周边有很多历史古迹,如世界最大的广场——天安门,还有世界最大的宫殿——紫禁城,它是中国现存最复杂的古代建筑。另外,中国的长城是世界八大奇迹之一。秋季是游览北京最好的时间,因为空气清新,色彩绚丽,你能看到最美的景色。

近年来,北京发展得很快。2008年举办了奥运会。到北京来游览,你会惊讶于北京过去和现在的魅力,以及北京人民的友好。

Beijing is the capital of PRC, which is the center of National politics, culture, transport, tourism and international exchanges. Be located on north latitude 39°56′, east longitude116°20′. The whole city makes up of 16 zones and 2 counties.

Beijing is a combination of ancient and modern China. There are many places of historic interest in and around Beijing. For example, Tiananmen Square, which is the biggest central square in the world. There is also the Imperial Palace, known as the Forbidden City. The Forbidden City is largest of China's most complete existing ancient buildings. In addition, The Great Wall of China is one of the Eight Wonders of the world. Autumn is always the best season to visit Beijing. In autumn you will see the best view, because of the cool weather and beautiful colors of the city.

In recent years, Beijing has been advancing very quickly. It has hosted the 2008 Olympic Games. Come and visit Beijing, and you will be surprised how beautiful the city is with its past and present, and also how friendly the people of Beijing are.

3.6.3　上海

上海是我国最大的工业基地和海港,位于中国大陆海岸线中部,地处中国最大河流(长江)的入海口。全市面积6340平方千米,常住人口2400万,是中国的工商业中心,也是世界一大贸易港口。

上海已有700多年的建城历史,曾经是远东国际金融中心。中国改革开放特别是20世纪90年代以来,上海抓住开发开放浦东的历史性机遇,国民经济、社会事业和城市面貌都发生了巨大的变化。

上海也是中国历史文化名城。黄浦江两岸风光秀丽,素有近代西洋建筑博览之称的外滩,与新楼林立的浦东陆家嘴金融贸易区隔江相望。城内豫园、龙华寺等历代园林古迹引人入胜。

近年来,上海国际艺术节、国际服装文化节等国际文化交流活动目不暇接。南京路、淮海路、徐家汇商城等商业中心人流如织,流动着最时尚的风景线。

Shanghai is the largest port and industrial city in China. It is located at the mouth of the Yangtze River, the longest river in China and in the middle of China's coastline. With a population of more than 24000000 and an vast area of 6340 square kilometers, Shanghai is the commercial and industrial center of China and a great trade port in the world.

With a history of more than 700 years, Shanghai was once the financial center of the Far East. Since the reforms that began in the 1990's great changes have taken place in the city. The fluent communications systems and exchanges between people, commodities, capital, technology and information has made Shanghai a vibrant city.

Shanghai is also a prominent historical city in China with a rich cultural heritage. The vintage western style buildings on the Bund and the modern Lujiazui Financial Center in Pudong face each other across the Huangpu River. On the other hand, Yuyuan Garden and Longhua Temple display graceful ancient Chinese architecture.

In the last few years, various fashion shows, art and cultural festivals have attracted many foreign tourists. The shopping malls on Nanjing road, Huaihai Road and in the Xujiahui Business Center showcase the most stylish and chic products in the world, and are filled with people everyday.

学习单元 4　两小时左右的国内线普通舱服务

4.1　训 练 情 境

在这次北京—成都的航班飞行训练任务中,我们要求在进一步熟练服务程序的基础上,加强细微服务,并注意做好特殊旅客的服务。在本次航班上,出于训练需要会出现机上常见的多种类型的特殊旅客,我们需要根据实际情况模拟完成针对特殊旅客的服务训练。

知识目标

(1) 掌握两小时左右的航班服务程序;
(2) 重点掌握特殊旅客的分类及服务要点。

能力目标

1. 预先准备阶段/直接准备阶段

能够较为熟练地完成各项准备工作。

2. 飞行实施阶段

(1) 能够较为熟练地完成服务程序;
(2) 能够基本完成对各种特殊旅客的客舱服务工作。

3. 广播词

能够较为熟练地配合服务程序完成飞行各阶段的广播内容。

4.2　前 期 知 识

4.2.1　特殊旅客

特殊旅客是指在接受旅客运输和旅客在运输过程中,承运人需要给予特别礼遇,或出于旅客的健康及其他特别状况需给予特殊照顾、特别关注的旅客,或需符合承运人规定的运输条件方可乘运的旅客,不同于一般旅客群体。

就客舱服务的范围而言,特殊旅客包括重要旅客、老年旅客、无成人陪伴儿童、带婴幼儿的旅客、孕妇、初次乘机旅客、病残旅客、遣返及在押旅客等。对于特殊旅客的服务,需要乘务员掌握不同旅客的心理状态,根据每个人的特点进行服务;需要乘务员有敏锐的观察力、应变能力,通过细致耐心的服务来满足各种旅客的需要,尤其是对待老、弱、病、残、孕等旅客(图 4-1)。

图 4-1　特殊旅客

1. 重要旅客

重要旅客是指具有一定的身份、职务或社会知名度的旅客,航空公司对其从购票到乘坐班机的整个过程都将给予特别礼遇和关照。重要旅客又分为最重要旅客(VVIP)和一般重要旅客(VIP)。

1) 重要旅客的范围

重要旅客主要包括:我国党和国家领导人;外国国家元首和政府首脑,外国国家议会议长和副议长;联合国正、副秘书长;我国最高人民检察院副检察长,最高人民法院副院长,政府、党中央副部长以上和相当于这一级的国家机关负责人;我国省、自治区、直辖市人大常委会副主任、副省长,自治区人民政府副主席,直辖市副市长,省委副书记以上和相当于这一级的党、政府领导人;军队在职正军职少将以上的军事系统领导人;外国政府副部级以上和相当于这一级的外国政府领导人;我国全国总工会、共青团、妇联负责人;我国和外国大使,以及由我驻外使、领馆提出要求按重要旅客接待的客人;全国各民主党派主要负责人;来华访问的外国政党的负责人;国内著名科学家、社会活动家、作家等;国际组织负责人、国际知名人士、著名议员、著名文学家、科学家等。

2) 心理特点

一般而言,重要旅客有着一定的身份和地位,需要针对他们的心理需求采用相应的服务。他们比较典型的心理特点是自尊心、自我意识强烈,希望得到一种应有的尊重。与普通旅客相比,他们更注重环境的舒适和接受服务时心理上的感觉。

3) 服务要点

乘务员在为重要旅客服务时,要注意态度热情、言语得体、落落大方,服务过程提倡无干扰服务;应尊重重要旅客本人隐蔽之意愿,不宜在其他旅客前泄露其身份;交谈时,避免涉及商业机密或政治方面的问题;在为其热情服务的同时,还需顾及周边旅客。

2. 老年旅客

老年旅客是指年迈体弱,虽然身体并未患病,但是在航空旅行中显然需要他人帮助的旅客。年龄超过七十岁,身体虚弱,需要由轮椅代步的老年旅客,应视同病残旅客给予适当的照料。

1) 心理特点

如图 4-2 所示,人到老年,体力、精力开始衰退,生理的变化也带来了心理上的变化。

老年旅客在乘机过程中,心理变化有以下特点:他们思维迟缓、记忆减退,对事物反应缓慢,应变能力较差。思维能力的衰弱,使他们常常说话不连贯甚至语无伦次。但老年人情绪一般比较稳定,不易过分欢喜和发愁,在性格上有的深沉孤僻,有的开朗健谈。

体弱的老年旅客既有较强的自尊感,又有很深的自卑,由于自己身体的原因自感不如他人,会伤心,同时在外表上又表现得不愿求别人帮助自己,样样事情都要尽自己最大的力量去做,去完成。

图 4-2 老年人

在外国旅客中,老年人自主意识很强,自己提拿行李,不愿意别人给予过多的帮助。

在乘机过程中,老年旅客首先最关心的就是飞机的安全,其次,他们害怕的就是飞机起降时带来的不适应感。服务人员应提前向他们介绍飞机旅行常识,在关键时刻提前告诉他们注意事项,并尽可能地守护在他们身边,以消除他们的恐惧心理。

有时候,尽管老人嘴上不说,但他们内心还是需要别人的关心和帮助。乘务员应洞悉并及时满足他们的心理需要,尽量消除他们的孤独感。

2) 服务要点

乘务员为老年旅客提供服务时,要更加细致,与老年旅客沟通时注意声音要略大,话速要稍慢,要经常主动询问其有何需要,语言要柔和简练。由于老年人听力下降,对于机上广播不一定能听清楚,所以要主动告诉其飞行距离、时间,介绍客舱服务设备,特别是呼唤铃、清洁袋、厕所的位置和使用方法,以减少老年旅客精神的紧张,使其感受到被乘务员关注。

3. 无成人陪伴儿童

儿童的年龄范围是2周岁以上,12周岁以内(图4-3);航空运输可接受的无成人陪伴儿童是指年龄在5~12周岁的无亲属陪同、单独乘机的儿童,如图4-4所示。

1)心理特点

儿童旅客的基本心理特点是性格活泼、天真幼稚、好奇心强、善于模仿、判断能力较差、做事不计后果,有些经常独自旅行的无成人陪伴小旅客还会呈现出少年老成的心理特点。由于其年龄跨度较大,不同年龄阶段的儿童生理及心理有明显差异,乘务员要根据其不同特点提供服务。

图4-3 儿童旅客

图4-4 无成人陪伴儿童

2) 服务要点

乘务员在为小旅客提供服务时,要注意防止机上不安全因素的出现,适时提醒与儿童同行的监护人。照顾小旅客时,要注意尽量不要抱小孩,抱小孩时一定要经过大人同意,尽力协助照顾;供应饮料和餐食时,要征求陪伴者的意见。对于无成人陪伴儿童,飞行中需要有专人照顾其旅途生活,在饮食上尽量照顾儿童旅客的生活习惯和心理要求,经常观察儿童旅客是否有不适应或不舒服的感觉,以防出现意外。对于好奇、活泼、淘气的儿童旅客,不要训斥,应事先告诉他一些规定和要求。

4. 带婴幼儿的旅客

婴幼儿旅客通常指出生后14天～2周岁以下由成人怀抱的婴幼儿。

1) 心理特点

带婴幼儿的旅客最关心的是小孩子的饮食、健康状况,他们往往会把自己的需求置于小孩子的需求之后。对于乘务员服务的要求也是尽量先满足婴幼儿的需要。绝大多数家长对于小孩子得到称赞与关注感到高兴,也比较愿意别人亲近自己的小孩子。但是也有部分外国旅客不是很愿意别人过分接近自己的小孩儿,如逗小孩子、拍照片等。

在飞机上,有时还会遇到带婴幼儿的旅客缺乏照看婴幼儿的经验,这时他们更需要乘务员提供相应的帮助。

2) 服务要点

乘务员在为带婴幼儿的旅客提供服务时,需要主动询问是否需要协助,然后根据实际情况提供尽可能的帮助。

5. 孕妇

孕妇多指孕期在32周以下的旅客。航空公司通常对孕妇乘机制定了一些运输规定,只有符合运输规定的孕妇,承运人方可接受其乘机:如怀孕不足8个月(32周)的健康孕妇,可按一般旅客运输;怀孕不足8个月的孕妇经医生诊断不适宜乘机者,一般不予接受;怀孕超过8个月不足9个月的健康孕妇,如有特殊情况需要乘机,应在乘机前72小时内交验由医生签字、医疗单位盖章的"诊断证明书"一式二份,内容包括旅客姓名、年龄、怀孕时期、预产期、航程和日期、适宜于乘机,以及在机上需要提供特殊照料的事项,经承运人同意后方可购票乘机;怀孕超过9个月的孕妇不接受运输。

1) 心理特点

孕妇旅客,特别是体征已经比较明显的孕妇旅客,在平时的生活中受到家人、朋友及旁人比较多的照顾,因此,会把得到他人的照顾与关注看成比较自然的事情。

2) 服务要点

乘务员在为孕妇旅客提供服务时,需要顺应其心理需求,主动及时地为其提供帮助。在飞行途中,乘务员应不时地主动关心询问,尽量提供方便。当其在机上发生意外分娩时,应按"机上急救"相关流程处置,尽快安排隔离,关闭通风器,找医生协助处理。

6. 初次乘机旅客

1) 心理特点

初次乘机旅客的心理,一般来讲主要是好奇,因为民航运输毕竟不同于汽车、火车、轮船等其他交通工具的运输,人们不是常见、常乘,因此,初次乘机旅客对于机上的设施、设备、环境等都十分感兴趣,并带有一种想一探究竟的好奇心。除此之外,初次乘机的旅客心理也比较紧张。作为初次乘机的旅客,一旦知道自己因缺乏乘机知识而造成过失,心中会十分内疚和尴尬。

2) 服务要点

为满足初次乘机旅客的好奇心理,乘务员应主动为他们介绍本次航班的相关情况,例如飞机机型、飞行高度、途经城市、主要地标等,还要向其介绍机上的设施、设备、卫生间的位置等,对于他们缺乏乘机知识情形切不可指责和嘲笑。

7. 病残旅客

由于身体或精神上的缺陷或病态,在航空旅行中,不能自行照料自己的旅途生活,需由他人帮助照料的旅客,以及在乘机过程中突然发病的旅客,称之为病残旅客。病残旅客包括轮椅旅客、担架旅客、肢体残疾旅客、病患旅客、盲人旅客及聋哑旅客,如图 4-5 所示。

图 4-5 病残旅客

1) 心理特点

病残旅客比正常人自理能力差,有特殊困难,迫切需要乘务员的帮助,但是他们自尊心都极强,一般不会主动要求乘务员帮忙,只是要显示他们与正常人无多大区别,不愿意别人将他们视为残疾人,对此,乘务员要了解这些旅客的心理,特别注意尊重他们,最好悄悄地帮助他们,让他们感到温暖。

2) 服务要点

(1) 轮椅旅客。是指在航空旅行过程中，由于身体的缺陷或病患，不能独立行走或步行有困难，依靠轮椅代步的旅客。

需要轮椅的病人或伤残旅客根据不同的情况分为三种，并用下列代号表示：WCHR—全自理能力（指能自行上下飞机客梯并走到客舱座位处）、WCHS—半自理能力（指不能自行上下客梯，但能走到客舱座位处）、WCHC—无自理能力（指完全不能行走，需要他人抬着护送到客舱座位上）。

为减少轮椅旅客在机上的等待时间，航空公司一般先使用公司备用的轮椅，然后再取旅客自带的轮椅；地面轮椅有时会出现晚到的情况，在轮椅旅客未离机之前，乘务员不可先离机。

(2) 担架旅客。是指在旅行中不能自主行动或病情严重不能使用飞机上的座椅，只能躺卧在担架上的旅客。

对担架随机的旅客，航空公司相关工作人员要事先在不阻塞通道的区域拆去相应的座椅，将担架固定在地板平面或更高的位置。被担架运送的旅客及其护送人员应签订保证书，保证书的内容包括：如出现紧急情况，机组人员和公司对可能在撤离中担架旅客不能先于其他旅客，而且一定要最后撤离等情况所引起的后果均不负责。

(3) 肢体残疾旅客。指上肢残疾、下肢残疾或上下肢均有残疾者，残疾状态分为先天残疾和后天残疾。

对下肢不便的旅客，乘务员应主动搀扶其上下飞机或安放行李，拐杖由乘务员或个人保管。需要去卫生间，主动搀扶护送；对上肢不便的旅客，主动帮助安放行李、系好安全带、脱穿衣物、切割食品、垫好小枕头等。

(4) 病患旅客。指身体虚弱的疾病患者。病患旅客通常会由于自己病情影响到其他人而感到不好意思，同时，有一些由于晕机而呕吐的旅客，身体不适又不知如何处理。乘机中突然发病的旅客患两种病的为数最多，一是高血压，患者在乘机中好激动，在心理上对周围环境的迅速变化适应较差，乘机中容易突然发作。二是心脏病，患心脏病的人在乘机中容易出现心悸、疲乏、眩晕、昏厥等现象；他们的焦虑、忧郁情绪也比正常人明显；对于飞机颠簸、机械故障、临时下降、复飞等现象，也不适应；甚至由于生气、愤怒、强烈的惊惧，以及其他情绪上的波动导致疾病发生，他们更需要乘务员提供帮助。

乘务员在为病患旅客服务时，一定要照顾他们的心理需求，以非常平和、关心的语气和态度为他们提供服务，尽量安慰他们，帮助其放松心情。

(5) 盲人旅客。是指双目失明，单独旅行，需要承运人提供特殊服务的旅客。盲人旅客在航空旅行的整个过程中如有成人陪伴同行，该盲人旅客可按照一般普通旅客接受运输。如单独旅行，需要承运人提供特殊服务的盲人旅客，必须在订座时提出申请，经承运人同意后，方可购票乘机。单独旅行的盲人旅客在上下机地点应有人照料迎送。盲人旅客如携带导盲犬，应符合承运人的规定，并具备必要的检疫证明。

对盲人旅客要主动做自我介绍，热情帮助盲人旅客上下飞机，飞行中要有专人负

责,经常询问盲人旅客的要求,多和他交谈,以免盲人旅客寂寞。

(6) 聋哑旅客(听觉障碍人士)。他们往往情绪变化较大,乘务员在服务上要始终保持耐心、细致,避免引起其情绪波动。

(7) 晕机旅客。他们通常会由于自己晕机而影响到其他人感到不好意思,同时身体的不适又会让他们的情绪比较低落。特别是一些晕机呕吐的旅客,他们更需要乘务员提供帮助。乘务员在为晕机旅客提供服务时,一定要照顾他们的心理需求,以平和、关心的语气和态度为他们提供服务,尽量安慰他们,帮助其放松心情。

8. 遣返及在押旅客

遣返旅客是指因不能提供入境国所需有效的相关证件、证明或被入境国拒绝入境及所在国责令随即返回出发地的旅客;在押旅客指被公安部门依法做出拘留、逮捕和收押决定的犯罪嫌疑人,被押解送往异地的过程中乘坐交通工具时的特殊身份人员。

1) 心理特点

目前,遣返人员多由目的国政府的相关机构,如移民局等将遣返人员交由航空公司,由其负责遣返的具体操作。如果遣返人员此前曾有过违法犯罪行为,飞机上还会配备安全员,全程监视遣返人员的言行,以确保无虞。航空公司有义务将遣返人员乘坐的航班班次及抵达时间,提前通知我国的边检部门。飞机落地后,航空公司的工作人员即将遣返人员交予边检口岸的遣返所民警。

在押人员在被羁押的不同时期具有不同的心理特点,其心理特点多表现为紧张、恐惧、压抑、孤独及侥幸、敌对等,表现为情绪冲动,行为上有的甚至故意破坏、寻衅滋事等,也有的沉默沮丧、焦躁不安。为了保证对在押人员的运输不影响航班正常飞行的安全,需随时掌握在押人员的心理变化,预测他们的行为。

2) 服务要点

对于遣返及在押旅客的服务要点是不要声张,不得将其身份暴露给其他旅客。飞行中加强与安全员、押解人的沟通协作,密切关注遣返及在押旅客的动态,在运输过程中,应与有关公安部门配合。

4.2.2 客舱设备介绍

以下为 B737-800 客舱设备的简要介绍。

1. 乘务员控制面板

1) 前舱乘务员控制面板

前舱乘务员控制面板在 L1 门乘务员座椅处,如图 4-6 所示。

控制面板上的常用开关包括:

(1) 进口灯(ENTRY LIGHT)开关,有三个挡位可供调节,分别为 BRIGHT、DIM、OFF;

(2) 工作灯(WORK LIGHT)开关;

(3) 窗灯(WINDOWS LIGHT)开关。

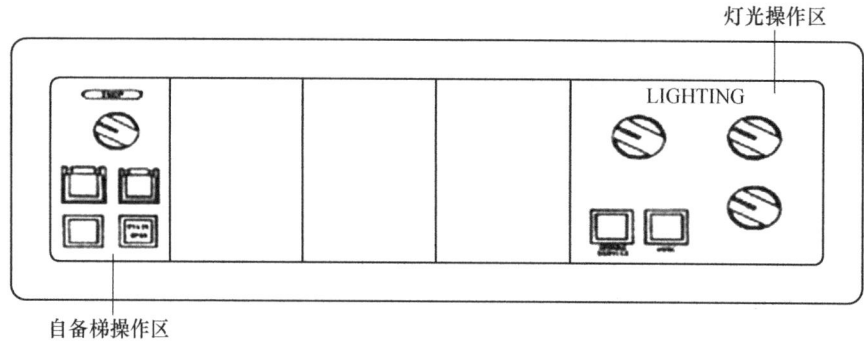

图 4-6 前舱乘务员控制面板

此外,前舱乘务员控制面板上还有自备梯操作开关和地面电源开关。地面电源开关由地面机务人员使用,乘务员需确认其在 OFF 位。

2) 后舱乘务员控制面板

后舱乘务员控制面板在 L2 门乘务员座椅处,如图 4-7 所示。

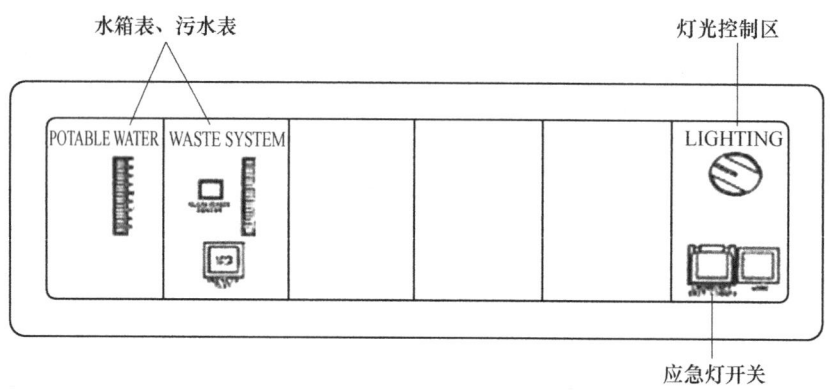

图 4-7 后舱乘务员控制面板

控制面板上的常用开关包括:

(1) 进口灯(ENTRY LIGHT)开关,有三个挡位可供调节,分别为 BRIGHT、DIM、OFF;

(2) 工作灯(WORK LIGHT)开关,有三个挡位可供调节,分别为 BRIGHT、DIM、OFF;

(3) 水表有 E、1/4、1/2、3/4、F 挡位;

(4) 污水表应在最低两格为正常;

(5) 应急灯(EMERGENCY LIGHT)开关(有护盖保护)。

2. 内话广播系统

1) 系统使用方法

(1) 与驾驶舱联系:按数字 2 键,即可通话;

(2) 前、后舱乘务员联系:按数字 5 键,即可通话;

(3) 对客舱广播:按数字 8 键,压下 PTT 键即可广播(PTT 键:PUSH TO TALK)。

(4) 注意:

① 每次通话或广播完毕,都必须按 RESET 键复位;

② 内话机处于正常状态时,驾驶舱可随时听到通话声音;

③ 机组、乘务员、音乐三者的优先权顺序为:机组广播优先于乘务员广播;乘务员广播优先于音乐广播;

④ 广播时,嘴与广播器的距离要适中。广播中,如需要停顿时,必须松开送话键。图 4-8 所示为广播器。

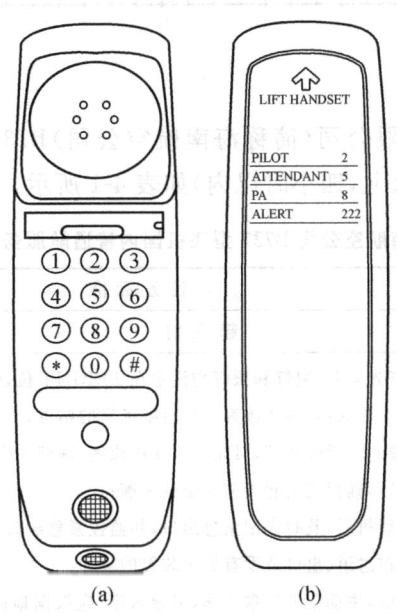

图 4-8 广播器

2) 呼叫显示

(1) 呼叫显示灯的位置是在前、后入口走廊顶棚上方的紧急出口指示灯上。

(2) 各呼叫显示灯的颜色、铃声、解除方法如下:

① 机组呼叫乘务员时,粉色灯亮,双音铃声,按控制板上的重接(RESET)按钮即可解除;

② 乘务员之间呼叫时,粉色灯亮,双音铃声,按控制板上的重接(RESET)按钮即可解除;

③ 乘务员呼叫机组时,客舱内的显示灯不亮,驾驶舱内有蓝灯闪亮并有单音铃声;

④ 旅客呼叫乘务员时,蓝色灯亮,高音铃声,按一下该呼叫旅客座椅上方亮起的呼唤铃按钮即可解除;

⑤ 洗手间呼叫乘务员时,琥珀色灯亮起,有单高音铃声,按一下洗手间门外的琥珀色显示灯即可解除。

> **训练项目**
>
> **任务 4-1　客舱设备使用训练**
>
> 学生需要使用内话系统完成广播、前后舱联系,并能够分辨各种铃声及识读呼叫显示含义。
>
> [训练提示]
>
> 在训练当中,各号位乘务员需注意互相提醒,及时回复客舱呼唤铃及内话系统呼叫。

4.2.3　标准服务程序

海南航空控股股份有限公司(简称海南航空公司)B737型飞机国内普通舱服务程序及标准(一个半小时以上,四小时以内)如表4-1所示。

表 4-1　海南航空公司 B737 型飞机国内普通舱服务程序及标准

服务程序	服务标准
	起 飞 前
迎客	(1) 播放登机音乐,灯光调节,窗灯和顶灯均设定在 BRIGHT 位,灯光调节要及时、准确; (2) 确认机上无地面工作人员,确认旅客登机时乘务员的站位; (3) 乘务员站立姿势端正,面带微笑,目光亲切注视旅客,鞠躬30°,主动与旅客问候; (4) 保证旅客对号入座,确保飞机起飞前的配载平衡; (5) 紧急出口的旅客登机后,及时介绍紧急出口,并监控紧急出口处不能就座的特殊旅客; (6) 手提行李不得放在过道、出口及没有固定装置的隔间; (7) 头等舱旅客上机后,主动帮助提拿行李,引导入座,应根据地面提供的旅客名单使用姓氏服务,帮助头等舱旅客保管衣物; (8) 如手提行李超大,报告机长通知地面工作人员办理托运手续,并提醒取出贵重物品; (9) 由乘务长和 SS2 负责清点旅客人数,乘务员点客时应目光亲切,表情自然,向旅客点头示意; (10) 做好各项准备工作,确保准时起飞
关机门前	(1) 待旅客登机完毕后,进行欢迎词及防止登错机的广播。 (2) 乘务长关机门前确认:机组人员到齐;机供品、餐食到齐;地面服务员通知旅客已全部登机;各种随机文件已齐备,如舱单、业务袋(货单)。 (3) 地面清点人数、机上旅客人数、舱单人数核对一致后,请示机长关门
关机门后	1. 乘务长 　　关闭舱门之后下达操作滑梯预位口令,所有乘务员需回服务间操作滑梯。 2. 负责机门乘务员 　　正确操作滑梯预位,同时乘务员进行滑梯操作并交叉检查。操作滑梯要做到"三到":口到、手到、眼到
安全演示	演示乘务员的站位要及时,动作要准确、整齐

(续表)

服务程序	服务标准
安全检查	1. 客舱安全检查 (1) 安全检查在播放安全须知录像开始时,或者人工安全演示结束之后立即进行;如地面等待,在飞机滑行时需再次确认。 (2) 乘务员保持大方、优雅的举止,切不可以命令式的口吻对待旅客。 (3) 检查从上至下,从行李架—座椅靠背—遮光板—小桌板—安全带—客舱通道,不漏检。 (4) 要求每位旅客系好安全带,小桌板、脚蹬全部收起、扣好,调直座椅靠背,扣好空座位的安全带。 (5) 确认同一排座位上不可有两名特殊旅客,一排座位上的旅客人数不可超过旅客头顶上方的氧气面罩数量。 (6) 固定好松散物品;过道、紧急出口处禁止堆放行李物品;行李架门全部关好锁紧。 (7) 拉开并扣好门帘,确认视频系统已关闭。 (8) 确认厕所内无人,马桶盖板盖好;无洗手液架的飞机将洗手液从台上取下;关闭和锁定洗手间门(起飞后及时打开)。 (9) 安检时,乘务员需提醒旅客保管好手机、眼镜等小件物品,以防止滑落。 (10) 安全检查程序必须独立完成,不得与其他工作混合。 (11) 乘务员检查完毕后,乘务长再复检确认,由乘务长向机长报告:客舱准备完毕。 2. 厨房安全检查 (1) 关闭所有的厨房电源;固定好厨房松散物品; (2) 踩好餐车刹车,锁好厨房内所有的箱、车、柜门及锁扣,拉开并扣好厨房内的门帘; (3) 调暗客舱、厨房灯光。 3. 自我检查 客舱安全检查完毕,乘务员坐在规定的座位上,系好安全带(包括肩带),两手放在座位两侧,或两手相握放在腿上,两腿并拢平放
确认广播	广播提示旅客系好安全带
起飞后	
航线介绍	(1) 起飞后,进行航线地标等介绍;广播应流畅、速度适中、语言清晰、语调优美; (2) 需要根据起飞时间推算落地时间,并进行预报
行礼	(1) 安全带信号灯熄灭之后,打开锁闭的洗手间(无洗手液支架的需在洗手液下垫放湿毛巾防止滑落)。 (2) 乘务组到前舱行礼: ① 乘务长预先安排乘务员站位,确认乘务员到位后进行广播; ② 站姿端正,面带微笑,目视前方; ③ 鞠躬角度为30°(致歉时,鞠躬角度为45°)
餐饮服务	1. 餐饮服务 (1) 提供点心、热便餐、小吃的航班,餐巾纸、点心、热便餐、小吃和饮料同时发放,中间逐一加回。 (2) 普通正餐: ① 原则上要求热食放于餐车内,餐食和饮料同时发放的方法。如热食需摆放在餐车上,餐车上最多只能摆放两层热食,其余可置于餐车内。

(续表)

服务程序	服务标准
餐饮服务	② 如在满客情况下,可用两辆餐车发餐(一辆从普通舱第一排往后,一辆从紧急出口往后),前舱准备好饮料车,紧跟前舱餐车提供饮料,后舱餐车发完餐食之后迅速摆好饮料由后至前提供,从中间向两边逐一加回。在加水回服务间的过程中,如有旅客递回杂物应及时收回。 ③ 如果需要在飞机平飞之后再加热餐食,可采用饮料—餐食—收杂物的方式(时间允许可添加餐后饮)。 2. 特殊餐食服务 (1) 旅客预订的特殊餐食应先提供,避免用客舱广播系统直接进行广播; (2) 做好与航机人员的交接与验收; (3) 检查特殊餐食的种类和数量; (4) 确认具体座位号,做好交接工作; (5) 根据宗教习惯和健康要求,按不同特殊餐食的服务方式正确提供
回收杂物	(1) 提供饮料服务、普通点心餐和正餐的航班,用餐车回收杂物,垃圾袋置于餐车内; (2) 提供托盘餐的航班,餐车内不可内放垃圾袋,将托盘插于餐车内,餐车上放置一个塑料抽屉回收杂物,抽屉内需套上专用杂物袋; (3) 回收动作及时迅速,忌急躁,防止回收物泼洒溅漏; (4) 回收杂物时,禁止不礼貌用语
落地前 20分钟	回收毛毯、枕头、娱乐用具、杂物等
落地前 20分钟 广播	(1) 落地前20分钟,向旅客还礼致意并进行下降广播; (2) 乘务员还礼,在鞠躬后立即进行下降安全检查; (3) 乘务员将旅客保管的衣物等用品正确无误地归还给旅客,严禁错拿错还; (4) 客舱乘务员检查完毕,乘务长再复检确认
确认安 全带广播	(1) 飞机起落架放下后,关闭客舱音乐,停止播放一切录像节目,并收起录像屏幕; (2) 进行安全带确认的广播
落 地 后	
落地后 广播	(1) 飞机落地后,乘务员进行广播; (2) 播放落地音乐; (3) 在飞机完全停稳前,观察客舱情况,通过广播器阻止站立或离开座位的旅客
滑梯操作 与确认	(1) 飞机停稳、安全带信号灯熄灭后,乘务长通过广播器下达口令,同时乘务员进行操作滑梯及交叉检查,并向乘务长报告。 (2) 乘务长口令:各号位乘务员滑梯预位解除,做交叉检查。乘务员回答:解除完毕
开舱门	(1) 乘务长确认预位已解除,确认登机桥已停稳,地面提示敲门后,打开机舱门(根据各机场的要求); (2) 与地面人员交接特殊旅客; (3) 打开舱门后安排旅客下机,并做好舱单、业务袋的交接工作
送客	安排重要旅客、头等舱旅客先下飞机,做好VIP旅客交接工作,VIP旅客下机时,乘务长需亲自与地面交接
客舱清理	(1) 分工明确,每个号位的乘务员负责自己所在区域的客舱清理工作; (2) 检查客舱、洗手间和行李架,要仔细、认真,如发现旅客遗失物品或不明物品应及时报告,并对客舱中剩余的毛毯、杂志等物品进行回收,同时关闭阅读灯; (3) 过夜的航班,航后回收时必须将杂志放置在前舱餐车内

4.3 训练内容

本学习单元训练内容以海南航空公司 HU7147/8 为例进行。

4.3.1 预先准备阶段

训练项目

任务 4-2 模拟航前准备会

6位同学参加模拟航前准备会,乘务长(学生)主持准备会,并根据航班情况提出问题。本次航班接到通知,有 VIP 旅客及担架旅客。

[训练提示]

遇有 VIP 等重要旅客,乘务长应重点讲解并提醒管辖区域乘务员服务注意事项。同时,由于本架飞机还有担架旅客,乘务长还要提醒后舱的乘务员做好服务准备工作。

飞行前准备工作(参照海南航空公司标准)

(1)乘务员接受航班任务后,应及时查看航班计划,了解所飞航线信息、机长姓名、乘务组其他成员姓名、飞机起飞时间和签到准备、机组乘车时间,以做好预先准备工作。

(2)乘务员在执行任务时,必须携带登机证、健康证、乘务员训练合格证等飞行证件,同时需携带《乘务员广播词》等业务资料和其他服务用品。

(3)乘务员参加由乘务长组织召开的航前准备会,乘务长按规定准备时间检查每位乘务员(安全员)是否准时到达准备室。

(4)乘务长检查乘务员的仪容仪表(发型、头饰、化妆、制服、皮鞋、指甲、饰物、围裙等)是否符合规定,对出差所需带的业务资料、工号牌、登机证、上岗证、健康证进行检查。

(5)乘务长对所飞航班提出具体要求,严格按照预先准备程序进行,根据本航班乘务员的业务能力进行合理分工,挑选最佳广播员,讲授服务的方法,复习地标、餐食类别、票价和航班正常与不正常情况下的服务要求进行准备;研究各种情况下的紧急处置,并在乘务工作的四个阶段中督促、检查、落实。

(6)对航线资料、业务通告、机型设备及水陆迫降、灭火等紧急处置进行提问;特别对东南沿海航线按公司、部门要求做好反劫机预案准备,并进行周密考虑。

(7) 要求每位乘务员在整个服务过程中,始终保持微笑,周到、细致、礼貌、热情地为旅客服务。

(8) 如遇有VIP等重要旅客,乘务长应重点讲解并提醒管辖区域乘务员。

在这个设定的航班飞行情境中,与其他的航前准备会一样,乘务长对"所飞航班提出具体要求,进行合理分工,对航线资料、业务通告、机型设备及水陆迫降、灭火等紧急处置进行提问,要求每位乘务员在整个服务过程中始终保持微笑,周到、细致、礼貌、热情地为旅客服务"。此外,在本次航前准备会时,乘务组事先接到的特殊旅客通知主要是VIP和担架旅客。VIP旅客主要就座区域集中在商务舱或普通舱第一排,而担架旅客主要安置在后舱最后一排,如果担架随机,机务人员还会事先拆去一排座椅用以安放担架。

本次航班的飞行资料如表4-2所示。

表 4-2 本次航班的飞行资料

航班号	HU7147/8	起飞时间	20:55/23:25
飞行距离	1680千米	飞行时间	2小时20分钟/2小时30分钟
飞经省份	河北、山西、陕西、四川	飞经地标	汾河、渭河、嘉陵江、太行山、秦岭
餐食配备	正餐、点心	机场概况	北京首都国际机场、成都双流国际机场
供餐时间	07:55~10:30 早餐 11:30~14:00 正餐(早班) 17:05~19:35 正餐 20:30~23:15 点心(晚班)		

4.3.2 直接准备阶段

直接准备工作(参照海南航空公司标准)

(1) 乘务组于航班起飞前一小时左右上机,召开简短的乘务组碰头会,将与机组协调事项传达给飞行乘务员(包括机长姓名、联络暗号及其他情况)。

(2) 检查客舱应急设备完好情况。乘务长督促各号位乘务员认真检查飞机各部位的紧急设备、客舱设备、厨房设备、示范演示用的设备数量及质量,并根据检查结果,及时给予处理,对不符合规定者,必须立即纠正;保障各种设备在待用状态,乘务长检查客舱记录是否有故障保留项目。

(3) 检查客舱卫生、厨房卫生、洗手间卫生;完成上客前要对客舱、厕所进行的清舱工作,如发现问题及时向机长报告。

(4) 根据《随机供应品服务用具配备、回收单》,检查所配备的报纸、杂志和娱乐用品的种类、数量,以及旅客意见卡是否足够;检查服务供应品、餐具等的种类、数量是否与单据上一致;检查各种设备是否处于待用状态;乘务长检查乘务员

是否按规定摆放机供品;整理书报杂志。

(5)检查航班所配餐食的种类和数量;向配餐人员了解有无特殊餐食和用品;抽查餐食质量,应保证新鲜卫生无异味;确认后与配餐人员签字交接。

完成为旅客服务前的各项准备工作,带班乘务长根据类别,了解病残旅客的病症及亲属或医护人员陪同情况等,其中包括核对VIP通知单,了解要客有关情况及特殊要求,如确认VIP的座位号、姓名、职位、随行人员等情况,与地面人员交接特殊旅客并在《旅客特殊服务通知单》上签字,为航班服务做好准备。

乘务长检查并保管相关特殊旅客的资料袋,主要包括:

(1)无成人陪伴儿童的资料袋(机票、登机牌、户口簿、护照,接送人姓名、地址、电话、委托人的建议)、手提行李(区域乘务员保管)、交运行李牌;

(2)遣返旅客的资料袋(旅行证件及资料)等;

(3)签过字的《旅客特殊服务通知单》,如表4-3所示。

表4-3 旅客特殊服务通知单

旅客特殊服务通知单 PASSENGER SPECIAL SERVICE INFORMATION LIST

上机站 Station		航班号 Flight NO.		日期 Date		机号 Aircraft NO.	
旅客姓名 Passenger Name	目的地 Dest	座位号 Seat No.	重要旅客 VIP	无成人陪伴儿童 UM	病残旅客 SP	特别餐食 SPML	其他 OTHS
说明: Remarks:							
客运值机员:			客运服务员:			客舱乘务员:	

4.3.3 飞行实施阶段

1. 迎客

乘务长通知区域乘务员迎接特殊旅客,询问特殊旅客的基本情况和特殊需求。在飞行航班上,最先登机的特殊旅客是无成人陪伴小旅客(UM)。在其他旅客登机前,地面工作人员会先把无成人陪伴儿童送上飞机。无成人陪伴儿童的座位一般在飞机前舱,前舱乘务员要主动与地面工作人员做好签单交接,了解其到达的目的地、小旅客的姓名、身体状况、生活习惯,以及所携带的物品等信息,以便于服务。地面服务人员把儿童旅客送上飞机,向乘务长说明其目的地和接收成人的姓名,乘务长在飞机落地后移交给地面工作人员或来接的成人。其间,无成人陪伴儿童标志牌将自始至终佩戴在无成人陪伴儿童身上,以备不时之需。

担架旅客通常也先上飞机。对于担架旅客,应事先了解其病症、有无陪同、有无特殊要求,担架面向机头,帮助系好安全带、协商如何进餐、安置行李。担架旅客必须至少由一名医生或护理人员陪同旅行,经医生证明,病人在旅途中不需要医务护理时,也可由其家属或监护人陪同旅行,将陪同人员的座位与担架旅客的座位安排在一起,旁边尽可能不再安排其他旅客。如担架随机,应协助把病人和担架安置在普通舱后三排左侧(航空公司事先通知相关部门拆除这部分的座位,以便安放担架);如担架不随机,可在座位上铺垫毛毯、枕头,根据病情让病人躺卧,并帮助系好安全带。

轮椅旅客也要优先办理登机,并将旅客的座位尽量安排在靠通道的方便旅客进出的位子上,乘务员要主动帮助旅客提拿和安放好手提行李及轮椅,协助旅客就座后将其安全带系好,使旅客感到舒适。

登机时,应热情搀扶老人(但不要硬性搀扶那些不服老或不愿让人帮助的老人),主动帮助其提拿、安放好随身物品,安排座位(图4-9)。在介绍客舱设备的使用方法时,除对呼唤铃、清洁袋、洗手间作特别说明外,还应针对老年人眼睛多病、怕光的特点,对遮光板进行说明。老年旅客腿、脚比较怕冷,应主动提供毛毯,帮助盖毛毯时应注意把脚、腿盖好,或适当垫高下肢。应主动用较亲切的称呼来减缓老人的紧张情绪。若是无人陪伴的老人,不要把老人安排在紧急出口处,应在符合安全规定的前提下,安排老年人坐在离乘务员较近的座位,以方便照顾。

图4-9　老年旅客登机时的服务

帮助带婴儿的旅客提拿行李,安排座位,安放手提行李,并帮助带婴儿的旅客系好安全带，一般不要替旅客抱婴儿（图 4-10）。主动为其介绍服务设备的使用方法和卫生间的位置，并介绍起飞前和下降时抱婴儿的正确方法。调整通风口，不使其直接吹到婴儿，帮助旅客收起伞状婴儿车，放在衣帽间或旅客座椅底下，沿着机舱壁板方向放。

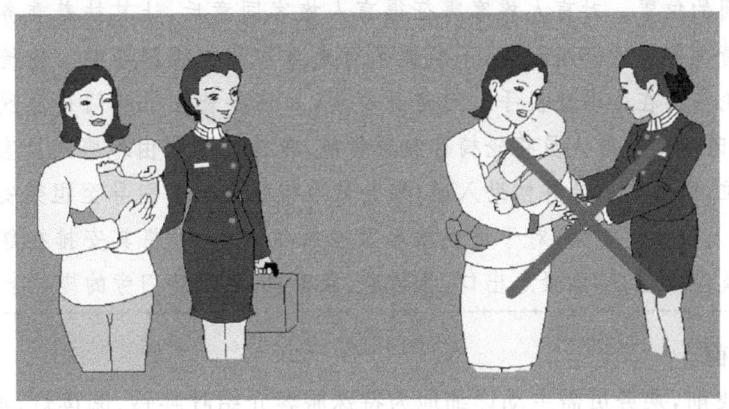

图 4-10　带婴儿的旅客登机时的服务

　　主动帮助孕妇旅客提拿、安放随身携带物品，主动介绍服务设备的使用方法和卫生间的位置，如有需要可帮助调整座位。调整通风口，不要使其受凉，送一个小枕头垫在其背后。

　　在登机过程中，如果发现有初次乘机者坐在出口座位，除了要主动提醒其阅读出口座位须知外，还要提醒他不要随意搬动紧急窗口手柄。帮助其使用安全带，并告知解开安全带的方法。

　　运输犯人的全航程，有关公安部门必须至少派两人，并对监送犯人负全部责任，犯人押解人员需携带的手铐、警棍等物品，应事先与安检部门联系。乘务员应注意将犯人安排在机舱尾部三人座的中间座位，将押解人员安排在犯人的邻座。如航班座位较宽裕时，尽可能将他们与其他旅客的座位隔开几排。

　　特殊旅客上下机顺序：遣返及在押旅客最先上机，最后下机；病残旅客、行动不便者、无成人陪伴儿童先上机后下机。待前面的特殊旅客安置妥当后，其他旅客再登机。重要旅客最后上机最先下机。重要旅客登机时，应按照要客单上的称呼致意，并要尽快接过其手提行李，并引导入座，同时也要做好随行人员的服务工作。

🎯 训练项目

任务 4-3　起飞前的特殊旅客服务

　　模拟登机及起飞前阶段的服务，乘客包括无成人陪伴小旅客、担架旅客、轮椅旅客、老年人、带婴儿的旅客、孕妇、初次乘机者、VIP 等特殊旅客，乘务员需根据其不同要求做好服务工作。

　　[训练提示]

　　在客舱中，特殊旅客的座位安排注意事项：特殊旅客通常不能坐紧急窗口处；无成人陪伴儿童旅客安排在方便乘务员照料的位置；携带婴儿旅客的座位最好在前排或能挂摇篮的地方；孕妇最好安排在靠走道的座位；病残旅客安排在两个紧急出口之间的位置。对盲人旅客需征得盲人旅客同意后，让其扶着乘务员的手臂或双手搭着乘务员的双肩行走，不断提示行走方向和有否障碍物。轮椅旅客自带的折叠式轮椅应在办理登机手续时进行交运，如乘务长在机舱门口发现旅客自带轮椅，应及时通知地服人员将轮椅存放到货舱，轮椅旅客可由地服人员直接护送并安置到座位，乘务员引导并协助入座；乘务员应将担架旅客引导至担架安放指定区域，由机务人员固定担架；对于遣返旅客及在押犯人，不可将其安排在靠近或正对任何出口及应急出口，如紧急出口、靠通道、靠窗口、靠近舱门旁的座位上。

2. 起飞前

航班起飞前，乘务员需主动详细地为特殊旅客介绍呼唤铃、阅读灯、通风口、安全带、洗手间等客舱服务设施和设备的位置及使用方法，为其提供毛毯、小枕头，与其他旅客相比，应对特殊旅客做好更为仔细的飞行前的安全检查确认，主动帮助特殊旅客提拿并安放其随身携带的行李及其他物品。对重要旅客，应引导其入座，主动安排行李、挂衣物，提供热毛巾、迎宾饮料；对儿童及无成人陪伴小旅客要检查安全带的长度是否合适，示范安全带系上和解开的方法，并提醒其飞机很快要起飞，需要他们配合坐好并系好安全带；对于带婴儿的旅客，指定一名乘务员帮助带婴儿的母亲提拿随身携带的物品并对婴儿给予必要的照顾，向监护人征询婴儿喂食、喝水的时间和用量，有无特殊要求等，将婴儿尿布、奶瓶等物品放在家长易取的地方，还可以根据实际情况提供幼儿专用安全带并帮助系好，提醒家长不要将婴儿系在大人安全带内，介绍设有尿布更换板的洗手间(图 4-11)，并讲解飞机起降及颠簸时抱婴儿的正确方法。在飞机起飞、下降前提醒带婴儿的旅客将婴儿叫醒，给其喝点奶或水，以预防压耳朵的发生。

图 4-11　对带婴儿的旅客进行服务设施讲解

飞机起飞前，给孕妇在小腹部垫一条小毛毯或枕头，然后系上安全带（安全带需系在大腿根部，如图 4-12 所示），不要系得过紧，提醒孕妇旅客当离开座位后遇突发颠簸时就近抓好扶手，并操作示范解开安全带的方法。

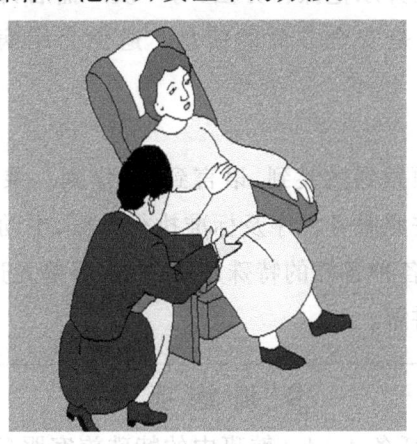

图 4-12　孕妇安全带的系法

主动协助老年旅客摆放拐杖，将拐杖固定（紧贴机舱壁板放）在旅客座椅下或由乘务员妥善保管，同时需做好解释工作，以免老人产生不安心理；部分老年旅客听觉较差，对于机上广播内容经常听不清楚，乘务员要主动告知其飞行时间、距离，介绍客舱服务设备、洗手间的位置，以及现在飞机的状态（就要起飞或下降，不要紧张等）。主动介绍安全带的使用方法，在介绍过后，为了防止老人在空中飞行时无法打开，应让老人自行操作一次安全带系好和打开的方法（图 4-13）。

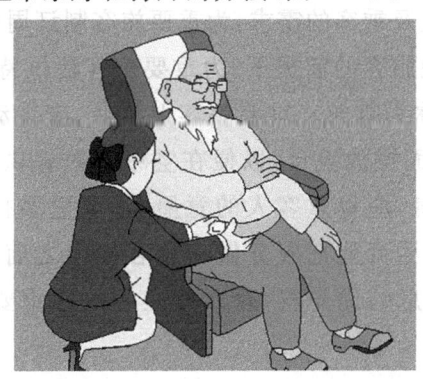

图 4-13　老年旅客安全带的使用服务

盲人旅客就座后，帮助安放其随身携带的行李物品，将其随身携带的物品放在旅客容易触摸到的地方，帮助其系好安全带，并讲解打开的方法。向盲人旅客介绍紧急设备的方向、位置及使用方法，提示其用手触摸各种服务设施、设备的位置，帮助其系好安全带并教会使用方法。若盲人旅客携带导盲犬，将其安置在盲人旅客座椅前方的地板上，导盲犬的头朝向过道，并向周围旅客解释说明。

检查担架旅客的担架固定情况，确认旅客安全舒适躺卧，帮助其系好安全带、盖上毛毯，提醒其全程系好安全带；对病残旅客，介绍残疾人使用的洗手间，对上肢残疾的旅客，服务设施的操作对象可以是其同行者或邻桌旅客；对聋哑旅客，需以书面形式或肢体语言向其做介绍并示范操作方法，每一次广播后，都要采用书面或手语形式再次告知聋哑旅客，特别是安全方面的信息。避免介绍病残旅客无法使用的服务设施。

3. 空中飞行

乘务员细微服务必须做到微笑到、语言到、动作到。乘务员在服务过程中，应保持微笑，使用礼貌用语，按照服务程序及标准执行航班，主动服务，及时满足旅客的需求。在航班中，终会遇到各种各样的特殊旅客，本学习单元选取了航班飞行中比较常见的旅客类型进行训练讲解。

> **训练项目**
>
> **任务4-4　航班中的特殊旅客服务**
>
> 　　模拟巡航阶段的客舱服务，旅客包括无成人陪伴小旅客、老年人、带婴儿的旅客、晕机旅客、VIP等特殊旅客，乘务员需根据其不同要求做好服务工作。
>
> 　[训练提示]
> 　　对特殊旅客的服务水平是体现客舱乘务员服务水平的一个重要方面，做好特殊旅客的服务需要有更多的细心和耐心。

1）重要旅客

根据餐饮等配备情况及乘客的需求，为重要旅客制订周详的服务计划，实施一对一的服务。在不影响其他旅客的前提下，为重要旅客提供特殊服务。对重要旅客应尊称其头衔（职务）或尊称为首长。重要旅客上机后，应主动为其提供最新报纸、杂志，有条件的机型应在地面摆放报台，以便在空中随时提供。有些重要旅客在飞行中需要批阅文件或者休息，应尊重客人的意愿，不要过多打扰。同时，也要注意留心重要旅客的服务需求，尽可能把服务做在旅客提出之前。重要旅客享有选择餐食及免税品、获知航班信息的优先权，对入座经济舱的重要旅客，也需做好相应的服务保障。

> **饮料服务工作**（参照海南航空公司标准）
>
> 　（1）主动向旅客介绍饮料品种；主动协助旅客放下小桌板，再为旅客递送餐巾纸和饮料；在餐车上备份部分吸管，及时为小旅客提供。
>
> 　（2）供饮料时，两名乘务员要注意推餐车时的配合和标准，不得口中念念有词；对于妨碍乘务员拉车的旅客要有针对性地提示；餐车不可推得过快过猛，避免当过道处有障碍物时将饮料溅到旅客身上，或因餐车的推拉速度过快而碰伤旅客。

(3) 摆水车时,水杯的高度不能超过水车上最高饮料瓶的高度;所有饮料罐和酒水的商标应面对旅客。

(4) 遵循物品发放原则:先里后外、先左后右、先女后男、先宾后主、先高后低(身份)。

(5) 在热饮中加少量矿泉水,但还要保证热饮一定要热,以不烫伤旅客为原则(初次调制的热饮可加 750 毫升的矿泉水,如果热饮壶中原本有一些剩余,应适当减少矿泉水的加入量,加入 500 毫升的矿泉水,并可以根据季节的不同调整矿泉水的加入量)。

(6) 如旅客为糖尿病人,可建议旅客饮用茶水、黑咖啡、矿泉水、菠萝汁、无糖可乐等不含糖或低糖饮料。

(7) 不得让旅客当"二传手",为其他旅客传递饮料,也不得将饮料从旅客的头上传过。传递饮料时,应距离旅客的头部远些,不要让旅客有躲闪的动作。

(8) 如果不慎将饮料洒在旅客身上,应及时道歉,并用纸巾和毛巾擦拭,注意态度要诚恳。

(9) 中、后舱服务要做好交接,以避免漏发。

2) 老年旅客

针对老年旅客,要主动介绍飞行情况,并要有连续性。老年人体温较低,腿脚易肿胀、酸痛,可视情提供拖鞋。为老年人提供饮料时,要根据老人的习惯为其介绍低糖饮料和热饮。应适当提高音量,主动介绍饮料品种,提醒旅客哪种饮料含糖分。老年旅客需要橙汁时,应主动提醒旅客橙汁是微酸的。与老人谈话时,声音要略大,语速要慢,语言简练、语调柔和(遇旅客犹豫不定时,不能老是追问:"是不是喝这个?"或"喝那个吗?"应该重点介绍每种餐食饮品的特点)。由于老年人对食物的消化功能较弱,因此要介绍一些清淡、易于消化、容易食用的菜式,不要介绍那些刺激性强、味道重、带刺多的食物。为老年旅客提供餐食时,可以根据地域的差别,主动向其提供或者介绍适于一般老人食用的热饮及软食的种类,多数老年旅客喜欢比较软的食品,可以重点向其介绍面食类的餐食。为老人提供餐食服务时,要征求旅客意见,看是否需要为其打开刀叉和餐食的包装。

在旅途中,要经常去看望老年旅客,主动嘘寒问暖(如客舱温度是否适宜,是否需要去洗手间等),工作空余时多与他们交谈,以消除老人旅途寂寞感。与他们交谈时,要态度诚恳,可以自己家老人亲属为话题,提供更好的用药、保健等信息。老人眼睛多病,易干燥、酸痛,可适时提供温热毛巾擦拭或热敷。

在长航线中,老年人久坐易产生腿手麻木等不适现象,可利用老人使用洗手间的时间,协助其离座多活动片刻并注意安全,否则下机时会腿脚无力且疼痛,也可视情况帮助在座位上的老年旅客轻捶腰背、腿。老人使用洗手间时,乘务员要主动上前迎接并为其开门,铺好马桶垫纸,介绍马桶冲水按钮的位置和使用方法等。主动帮助老人或没戴老花镜的旅客填写意见卡等。飞机下降前,要告诉老人预防压耳的方法,以消除下降所带来的不适感。

餐食服务工作(参照海南航空公司标准)

(1) 提前检查特殊餐食的种类和数量,旅客预定的特殊餐食要先提供,禁止用广播器广播寻找旅客;根据旅客的宗教习惯和健康要求,以及不同特殊餐食的服务方式正确提供。

(2) 委婉提醒前排旅客调直座椅靠背,以方便后排旅客用餐。

(3) 为特殊旅客(老人、盲人等行动不便的旅客)提供餐食服务时,要征求旅客意见,看是否需要为其打开刀叉包。

(4) 尽量为老年旅客提供软食热饮。为老年旅客提供餐食时,可以根据地域的差别,主动向老年旅客提供或者介绍餐食的种类,多数老年旅客喜欢比较软的食品,我们可以主动向其介绍面食类的餐食。

(5) 提供正餐时,如果旅客此刻不需要用餐,要确认旅客是否需要保留餐食。

(6) 为休息的旅客贴休息卡,将旅客的热食先拿回服务间,做好标识之后放置在烤箱中保温;当旅客醒来后,乘务员需要向旅客做好解释并及时提供餐饮服务。

(7) 确保热食一定要热,不能出现"夹生"的现象,更不能为旅客提供不冷不热的餐食;送热食时应提醒旅客小心烫手。

(8) 如有旅客在餐饮服务时提出其他的需求,要尽可能及时满足。

---

3)儿童(含无成人陪伴儿童)

为儿童提供饮料时,要注意征求家长的意见,如提供咖啡或是否加冰时要征得家长的同意。在为儿童提供饮料时,尽量为其提供果汁类冷饮,如果其确实需要热饮,杯中的热饮不可过满过烫,以半杯为宜。将热饮递送给陪同者,并注意有语言上的提示。对年龄小的儿童,可帮助分餐,就餐时让其尽量使用勺,不使用刀叉等尖利餐具。

根据实际情况,可为儿童旅客送上儿童读物或玩具,并提醒小旅客不要在客舱玩耍、奔跑,以免受伤及妨碍他人。

无成人陪伴小旅客在航班飞行中,应指定一名乘务员负责照顾,详尽告知小旅客远离厨房,勿在客舱内奔跑、玩闹、碰触机上相关设施和设备等;在航班起飞、下降、颠簸时,帮助小旅客系好安全带;为其提供饮料时,最好提供冷饮并送上吸管,注意小旅客的起居,视情况及时为其增减衣物,并做好《无成人陪伴儿童空中生活记录》,如表4-4所示。

表 4-4 无成人陪伴儿童空中生活记录

无成人陪伴儿童空中生活记录
UNACCOMPANIED CHILD JOURNEY RECORD

日期 DATE _____   航班号 FLIGHT NO. _____
始发站 ORIGINAL STATION _____   到达站 DESTINATION _____
儿童姓名 TRAVELLER'S NAME _____   座位号 SEAT NO. _____
年龄 AGE _____   性别 SEX _____   护照号码 PASSPORT NO. _____
随身携带行李数 HAND-BAGGAGE _____   联系人姓名 RELATIVE'S NAME _____
电话 TELEPHONE NO. _____   地址 ADDRESS _____

责任乘务员 Responsible Stewardess	用餐时间 Time for meal	餐食类别 Kind of meal	用餐情况 Condition of meal servicing
_____	_____	_____	_____
_____	_____	_____	_____

机上安全和个人生活情况(in-flight safety & activities):
_____

特殊情况(special circumstance):
_____

空中服务情况 IN-FLIGHT SERVICE
  责任乘务员_____
地面接待人(SIGNATURE OF GROUND STAFFS)_____
主任带班乘务长(SIGNATURE OF CHIEF PURSER)_____
监护人(SIGNATURE OF RELATIVE)_____

4) 带婴儿的旅客

飞机起飞后,询问带婴儿的旅客是否需要摇篮,如果需要,可协助旅客安放摇篮,垫上毛毯,放好小枕头,让婴儿平躺在摇篮里(摇篮承重为11千克),如图4-14所示。

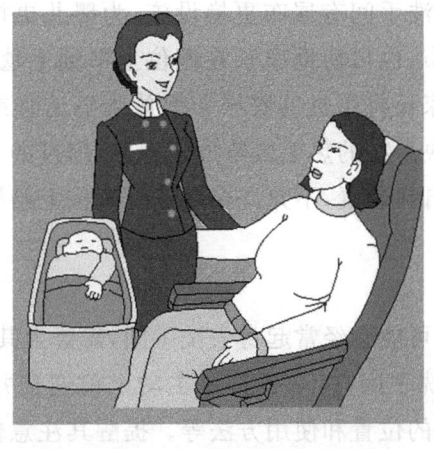

图 4-14 婴儿摇篮

目前的婴儿奶粉冲调比较简单,将旅客提供的奶瓶、奶嘴洗净后,用开水消毒;冲泡前需征求家长的意见(奶粉量与水量要准确);放入奶粉,将奶粉与适量的温水充分混合摇匀,滴至手背,以不烫为宜(图 4-15)。当乘务员将兑好的奶或加热的食品交给旅客时,一定要请旅客再次确认温度是否合适:一是因为每个婴儿会存在差异性,还是家长比较了解;二是家长再次确认婴儿食品的温度,可以保证乘务员不会出现操作失误。当乘务员将奶瓶等交与带婴儿的旅客时,不妨同时递上一条干净的小毛巾,因为婴儿在用餐当中难免会从嘴角溢出食品。

图 4-15　为婴儿冲泡奶粉

乘务员应主动向旅客了解婴儿何时需要热奶或加热食品,若机上备有婴儿餐或旅客已预定婴儿餐,应主动向旅客介绍,并根据其需要提供婴儿餐。如果正赶上客舱供餐,需要征求带婴儿旅客的意见,是否等婴儿用餐完毕再为其家长送上餐食。餐食中如有热食,最好将热食放回烤箱保温,以免旅客用餐时热食已凉。

当需要时,可为婴儿提供玩具。家长用餐或上洗手间,需要乘务员暂时帮助抱孩子时应及时提供帮助;如洗手间有尿布更换设施,为婴儿更换尿布时,应协助母亲到洗手间内为婴儿更换尿布,也可协助家长在座位上平铺毛毯,垫上毛巾,准备好尿布和清洁袋,换好后,告知家长将用过的脏尿布等放入清洁袋或垃圾袋内,帮助投入洗手间的垃圾箱内。拿一块干净的热毛巾给母亲擦手,用过的毛毯另放一处,到地面后处理。因乘务员座椅有自弹装置,不允许在乘务员座位上给婴儿换尿布,以免乘务员座位弹起伤害婴儿。

5) 孕妇

由于身体原因,孕妇可能会经常起身去洗手间,需要为其安排靠近走道的座位以方便其进出。当其使用洗手间时,乘务员要主动上前迎接并为其开门,铺好马桶垫纸,并介绍马桶冲水按钮的位置和使用方法等。提醒其注意保护腹部免受物体撞击,尽快回到原位。同时,在餐食选择上,主动为其介绍并提供清淡食品。整个飞行旅途中,乘务员需要不时地询问孕妇旅客,以提供必要的帮助。

6）初次乘机旅客

对于初次乘机的旅客,航班飞行过程中,协助其使用机舱的内部设施,同那些对空中飞行感到恐惧的旅客进行交流,针对初次乘机感到恐惧的旅客,向其介绍飞机飞行的一般原理。初次乘机的旅客想仰卧时,协助其按压座椅下方的圆形按钮,使靠背向后倾倒,并提醒其在飞机起飞和下降时,必须放直座椅靠背,恢复原状。随着飞机的上升,告知旅客耳朵会因高空压力而不舒服,嚼片口香糖或吃东西,保持口腔活动,可以减少不适的感觉。

7）病残旅客

如轮椅旅客用餐、去洗手间等有困难,应主动、细心地给予照顾;在飞行中,指定专人负责担架旅客,要经常观察。询问病残旅客病情,如使用导尿管等,提醒并协助陪同人员将排泄物倒入洗手间的马桶,将废弃的垃圾袋投入洗手间垃圾桶内。

根据情况妥善照顾,供应饮料和餐食时,要与病人或陪同人员商量,也可协助其进食。为盲人、病残等行动不便的旅客提供餐食服务时,要征求旅客意见,看是否需要为其打开刀叉包。为盲人旅客提供餐饮服务,倾倒热饮时注意不要太满,递送时确认完全安放稳妥后再松手;餐盘安放稳妥后,将餐盘比喻为时钟,把餐盘内的各种食物(热食、冷食、饮料、水果)等的位置告诉盲人,主动介绍餐食内容,必要时还可拿着盲人的手让他自己触摸一下(触摸热、烫的食物需先做提醒);帮助盲人切削肉食和水果等,帮助其打开餐盒盖、餐具包,并分餐;需要时,同性乘务员陪同盲人旅客上洗手间,边介绍使用方法边让其触摸洗手间的设备。协助上肢残疾旅客穿脱衣服,注意膝关节与其患病部位的保暖,帮助无人陪伴的上肢残疾旅客进食;对患传染病的旅客,必要时可戴口罩及手套服务。

遇有晕机的旅客,乘务员应主动上前询问他们乘机前后的情况,以及有无晕机史,并加以安慰。根据症状让其松开领带、腰带和安全带等,帮助调节通风器,调整座椅靠背,让旅客安静休息,介绍并打开清洁袋,及时送上温开水、毛巾。必要时,在征得旅客同意的情况下提供晕机药品。

旅客呕吐时,可用手在旅客的后背自下往上推,及时更换清洁袋,呕吐后送上漱口的温开水、毛巾。及时擦净被弄脏的衣服、行李和毛毯。如果座椅被弄脏,有条件时可为旅客更换座位;没有空座位时,应将座椅擦干净后,铺上小毛毯再让旅客就座,告诉乘务长填写客舱记录本。

及时为旅客提供温开水和小毛巾,安抚旅客的情绪,分散其注意力,更换新的清洁袋,并将旅客用过的呕吐袋折上封口丢入洗手间垃圾箱,清理地毯、座椅套等并协助其清理弄脏的衣物。

遇旅客索要晕机药,先询问其有无晕机史、过敏史及相关疾病,如没有,则需根据航线的长短来提供晕机药,出示药品说明书,填写《机上旅客用药免责单》(表 4-5)并让其签字后,将药品放在药品袋中递送,同时送上温开水。

表 4-5　机上旅客用药免责单

机上旅客用药免责单
LIMITED RELEASE

航班 FLIGHT	时间 TIME	药品名称及数量 MEDICINE(name&quantity)

本人在机上感到身体不适,向乘务员提出服用药物的要求,乘务员已向本人陈述服用药品的副作用,但本人仍坚持服用,如有不良反应,自愿承担后果。
I, here under signed, feel unwell onboard, and demand taking medicine above. Attendant has already stated the side effect of medicine to me, so upon taking, I fully acknowledged consequences and release Air China Liability.

旅客签名:
PASSENGER SIGNATURE
乘务员签名:
ATTENDANT SIGNATURE

有许多初飞乘务员在开始飞行时就有点晕机,有时还需要帮助晕机的旅客,初飞乘务员需要克服晕机带来的不适,同时,还应做好晕机旅客的服务工作,这对乘务员的意志品质和服务意识也是严峻的考验。

8) 遣返及在押旅客

对于遣返及在押旅客,应在服务上一视同仁,关注其动态,做好安全防范,一般情况下,不得将其锁拷在座位或设备上。上洗手间时,提醒安全员或押解人陪同前往并确认其身上没有手提包或任何利器等危险物品,应等候在门外直至其用厕完毕后,再陪同其返回座位。不要向遣返及在押旅客提供金属刀叉、陶瓷、玻璃、钢制餐具等(图4-16);提供餐饮服务时,最好事先征求押解人的意见,不得为犯罪嫌疑人和押解人员提供含酒精的饮料,同时尽量减少饮料供应。

图 4-16　不得为犯罪嫌疑人提供的餐具

4. 落地前

航班落地前,应归还重要旅客的衣物等个人物品,优先通报目的地的相关信息,归还为旅客保管的物品时,需做好相关安全检查确认工作。向老人了解到达后有无亲属接机并帮助老人整理好随身携带的物品,安排其最后下机并交代地面服务人员给予照顾。

对于无成人陪伴儿童,应整理归纳好其行李物品,帮助其穿戴好衣物等,填写好《无成人陪伴儿童空中生活记录》。飞机下降时,提醒家长唤醒仍处于睡眠状态的婴儿,让旅客抱好婴儿,系好安全带并收回婴儿摇篮等服务物品,放于指定位置。同时帮助旅客整理手提物品,穿好衣服。以书面形式告知聋哑旅客到达目的地的时间、当地的气温及下机相关事宜。为需要轮椅的特殊旅客预订轮椅,如有需要同时预订升降车,必要时,为有严重病患的旅客预订救护车;如旅客未随身携带轮椅,乘务长必须在飞机到达旅客目的地之前通知机组人员,由机组人员提前与地面人员联系轮椅,以方便旅客下飞机。了解盲人旅客到达站是否有人接机,主动送盲人旅客下飞机并交给地面服务人员。对于晕机和呕吐的旅客,放置备份的清洁袋于旅客座椅前的口袋中;帮助其调直座椅靠背,系好安全带。了解担架旅客到达目的地的接站情况,到达站有无车接,用毛毯垫高其头部,并帮助系好安全带,提醒陪同人员注意其安全,提醒病人躺好扶稳。如有需要,可根据旅客要求报告机组给予相应的帮助,与地面联系安排有关事宜(在某些情况下需要自付费用)。遣返旅客由乘务长报告机长,由机长通知地面边检部门接机;乘务员需与在押旅客的押解人沟通相关部门的接机问题,必要时,由乘务长报告机长,由机长与地面相关部门联系。

对被列入《旅客特殊服务通知单》的特殊旅客,乘务员要填写好《特殊旅客空中生活记录》(表4-6)交带班乘务长。

表4-6 特殊旅客空中生活记录

特殊旅客空中生活记录
SPECIAL TRAVELLER JOURNEY RECORD

老年 old□ 病者 sick□ 孕妇 pregnant□ 其他 others□

日期 DATE _____　　　　　　　　航班号 FLIGHT NO. _____
始发站 ORIGINAL STATION _____　到达站 DESTINATION _____
旅客姓名 TRAVELLER'S NAME _____　座位号 SEAT NO. _____
年龄 AGE _____ 性别 SEX _____　护照号码 PASSPORT NO. _____
随身携带行李数 HAND-BAGGAGE _____　联系人姓名 RELATIVE'S NAME _____
电话 TELEPHONE NO. _____　　　　地址 ADDRESS _____

空中安全和生活情况 (in-flight safety & activities)

_____
　　　　　　　　　　　　　　　　　　　责任乘务员:

地面接待人 (SIGNATURE OF GROUND STAFFS) _____
主任带班乘务长 (SIGNATURE OF CHIEF PURSER) _____

旅客家属(SIGNATURE OF RELATIVE)＿＿＿＿＿

5. 落地后

要客享有最先下机权。到达时,乘务员需热情引导并安排其优先下机,协助要客将手提行李提到机门处,主动向其道别并征询其对本航班服务工作的意见与建议,并与地面服务人员做好交接工作,同时表达希望再次为其服务的意愿;对入座普通舱的重要旅客应在头等舱旅客下机完毕后再视情况安排其优先下机。航班任务结束后,及时整理重要旅客的饮食爱好及生活习惯等信息,递交客舱部相关业务部门,建立《重要旅客生活档案》。

到达时,应将保管的拐杖等及时交还给老年旅客,并提醒老年旅客保管好随身携带的物品,如有需要,搀扶老人下机并交代地面服务人员给予照顾。

到达目的地后,将无人陪伴儿童转交给地面工作人员,到达目的地后,向来接人员介绍儿童旅客的情况,如无人来接,要把儿童旅客的情况详细告诉地面服务人员,并将其所携带的物品点交清楚。区域乘务员要将无人陪伴儿童及其随身物品、《无成人陪伴儿童空中生活记录》等交由乘务长,再由乘务长连同其保管的所有资料一并交与地面服务人员进行签字交接。如收走婴儿车,在飞机停稳后应及时交还给旅客。下飞机时,帮助旅客提拿手提物品。

轮椅旅客要优先登机,最后下飞机。到站后,担架病人最后下飞机。下机时,乘务员要协助整理、提拿手提物品。如有需要,帮助陪护人员和地面工作人员将担架抬下飞机。给予身体仍虚弱的晕机或呕吐旅客提供相应的帮助,通知清洁人员对呕吐区域做彻底清洁。

对于患传染病的旅客,待所有旅客下机完毕,提醒地面相关部门对其座椅及客舱进行消毒,乘务员将其使用过的物品集中,交由地面相关部门处理。

遣返旅客由带班乘务长或安全员将其本人及护照等相关资料全部移交边检部门。

乘务员主动帮助提拿行李并搀扶需要帮助的特殊旅客至机门口,向乘务长交接,乘务长将特殊旅客及签字后的《旅客特殊服务通知单》、填写后的《特殊旅客空中生活记录》(一式三联,第一联交地面服务人员,第二联由地面服务人员转交旅客家属,第三联交本部门留存)一并向地面服务人员做签字交接,并按规定签单。飞机过站时,应做好与地面人员交接特殊旅客的工作。航后,乘务长在《乘务日志》中反馈特殊旅客的服务情况。

旅客下机后的工作(参照海南航空公司标准)

(1) 将空中发现的特殊情况和可疑现象报告机长,并向地面有关人员或接班飞行乘务长通报。

(2) 与供应品人员进行供应品交接手续。在中途站,做好供应品、食品的补充配备,要办理餐箱、烤炉、餐具数量和不同餐食的数量、要求的交接工作。

(3) 在中途站，要了解该站的乘客人数，做好相应的准备工作。待清洁人员搞好卫生后，飞行乘务员应立即检查客舱和洗手间卫生情况，补充洗手间内所需的卫生用品，并做好下段航程的服务准备工作。

(4) 严禁非工作人员上机。

(5) 在过夜站，要清点和铅封机上的服务供应品，并在机上妥为存放或卸下飞机。冬季气温低，还应放掉飞机上水箱内剩余的水，以防结冰。

(6) 在中途站和过夜站，注意防止蚊蝇飞进客舱，前、后舱指定两名飞行乘务员分别负责灭蝇工作。

(7) 协助食品公司完成供应品的回收、交接工作。

(8) 乘务组下机时，整组戴登机牌，仪容仪表整洁，列队下机。同时，乘务组统一提取飞行箱、包等物，不得将塑料袋等物品提在手上，以免破坏整组形象。

4.3.4　飞行实施阶段中的个例服务

1. 迎客

客舱服务中常遇到一些个例旅客与状况，需要乘务员根据个例的特点，随机应变，正确应对。

1) 遗失物品的旅客

上客中，如有旅客报告遗失物品时，首先问清楚遗失的是何种物品，了解物品的颜色、大小、特征及可能丢失的地点，旅客姓名、座位号等，还应问清遗失物品旅客的地址、旅行的目的地、联系方式等。如关机门前报告丢失物品，应立即报告乘务长和机长，与地面工作人员联系，请他们帮助查询。找到遗失的物品后，还应让旅客确认一下，当面交还失主。

2) 团队旅客

团队旅客特点是活跃、兴奋，有时说话声音较大。应和蔼解释劝止，必要时与领队沟通，确认团队旅客的领队并疏导团队旅客入座。

3) 肥胖旅客

肥胖旅客因行动不是很方便，乘务员应注意提供及时的照顾和服务，对肥胖旅客的服务，不能歧视或另眼相待，要同对其他旅客一样平等相待，热情服务。如遇一位特别肥胖旅客持有两张登机牌，数客时，应以两人计数；不得将肥胖旅客安排在紧急出口处或靠通道的座位。

4) 醉酒、麻醉旅客

根据民航总局有关规定，任何显示醉态或在麻醉品作用下的旅客禁止登机，此类旅客可称为非正常旅客。当机上出现非正常旅客骚扰事件时，应尽快通知运行控制中心或机场当局，公司应在事发后五天内向民航总局报告。

如果登机时某旅客显示醉态或在麻醉品作用影响下，干扰了机组成员工作，并危及旅客与机组的安全,由机长通知地面值机人员将该旅客带下飞机并作善后处理。

2. 起飞前

1）遗失物品的旅客

飞机关机门后,旅客如反映物品遗失,飞行乘务组首先向旅客表明飞机已关门,不能下机寻找,此事会立即报告机长与地面取得联系帮助查询,查询后的结果会尽快通知旅客。

2）团队旅客

乘务员应向领队作自我介绍,告知其有事可与乘务员联系;对老年团队,应主动介绍设备、沿途名胜古迹、飞行航线、飞行时间、供餐时间等。

3）肥胖旅客

为肥胖旅客提供加长安全带或将机上备用的安全带接起来使用,如没有备份的,可从空座位上拆下来一根合并使用,用后复原位(图4-17)。

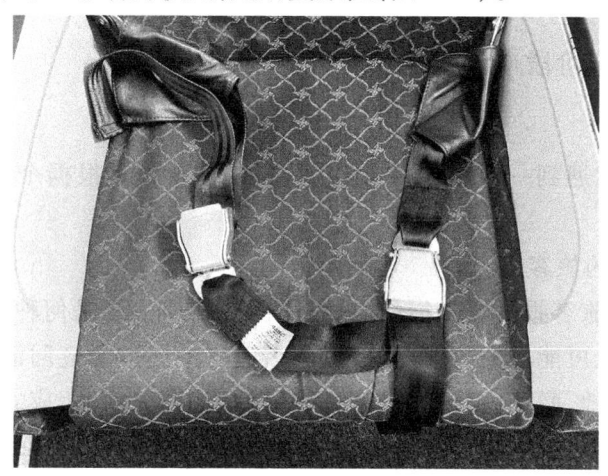

图4-17　加长安全带

4）睡眠旅客

滑行时,唤醒睡眠旅客并确认其系好安全带,进行相关安全检查。

5）醉酒、麻醉旅客

如果在飞机推出之后发现某旅客显示醉态或在麻醉品作用影响下,应通知机长,并由机长来决定是否滑回劝其离机;如飞机返回登机口,机长通知地面值机人员,乘务组执行重新开舱门程序,地面值机人员处理该旅客的离机及以后事宜。

3. 空中飞行

1）遗失物品的旅客

遇旅客空中报失,除了解上述物品情况外,还应问清楚遗失物品旅客的姓名、地址、旅行目的地、联系方法等,帮助旅客确认其物品是否在飞机上遗失,得到肯定答复后应尽力帮助查找并报告机长。

如飞行乘务组已尽力查找而未找到旅客遗失的物品,应向旅客表明我们已尽努力,并遵从旅客意愿,询问是否有其他要求。乘务长将事情的发生及处理情况报告机长,将如下信息通知给即将抵达的航站,如丢失物品特征及其价值、丢失物品事件是发生在机上、事件发生的范围等。

如旅客提出报案的要求,主任乘务长或乘务长应对旅客的此项要求进行再次确认并告知该旅客:如果警方介入,会产生一些不便,旅客不能按时下飞机;如果失物很难确定物主,如现金等,找回的希望很小。

2) 团队旅客

保持与领队的沟通,关注服务情况,随时满足团队旅客提出的特殊需求。主动为首次乘坐飞机的团队旅客详细介绍机上设备及航线信息,并做好安全指导和检查工作;在有散客的航班上,不得将机上广播器提供给团队旅客领队使用。对于航空公司通知需要特别关照的团队旅客,根据相关要求制订专门的服务预案,做好服务保障工作。

3) 睡眠旅客

巡视客舱时,注意睡眠旅客睡眠姿势是否安全,保持过道畅通。主动为其关闭阅读灯、通风器,不要吵醒旅客;轻轻为其盖上毛毯,白天光线强时拉下遮光板,并确认其全程系好安全带;提供餐饮服务时,不宜打扰,在其前方座椅背面贴上"温馨卡",待旅客醒后说明情况,乘务员询问其需求后揭去"温馨卡",再根据其需要提供相应的补偿服务。夜间或远程航线飞行,机上多数旅客休息时,适当调节客舱温度,调暗客舱灯光,走路、说话、动作要轻,避免喧哗,给睡眠旅客创造一个安静舒适的环境,尽可能不影响睡眠旅客的休息(图4-18)。

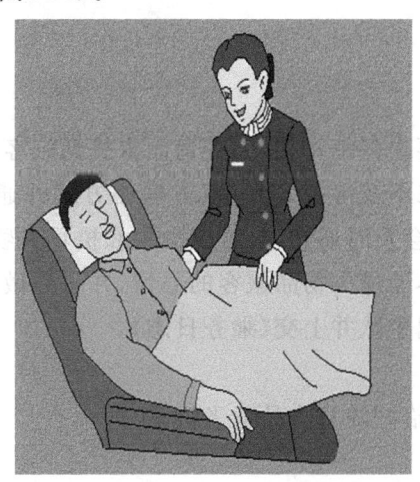

图 4-18 睡眠旅客飞行中的服务

4) 醉酒、麻醉旅客

如旅客在起飞后显示醉态或在麻醉品作用影响下,应立即通知机长,在机长的指示下进行妥善处理。客舱服务过程中需用礼貌而坚定的态度与该旅客打交道,并特别注意避免身体冲突。

4. 落地前

1) 遗失物品的旅客

处理旅客报失（非飞行安全因素）等个例，一般情况下按以下程序进行，同时以不影响航空公司航班正点率为处理原则，经查询，地面来报已找到时，告知旅客物品会尽快带到目的地，请与机场失物招领处联系（图 4-19）。

图 4-19　旅客物品遗失的处理方法

2) 团队旅客

对较少乘坐飞机的旅游团队旅客做详细的安全检查确认。

3) 睡眠旅客

唤醒睡眠旅客，提醒其系好安全带，确认相关安全检查。

4) 醉酒、麻醉旅客

由乘务长填写《机上重大事件报告单》，并交由机长签名，按规定程序向公司送呈报告。

5. 落地后

1) 遗失物品的旅客

飞机落地后清舱时再次仔细寻找，经查询而未找到旅客的遗失物品，告诉旅客时要先抱歉，说明情况，若来不及寻找，留下双方联络方式并通知地面执勤人员帮助查找，向其说明如以后找到会及时通知，并希望失主和机场失物招领处联系。乘务员应始终以认真负责的态度体谅遗失物品旅客的心情，并耐心做好安抚工作，乘务长在该航段结束后立即通知所属中队并上交《乘务日志》。

2) 睡眠旅客

唤醒旅客，提醒其收拾好随身物品下飞机。

3) 肥胖旅客

回收加长安全带并放于指定位置。

4) 醉酒、麻醉旅客

到达目的地后，机场公安人员可登机处理醉酒旅客并询问目击者，如果旅客的不当行为涉及并危及机组成员工作，机组应报告运行控制中心或机场当局。

4.3.5　航后讲评阶段

乘务长应主持有全组乘务员参加的航后讲评会：表扬工作中的好人好事；总结经验

教训;对重要问题和意见,要写出专题报告并向上级部门反映;乘务长需要将所有单据(任务书、供应品交接单、供应品回收单等)交到乘务值班处;向乘务值班处汇报飞行工作中的特殊情况;将旅客的书面或口头意见如实上报,并积极提出改进乘务工作的建议;上交《乘务日志》。

> **训练项目**
>
> **任务4-5　有特殊旅客航班的航后讲评**
>
> 由小组学生轮流担任乘务长完成航后讲评阶段的总结工作。
>
> [训练提示]
>
> 在完成前面的训练项目的基础上,学生之间要完成一个互评工作,通过讲评进一步强化对特殊旅客服务要点的掌握。

4.3.6　训练指导

(1)在完成本次训练项目时,选择几个不同的特殊旅客,可以预先设计一些具有代表性的服务环节,在小组模拟航后讲评时,由小组成员轮流扮演乘务长,分析此段航程的阶段性总结。

(2)本次训练重点强调对于特殊旅客的服务总结,找到在此段航程中对特殊旅客服务时做得好和做得不足之处,并且分析对特殊旅客提供服务时的亮点,对相应的乘务员提出表扬和鼓励。

(3)在本单元的训练中,注意从关注旅客需求角度出发,深入思考旅客需求的满足方式、服务细节体现,举一反三,提升细微服务、灵活服务的能力。

4.4　相关案例

案例一

某日,贾姓旅客及其4岁的女儿乘坐某公司成都至北京的航班,在乘务员发放餐食时,该旅客提出为其女儿要一份没有辣味的餐食。乘务员说该次航班上配有两份清淡素菜餐食,但已经发完了,其余的餐食均有辣味,并请旅客下次登机时,提前向乘务长说明情况,请乘务长为其预留没有辣味的餐食。由于餐食配备的原因,4岁的小乘客无法用餐,因而贾姓旅客在意见簿上留言,认为该公司没有考虑到北方旅客和小孩子的需要,希望今后能够提供更加"人性化"的服务。

细节决定成败。虽然众口难调,但能根据不同航线上的客源情况进行餐食配备,如在北方航线上多配备清淡餐食,就能最大限度地满足不同旅客的需要,赢得更多旅客的信任。因此,餐食计划和配备部门应根据不同航线旅客的需要,适当地调整辣味餐食和清淡餐食的搭配比例。

在为旅客提供服务的过程中,旅客有时会提出一些因客观原因不能满足的要求,而旅客总是觉得自己提出的要求是合理的,如果工作人员生硬地拒绝,会引来部分旅客的不满。应尽量在条件许可的范围内灵活处理,以满足旅客的需要。

新加坡航空有限公司的一些做法值得借鉴,如旅客向乘务员提出要一份素食,虽然航班上的素食已经发放完毕,但乘务员并没有拒绝旅客的要求,而是请旅客稍等,自己到厨房从未发放的荤食中挑出蔬菜,为旅客特别配置了一份素食,这种从旅客角度出发,以旅客满意为自己服务目标的工作方式为其赢得了更多的旅客。

案例二

某日,在昆明—成都航班上,一位在6F就座的旅客按下了呼唤铃,由于该架飞机没有呼唤铃显示设备,乘务员没有及时发现。15分钟后,乘务员甲在发放餐食时发现该旅客座位上方的呼唤铃指示灯,当即询问这名旅客,得知该旅客想要一份报纸,由于此时乘务组正在送餐,过道通行不便,乘务员甲就让靠近后舱的乘务员乙去后舱拿一份报纸,乘务员乙发现后舱已没有报纸,又通知前舱乘务员丙,等到前舱乘务员丙将报纸送到旅客手中时,旅客又等了10余分钟,结果导致旅客不满。

引起旅客不满的原因有两个:一是等候的时间长;二是旅客认为自己的要求没有得到重视。

旅客要一份报纸的要求没有得到及时发现的原因有两个:一是由于客舱设备缺陷;二是乘务员客舱巡视不够。

客舱设备缺陷是可以理解的,但乘务员应及时巡视,发现旅客需求,以弥补设备的缺陷。

在信息传递过程中,出现信息遗漏也是导致旅客最终产生不满的重要原因。乘务员甲得知了旅客的要求,将这一服务接力棒传到了乘务员乙处,但只告知乘服员乙旅客的需求,却将"旅客已经等待了很久"这一信息遗漏了。而乘务员丙按照常规服务程序将报纸送到旅客手中时,既没有解释,也没有致歉,加深了旅客的不满情绪。如果信息在传递时更全面些,如乘务员向旅客致歉或是问候,让旅客感到对他的重视,往往就能打消旅客的不满,甚至换来旅客的感谢。

案例三

某日,某航空公司昆明至三亚的航班上,乘务组组织进行了一次竞拍活动后,乘务员甲交接票款期间拿着飞机模型走过客舱被8A座的小孩看见,其哭闹着要飞机模型,乘务员甲及乘务长乙均上前解释不能给时遭到小孩的脚踢。小孩家长声称坐别的航空公司飞机都有礼物送,之后小孩家长以乘务员对孩子哭闹不管为由提出投诉,乘务长乙觉得很委屈,为了不使事情局面再次扩大,乘务长乙最终将模型送给了小孩。

本案例存在的问题是当事人对待旅客特殊需求不能变通处理,处事不果断,欠缺处理技巧,使旅客很失面子,导致旅客提出投诉。

处理方法应为当乘务员甲拿着飞机模型走过客舱准备交接票款,发现小孩看见

飞机模型后哭闹着要时,首先向小孩家长解释此礼品是机票竞拍成功旅客优先选择的礼品。当竞拍旅客选择了其他礼品没有要飞机模型时,乘务员应有意识地回避要模型的旅客,可将模型暂时存放在后服务间,避免小孩看见后又要,这种方法可以规避上述事件的发生。

其次,飞机模型既然没有被竞拍旅客选上,可直接作为礼品送给要模型的旅客,将情况记录在《乘务日志》上让家长签名即可,而不要等到旅客要求投诉时才给。

在这一过程中,切忌出现乘务员三番五次进客舱向旅客进行解释的情况,可由乘务长乙亲自(或指定专人)及时向旅客表达歉意,调整旅客的座位,转移小孩的注意力,选择一些替代品安顿好小孩,在小孩情绪平定后,和家长进行沟通解释。

4.5 思考题

(1)机上乘务员正在进行餐食服务,一位带着婴儿的年轻妈妈坐在座位上,准备给宝宝换尿不湿,这一举动让旁边正在用餐的乘客显得十分尴尬,于是乘客按响了呼唤铃。这时乘务员应该如何处理?

(2)今天飞机上由乘务员负责照顾的 UM 是一位非常斯文的小女孩,不太喜欢说话。恰好坐在她身旁的中年大叔很热情,一直主动跟她聊天,可小女孩还是显得很不开心。这时乘务员应该怎么办?

(3)一位老年旅客提着行李登机,这时乘务员热情地迎接他,同时帮他拿行李,结果这一举动惹怒了老人,他大声训斥乘务员,认为乘务员是看不起他,觉得他是一个没用的人。乘务员应该如何进行后续的沟通服务?

学习单元 5　三小时以上的航班

5.1　训练情境

这是一次由乌鲁木齐飞往广州的航班 CZ6886,看起来这是一次不太顺利的航行。在飞行中,航班遇到了诸如航班延误、颠簸、备降等特殊状况,因此这也是一个为了训练而设定的非常特殊的场景。

这个训练情境相对前几个训练情境而言,对于受训者的能力培养有着更高的要求,通过学习训练,受训者需要应用相关知识完成航班在特殊情况下的处理,应体现出较强的应变能力、实际问题处理能力,以及较强的交流沟通能力。

学习单元的训练重点包括细微服务、特殊旅客服务、回答旅客问询、特殊情况下的航班服务(延误、备降)、广播,以及受训者更大程度的自主服务。

知识目标

(1) 掌握影响航班飞行的各种天气因素;
(2) 重点掌握可能导致航班延误的原因;
(3) 了解旅客心理的相关知识。

能力目标

(1) 能够针对已知航班延误而进行航前准备工作;
(2) 能够完成常见情况下的航班延误、备降等情况的解释;
(3) 能够应用旅客心理相关知识,完成航班延误情况下的客舱服务工作;
(4) 能够完成航班延误、备降等特殊情况下的客舱广播。

5.2　前期知识

5.2.1　客舱服务

1. B737-700 机型乘务员岗位职责(以南方航空公司为例)

HA1/AT3 负责公务舱一、二排的服务工作。

1) HA1 岗位职责

(1) 乘务组负责人,负责客舱安全和组织、领导客舱服务工作;

(2) 负责与机长联络、客舱广播或指定广播员;

(3) 负责签收机供品、餐食,客舱的清洁卫生及对外联络工作;

(4) 负责随机文件的签收;

(5) 查看和填写《客舱设备记录本》;

(6) 下达统一正常操作舱门分离器指令;

(7) 负责 L1 门分离器的正常操作及紧急脱离时的操作,检查 R1 门分离器的正常操作;

(8) 与 AT3 负责公务舱的服务工作,并协助对机组的服务;

(9) 负责检查和操作前乘务员控制面板;

(10) 根据实际情况调配乘务员岗位;

(11) 在紧急情况下,按机长的指令指挥乘务组采取行动及组织旅客撤离;

(12) 撤离时,要携带喊话喇叭、应急手电筒。

AT2、AT4、AT5 负责 3～23 排的服务工作。

2) AT2 岗位职责

(1) 协助 HA1 工作,负责乘务长箱的领取与交接;

(2) 负责 12～23 排旅客服务及后厨房工作;

(3) 负责清点签收后厨房机供品、餐食;监督、检查后舱的清洁卫生;

(4) 负责检查和操作后乘务员控制面板及水表;

(5) 负责 L2 门分离器的正常及紧急脱离时的操作,检查 R2 门分离器的正常操作;

(6) 撤离时,要携带喊话喇叭、应急手电筒、应急发报机。

3) AT3 岗位职责

(1) 负责清点公务舱用品、机供品、餐食;

(2) 负责检查应急设备、服务设施;

(3) 负责公务舱的服务工作,协助完成 3～11 排客舱服务,负责对机组的服务;

(4) 负责公务舱服务用品的摆放、卫生检查,飞行中,负责检查、清理公务舱洗手间,负责公务舱洗手间门的开启和锁闭;

(5) 负责 R1 门分离器正常操作及紧急脱离时的操作,检查 L1 门分离器的正常操作;

(6) 负责公务舱毛毯的清点和签收;

(7) 负责检查马桶纸、清洁袋、垃圾袋;

(8) 负责公务舱应急设备的安全演示;

(9) 撤离时,要携带急救箱、应急医疗箱、应急手电筒。

4) AT4 岗位职责

(1) 负责 3～11 排客舱服务;

(2) 检查经济舱应急设备、服务设施及安全带;

(3) 检查客舱卫生、洗手间卫生、旅客服务/娱乐系统、期刊;

(4) 负责毛毯的清点与交接工作;

(5) 负责经济舱前部应急设备的安全演示;

(6) 确认翼上出口旅客资格,并进行安全提示;

(7) 负责 R2 门分离器的正常操作及紧急脱离时的操作;检查 L2 门分离器的正常操作;

(8) 负责检查、清理后舱洗手间,负责后舱洗手间门的开启和锁闭;

(9) 撤离时,要携带急救箱、应急手电筒。

5) AT5 岗位职责

(1) 负责 12～23 排客舱服务工作;

(2) 检查经济舱的应急设备、服务设施;

(3) 检查客舱卫生、洗手间卫生、旅客服务/娱乐系统,协助摆放供应品;

(4) 检查、清理后舱洗手间,负责后舱洗手间门的开启和锁闭;

(5) 紧急撤离时,负责与援助者打开翼上出口;

(6) 撤离时,要携带应急手电筒。

2. 工作职责

B737-700 机型乘务员工作指定位置如表 5-1 所列。

表 5-1　B737-700 机型乘务员工作指定位置

乘务员号位	迎客位置	送客位置	致礼/安全演示位置
HA1	L1	L1	
AT2	L2	L2	
AT3	L1	L1 外侧	1 排
AT4	11 排	客梯	3 排
AT5	13 排	L2	11 排

5.2.2　气象条件

1. 气压、气温、大气密度

飞机在起飞、降落和空中飞行的各个阶段都会受到气象条件的影响,如风、气温、气压等都是影响飞行的重要气象要素。这些因素影响飞机起飞和着陆时的滑跑距离,以及飞机的升限和载重及燃料的消耗。飞机的准确落地和高空飞行离不开场压和标准大气压,而气温对飞机的载重和起飞、降落过程的滑跑距离影响较大。随气温的升高,空气密度变小,产生的升力变小,飞机载重减小,同时起飞滑跑距离变长。

2. 风

风影响飞机起飞和着陆的滑跑距离和时间。飞机一般都是逆风起降的,侧风不能过大，否则无法起降。航线飞行时，顺风减少油耗，缩短飞行时间，顶风则相反。

风切变是在短距离内风向、风速发生明显突变的状况。风切变对航空飞行的危害极大。在起飞和降落的过程中，由于飞行速度低，风切变能够对航空器空速产生很大的影响，可使航空器的姿态和高度发生突然变化，带来灾难性的后果。低空风切变对飞机的起飞和降落有严重的威胁，在一定条件下还可导致飞机失速和难以操纵的危险，甚至导致飞行事故。高空垂直方向的风切变往往使飞机急速下降，机舱内未系安全带的人员会由于短时间失重被抛向空中，导致受伤。

3. 其他

在飞行中，雷暴、低云、低能见度、低空风切变、大气湍流、空中急流、颠簸、结冰等气象条件都是直接威胁飞行安全的因素。

1) 雷暴

雷暴是夏季影响飞行的主要气象条件之一。闪电和强烈的雷暴电场能严重干扰中、短波无线电通信，甚至使通信联络暂时中断。当机场上空有雷暴时，强烈的降水、恶劣的能见度、急剧的风向变化和阵风，对飞行活动及地面设备都有很大的影响。雷暴产生的强降水、颠簸（包括上升、下降气流）、结冰、雷电、冰雹和暴风，均会给飞行造成很大的困难，严重的会使飞机失去控制、损坏、功率减小，直接危及飞行安全。强电流形成的雷击，可以损坏雷达罩、天线、风挡玻璃、机翼，并会导致机体烧蚀。

如果在飞行中，突遇雷雨，飞机误入积雨云或进入强降水区，则容易引起发动机工作异常，而且使机翼、机身表面粗糙，阻力增加，有利迎角变小，升阻减小，失速增大，使飞机的空气动力性能严重降低。

如果是在起飞降落的过程中进入雷雨区，受下沉气流的影响，可能会遭遇低空风切变，飞机会很难操纵，容易失去方向，甚至失速坠落。在降水区内，飞行能见度通常较差，而且降水越强，能见度越差。

雪花和冰晶对光线反射作用较强，因而降雪时的能见度比下雨时更恶劣。此外，在被水淋湿的跑道上着陆，容易引起目测高度的误差。

2) 低云

低云也是危及飞行安全的危险天气，它会影响飞机着陆。在低云遮蔽机场的情况下着陆，如果飞机出云后离地面高度很低，且又未对准跑道，往往来不及修正，容易造成复飞。有时，由于指挥或操作不当，还可能造成飞机与地面障碍物相撞、失速的事故。

3) 低能见度

影响能见度的天气现象，主要有云、降水、烟幕、风沙、浮尘、雾等。它们都是由水气凝结或固体杂质聚集而成的。这些现象的存在，使大气透明度变坏，从而能见距离大为缩短。其中影响能见度最大的天气因素是雾。如果机场上空有雾，会严重妨碍起飞和着陆，处理不好会危及飞行安全。我国有两个多雾区：一个是四川省、贵州省一带，这一带多辐射雾，全年有雾的天数在50天以上，其中成都、重庆附近雾日最多，一年中有雾的天数达100天以上,重庆还有一个别称叫"雾都";另一个是山东半岛到福建、广东沿海一带,这一带多平流雾。

全国有雾时间较少的地区是内蒙古及西北地区。

4) 结冰

结冰对飞行是很危险的。冰霜的聚积增加了飞机的重量,更严重的是会导致机翼流线型的改变,螺旋桨叶重量的不平衡,汽化器中进气管的封闭,起落架收放困难,无线电天线失去作用,汽化器减少了进气量,降低了飞机发动机功率,还可使油门冻结,断绝了油料来源,驾驶舱窗门结冰封闭驾驶员的视线等,造成飞机失事。

结冰的形态可以分为明冰、毛冰与雾凇三种。明冰和毛冰最危险,因其牢固,不易排除,而且增长极为迅速,是最危险的积冰。

当出现不利天气状况时,为保证乘客与航空器的安全,航空公司和空管部门会根据天气变化,对航班的起降进行不同程度的调整和控制,这样就不可避免地会造成进、出港航班的延误与旅客滞留。

小 讨 论

讨论各个省份的主要机场可能会遇到怎样的影响飞机起降的天气。此外,除由于天气的原因影响飞机无法正常起飞外,还有哪些原因会导致航班的不正点?

5.3　训 练 内 容

5.3.1　预先准备阶段

飞行前准备工作(参照南方航空公司标准)

(1) 检查工作包,备齐有关业务资料、文件、手册。

(2) 阅读业务通告。

(3) 带齐有关证件(客舱乘务员训练合格证、登机证、健康证)。

(4) 带好个人用品(服务牌、围裙、笔、手表、手电筒、化妆品、丝袜等)。

(5) 准时报到,参加航前准备会;接受任务,了解机组、旅客的有关情况;查阅航线,掌握飞行机型设备的使用方法;了解餐食配备情况。

(6) 按照乘务长的岗位分工,履行号位职责。

(7) 如有需要,参加机组准备会。

---

1. 航行资料查阅

乌鲁木齐—广州航行资料如表5-2所示。

表 5-2　乌鲁木齐—广州航行资料

航班号	CZ6887
起飞时间	09:30
到达时间	14:20
飞行时间	4 小时 50 分钟
飞行距离	3373 千米
飞经省份	新疆、甘肃、四川、贵州、广西、广东
飞经地标	天山、祁连山、长江、珠江
机场概况	乌鲁木齐地窝堡国际机场、广州新白云国际机场
餐食配备	正餐、饮料

2. 参加准备会

训练项目

任务 5-1　模拟航前准备会

5 位同学参加模拟航前准备会,除进行以上正常的航前准备会的内容与要求外,还需注意结合本学习单元训练项目重点。由于近期航班延误情况时有发生,乘务长需要针对这一特殊情况做出航班延误情况下的服务预案,并提请乘务组成员注意航班延误时与旅客的沟通及语言的使用。

[训练提示]

通常情况下,除了已知的明显的天气原因或者航班周转原因等,乘务组在出发前是不会未卜先知当天的航班会出现怎样的状况。虽然乘务组和旅客一样不希望出现航班延误的情况,但也需要做好思想准备,一旦出现航班延误,乘务组作为航空公司直接面向旅客的代表,需要体谅旅客的心情,在做好航班服务的同时,努力做好旅客的解释工作。

5.3.2　直接准备阶段

如果遇到一些登机前就已知延误的航班,乘务员在直接准备阶段需要抓紧时间,各号位之间紧密配合,尽快完成直接准备阶段的工作,以便地面工作人员尽快安排旅客登机,尽量地减少延误的时间。

旅客登机前工作内容(参照南方航空公司标准)

(1) 按照岗位职责完成各项准备工作;
(2) 如时间允许,与机组人员进行沟通;
(3) 检查厨房设备、用具,整理食品、供应品、餐车;

(4) 清点、签收餐食、供应品,报告乘务长;
(5) 确认客舱、洗手间整洁卫生;
(6) 整理摆放报纸、杂志;
(7) 为方便旅客,在登机前,确保行李箱在打开位;
(8) 播放登机音乐;
(9) 调节客舱灯光,使客舱保持明亮。

1. 客舱安全设备

乘务员登机后,需要根据乘务员岗位职责的要求,对照客舱应急设备检查单的要求,完成 B737-700 客舱应急设备的检查。B737-700 客舱应急设备的存放位置如表 5-3 所列。

表 5-3 B737-700 客舱应急设备存放位置

名称	总数	分布位置				
		驾驶舱	前登机门右侧	23排左侧座椅后面	23排右侧座椅后面	23排右侧行李架上
氧气瓶/个	4		2	2		
BCF灭火瓶/个	3	1	1		1	
水灭火瓶/只	1		1			
防烟面罩/只	4	1	2		1	
急救药箱/只	2		1			1
麦克风/只	2		1	1		
紧急出口/个	6	位于每名乘务员座位两侧的客舱门及翼上出口左右				
紧急滑梯/个	4	1号、2号门左右的滑梯为单通道				
救生船/只	6	1号、2号、4号门左右的滑梯可做救生船使用(SLIDE/RAFT)				
手电筒/只	5	在每位乘务员座椅下方				
救生斧/把	1	位于驾驶舱内				
防烟眼镜/副	1	位于驾驶舱内				
石棉手套/副	1	位于驾驶舱内				
救生衣/件		在每个机组及乘务员的座椅下,以及每位旅客的座椅下				
发报机/个	1	前登机门右侧				
氧气面罩/只		在旅客座椅上方(单排号8只,双排号6只),每个乘务员座位上方各1个,卫生间顶部2个				

2. 服务设备检查

B737-700 客舱服务设备设施检查工作按照以下要求进行:

> **客舱服务设施设备检查**(参照南方航空公司标准)
>
> 客舱:
> (1) 旅客座椅靠背可正常调节;
> (2) 小桌板、脚踏板等设施状态正常;
> (3) 烟灰缸盖板工作正常。
>
> 厨房:
> (1) 厨房配电板工作正常;
> (2) 烤箱、烧水杯、烧水器、咖啡壶、冷水管等设备工作正常;
> (3) 储物柜及餐车位固定装置工作正常;
> (4) 餐车刹车装置工作正常;
> (5) 垃圾箱盖板工作正常;
> (6) 水槽畅通。

3. 服务用品准备

洗手间准备、餐饮清点准备、其他服务用品等准备工作按照以下要求进行:

> **服务准备**(参照南方航空公司标准)
>
> (1) 洗手间:
> ① 无外来人和物;
> ② 马桶抽水系统工作正常;
> ③ 垃圾箱盖板、坐便器盖板工作正常;
> ④ 洗手间用水系统正常;
> ⑤ 台面、镜面、坐便器、地面干净。
>
> (2) 机供品、餐食:
> ① 了解各餐食种类、数量及质量;
> ② 机供品品种、数量及质量;
> ③ 报告乘务长,做好签收交接工作。
>
> (3) 客舱服务用品:
> ① 书报、杂志整齐摆放在指定位置;
> ② 毛毯、枕头等物品按规定摆放;
> ③ 按有关规定喷洒杀虫剂、清新剂。
>
> (4) 厨房服务用品:
> ① 应冰镇的饮料,如香槟、白葡萄酒、啤酒等;
> ② 应加热的用具、用品,如餐具、毛巾等;
> ③ 加热需预先加热的食品。

5.3.3 飞行实施阶段

1. 起飞前航班延误

> **旅客登机时的工作**（参照南方航空公司标准）
> （1）登机时，乘务员必须要在指定位置热情迎接旅客，主动问候；
> （2）乘务员及时引导旅客就座，并协助安放行李；
> （3）发现不符合客舱安全规定的行李物品，及时向乘务长报告；
> （4）向需要特殊照顾的旅客提供帮助，并做个别介绍；
> （5）如时间允许，可对所有舱位旅客提供报纸、杂志、枕头、毛毯服务。

在已知航班出现延误的情况下，"旅客登机"是乘务员面临的第一次考验。与一般正常的航班相比，航班延误的旅客上飞机时的情绪会比较差一些，特别是旅客如果在候机厅等待期间遇到过不愉快的事情，此时肯定会带着不良情绪登机。这时，乘务员应该端正态度，把握好职业角色，应更加注意服务语言及细节，以避免激化旅客的不良情绪。

> **小 讨 论**
> 在已知航班延误的情况下，旅客登机时的问候语应有怎样的变化？

1）非航空公司原因航班延误

在某些时候，航空公司并不能确保其航班百分之百地按公布的航班时刻表执行飞行，有许多原因使得航班不能正点起飞或到达。其中一些情况难以预测，如恶劣天气、空中交通管制、军事演习、机场或跑道关闭等，都不在航空公司控制范围之内。如果延误是由于天气原因或空管原因造成的，可能会造成所有航班延误，而航空公司或旅客本人对于是否能尽快起飞都无法预测。

通常，乘务员的想法是，如果航班是非航空公司原因导致延误的，航空公司是没有什么责任的，那么乘务员就更不承担什么责任了。在这种情况下，如果旅客不能够清楚地认识到这一点，还要带情绪的话，乘务员往往就会认为旅客不讲道理，在与旅客的交流沟通过程当中反而会因为潜在的情绪对立而引发矛盾。

而作为旅客，从道理上来讲是清楚天气原因所引起的延误是无法避免的，但是也会出现个别旅客由于性格、情绪积累或工作人员沟通不到位而产生不良情绪。特别是旅客刚上飞机时，情绪还比较激动，很可能会由于一点儿小事激发这种不良情绪。这样，乘务员会觉得旅客不讲道理，旅客则会认为航空公司的工作人员不理解旅客，服务欠佳。

所以，在航班延误情况下的服务是对乘务员沟通能力的严峻考验。其实，乘务员可以从旅客的角度来思考这个问题，不管怎样，航班延误从客观上来讲耽误了旅客的行程,应要理解旅客的心情。特别是旅客上飞机以后,与乘务员之间的距离相对更近了,部分旅客会觉得自己的情绪总算有了宣泄、倾诉的对象,而处于情绪宣泄状态的人是听不进解释的。而此时乘务员要表情平和,倾听旅客的不满发泄,对其情绪、意见更多地表示可理解的赞同,而不应在旅客情绪激动时进行过多的解释,同时有条不紊地进行航班服务工作,通过优质的服务工作传递对旅客由衷的理解和安慰。

(1) 天气原因。因天气原因造成航班延误,也会出现旅客不理解的情况。从旅客角度来看,天气恶劣就是大风、大雨、大雾,飞机就可能无法起降,航班就要延误。而这种认识是片面的,也就造成了很多误解,认为航空公司在骗人,比如有时出现的某些航班能走,某些航班又走不了的情况。而实际上,"天气原因"包含了很多种情况:出发地机场天气状况不宜起飞;目的地机场天气状况不宜降落;飞行航路上气象状况不宜飞越;等等。

为了确保飞行安全,符合飞行、起飞、降落的天气标准很多,天气状况对一次航班飞行的影响有以下各项:

① 出发地机场的天气状况(如能见度、低空云、雷雨区、强侧风);

② 目的地机场的天气状况(如能见度、低空云、雷雨区、强侧风);

③ 飞行航路上的气象状况(如高空雷雨区);

④ 机组状况(如机组技术等级等);

⑤ 飞机状况(如执行航班机型对气象条件的安全标准,以及在符合安全的前提下某些机载设备失效导致飞机不宜在该天气状况下飞行等);

⑥ 因恶劣天气导致的后续状况(多指机场导航设施受损、跑道不够标准,如结冰、严重积水等)。

小 讨 论

如何回答以下常见旅客问题(一)

(1) 明明广州天气状况良好,能见度佳,为什么还是因天气原因延误?

(2) 明明广州天气状况良好,能见度佳,白云机场也起降正常,为什么还是因天气原因延误?

(3) 同样是飞广州的航班,为什么有些能走,有些却被告知因天气原因走不了?

---

(2) 航空管制。由于天气原因延误后,一般起飞站有时还会出现天气转好后,但由于进、出港航班积压过多,而导致飞机由于交通管制等待较长时间。在浩瀚无垠的天空,飞机似乎可以不受约束地随意飞行。其实不然,如同车辆在地面行驶必须遵守交通规则,要接受警察和红绿灯的指挥一样,飞机在天上飞行也要遵守交通规则,也要受到专门机构的指挥与调度,这就是空中交通管制(Air Traffic Control)。

在管理空域内,飞行要进行间隔划分,飞机间的水平和垂直方向间隔构成空中交通管制的基础。由于民航飞机是在有限的空间、时间和条件下起飞、降落和飞行的,所以,目前在部分繁忙机场空中交通处于超负荷运转,飞机离港往往在地面滑行甚至等待较长时间,这也是正常现象。但旅客往往是因不了解而导致不理解的,这就需要乘务员耐心做解释。

小 讨 论
如何回答以下常见旅客问题(二)

(1) 登机完毕,舱门关闭,一切准备就绪,为什么长时间不走,旁边的飞机怎么都走了,就我们走不了啊?

(2) 飞机一切准备就绪,滑行一段时间又停下来,走走停停的,为什么长时间不起飞啊?

(3) 既然有流量控制,为什么不晚点登机,而长时间闷在狭小的飞机客舱里?

(4) 为什么因流量控制长时间等待,到后来又说走不了,要下飞机到候机楼等待,甚至到了跑道上准备起飞又滑回来等待,这不折腾人吗?

2) 因航空公司原因航班延误

以上是由非航空公司原因引起的延误,但是在实际工作中,也还会出现由于航空公司原因引起的航班延误情况的发生,其中比较常见的是飞机调配和飞机故障(工程机务)。

(1) 飞机调配。飞机调配实际上不是一个延误的原因,所有其他具体情况造成航班延误的后续航班,民航都统计为飞机晚到,所有飞机晚到的原因民航都称为飞机调配。

一般来说,执飞国内线的飞机,一架飞机一天要执行 6～10 个国内航班,要在天上飞 10 小时左右,再加上飞机在地面上下客、清洁、装卸货、例行检查等过站时间,一般每天运行 16 小时左右。虽然每架飞机的航班计划都已预先排好,但周旋余地不是太大。如前一航班出现任何疏漏,都可能引发后续航班的连锁反应,往往越到后面延误时间就越长。

小 讨 论
如何回答以下常见旅客问题(三)

(1) 航班因为种种原因延误了,航空公司为什么没有备用机来及时疏解?

(2) 航空公司因为航班出现延误而取消航班、合并航班,这不是侵犯旅客权益吗?

(3) 为什么时间一推再推,情况一变再变,是不是在骗人啊?

(2) 飞机故障。飞机故障指旅客临上飞机或上了飞机后,飞机出现故障不得不下飞机等待,有时候飞机起飞后才被告知飞机出现故障不得不返航或就近降落等现象。碰到这些情况,旅客除了要忍受航班延误带来的不便,心里还会担心安全,这些

都是可以理解的。旅客关心的是故障修复到底需要多长时间,再次上飞机更关心的是飞机故障彻底排除了吗?

这里简要介绍飞机的日常维护和故障后维修的一般程序。

首先,飞机的安全系数是在不断提高的,飞机的所有重要性能、设备都具有多层余度和多重备份系统;飞机有详细的定期维护计划,每隔一段时间都要对相应的系统、设备进行彻底检查、更换部件,即使该系统、设备工作一切正常,根据长期以来积累的维修经验,绝大部分的故障隐患都会在这些例行检查中得到及时处理。但再完善仔细的例行维护也无法保证飞机设备不会突然出现故障,这也是常规的例行检查不可避免的。但对飞行安全构成威胁的问题都将在继续飞行之前解决。为了确保安全,彻底排除故障隐患势必会造成飞机一定程度的延误,因为"安全第一"是民航工作的重中之重。

飞机一旦在执行航班任务期间出现故障,机务人员按照维护程序要进行必要的检查,并对故障现象进行分析,找到故障源头,再进行相应的排除故障工作,如换掉故障件等。排除完故障后,还需填写相关维修记录,还可能要进行一定的测试工作,以确定是否修复好。整个排除故障的过程是需要一定时间的,即使是一些小故障,也有一套严格的维修检测程序要做,这些都是为了确保飞行安全。

一般来说,如果飞机故障地为该航空公司基地,处理故障时间就较快,即使是大故障一时难以修复,由于在基地,也比较容易调配,延误时间会较短。但如果飞机故障地为外站,当地可能缺少必要的检修设备、零件和维修人员,这种情况造成的延误所需时间确实很难讲,这与故障具体情况、当地机务维修能力有关。如果是大故障,而一时难以排除,即使另派飞机来也需要较长时间。

飞机出现故障需要维修时,根据实际情况,机长会决定旅客是否需要下飞机。如果情况需要及现场情况允许,签派部门有时也会调配飞机执行本次航班,这时旅客需要先下故障飞机再转乘另一架飞机,但乘务员需要根据情况及时向旅客广播。

小讨论

如何回答以下常见旅客问题(四)

(1) 为什么要准备起飞了或刚起飞不久,才告知飞机出现机械故障,要滑回或返航,怎么检查的啊,是不是准备工作没做好?

(2) 为什么飞机故障后要修理多久也不清楚,时间一推再推,没个准消息?

(3) 为什么飞机故障后修好了,再次起飞又出现故障再次备降或返航,有没有检修好啊,这不是拿旅客生命开玩笑吗?

(4) 为什么飞机故障后,没看见维修人员在修理啊?

训练项目

任务 5-2 模拟航班延误解释

由部分同学扮演旅客,乘务组需要对以下各种情况做出解释,同时安抚旅客情绪,做好航班服务工作。

(1) 航班由于到达站天气不好,需等待起飞;

(2) 航班由于有未到旅客托运行李,需全体旅客带行李下飞机,有托运行李的旅客需认领托运行李;

(3) 航班由于机械故障,需等待机务排除。

[训练提示]

在航班延误的状态下,旅客情绪比较激动,这时合情合理地解释固然重要,但倾听旅客的抱怨更需要乘务员具备稳定的心理素质和良好的沟通技巧。

2. 延误航班服务

"七个一"的细微服务(参照南方航空公司标准)

(1) 见到特殊旅客问一问;

(2) 见到老弱病残旅客扶一扶;

(3) 见到睡觉的旅客将小毛毯盖一盖;

(4) 见到阅读的旅客将阅读灯开一开;

(5) 见到地板有异物捡一捡;

(6) 见到小桌板脏了擦一擦;

(7) 见到卫生间脏了冲一冲。

在航班延误时,做好细微服务和特殊旅客服务是缓解旅客情绪、减少矛盾冲突的关键。当已知航班会出现延误,飞机暂时还未滑出停机位时,乘务员需要在客舱巡视,为旅客提供"七个一"的细微服务,回答旅客问询,为需要的旅客提供饮料,照顾老年人、带婴儿的旅客及无成人陪伴儿童等特殊旅客。旅客登机后,延误的时间如果过长,乘务长会根据实际情况(航班预计起飞时间、客舱内旅客情绪等)决定是否需要在地面提供饮料服务。

机组和乘务组之间在航班延误时会随时保持沟通,保证客舱乘务组及时了解延误的最新情况。有时由于乘务组从机组处获得的信息不是很完整,那么乘务员在回答旅客问询的时候不要凭自己的主观臆断或猜测回答。如果在询问乘务长(机长)后,依然不能够确定目前的实际情况,那么就实事求是地回答旅客,避免信息误传、乘务员口径不统一、前后解释不一致等状况,给后续的服务工作造成障碍。

应该说,大部分旅客相对来说比较谅解航空公司的运营,在航班延误之后,要求也不高,只想知道为什么延误,延误到何时。一旦旅客的基本要求没有达到,往往会让简单事情变得复杂化。要求赔偿等主张其实并不是旅客的初衷,与乘务员发生矛盾也并不是旅客希望发生的。

乘务员在航班延误的情况下,需要按照乘务长的安排采取服务补救措施,以缓解旅客紧张激动的情绪。

服务用语

（1）我们正在等待本场天气转好,现在的天气仍然不够起飞标准。我给您先倒一杯饮料好不好？一有新的信息,我会马上告诉您。

（2）我们正在等待航空管制起飞的命令,机长在驾驶舱与塔台保持联系,一有新的消息我们会及时通知大家。

（3）我们刚刚接到的信息是这样的……

（4）我非常能够理解您的心情,换成是我,也会这么想的。

（5）您说的这个情况我确实不清楚,但我这就去询问机长求证,然后马上给您回复。

（6）看得出来您的旅行经验很丰富,所以您的意见非常中肯。

（7）谢谢您的理解与信任,我代表机组向您表示感谢。

---

3. 延误到达航班服务

航班起飞时正点,但是到达目的地时也有可能出现延误,最常见的原因是到达站天气、航路天气不符合降落标准等。到达站天气原因导致降落机场不够降落标准的话,飞机需要根据指挥转降备降机场,等待天气转好后再飞回到达站降落。在这种情况下,延误的时间会比较久。如果因为航路原因需要绕行的话,也会引起航班到达时间推迟。

有时航班还会因为到达站航空管制（机场繁忙）、停机位紧张等原因出现晚点,但是一般不会延误太长时间。最可能引发的后果是后续航班延误,接下来的航段需要尽可能抓紧时间。

1) 特殊旅客服务

在到达站航班延误时,对于航班延误特别敏感的旅客类型,主要包括需要在到达站转乘飞机的旅客、在到达站有重要事务的旅客。此外,与其他延误航班一样,还应该特别注意提供对老年人、带婴儿的旅客及无成人陪伴儿童等特殊旅客的服务。

如果航班延误时间不算太长（30分钟左右）,乘务员可以根据实际情况安排需要转机的旅客或者有急事的旅客到飞机前排就座,待飞机停稳,尽快安排其下飞机。如果预计到达时间与转机旅客登机时间非常接近,还可以报告乘务长,由机组与地面工作人员联系,通知地面为其做好尽快转机的安排。

2) 航班备降

如果到达站天气不符合降落标准,在盘旋等待时间不允许的情况下,飞机会备降到到达站的备降机场,待天气转好后再转飞目的地。

在备降机场等待的过程中,航空公司会根据实际情况决定旅客是在飞机上等候,或是到机场候机厅或宾馆休息。

训练项目

任务 5-3　航班延误时的特殊旅客服务

乘务组需要对以下特殊旅客完成到达站航班延误情况下的服务。

（1）由于航班延误，需要转机的旅客预计到达时间仅在其后续航班的起飞前 35 分钟；

（2）到达站天气不好，航班备降，有一位旅客有重要商务谈判；

（3）因到达站天气原因航班备降，机上旅客带的婴儿奶粉用完了；

（4）飞机备降后，有旅客提出需要在备降站下机。

[训练提示]

在延误航班中，老年旅客、带婴儿的旅客及儿童等是需要乘务员予以更多关注的群体，因为这些旅客是偏弱势的群体，需要航空公司在特殊状况下给予照顾，一旦乘务员忽视了这一点，往往会成为服务争端的导火索。

4. 特殊情况下的广播

以下广播词依据行业标准用法，个别中英文对照部分有微小差异。

1）到候机厅等候（带上全部手提物品或手提物品可放在飞机上）

女士们，先生们：

非常抱歉地通知大家。由于_____原因，飞机暂时不能起飞，请您（带上全部手提物品）到候机楼休息等候，进一步的消息，地面服务员会随时通知您。

（您的手提物品可以放在飞机上，但贵重物品及保密文件请随身携带）谢谢！

Ladies and gentlemen:

We regret to announce that there will be a fairly long time before we are able to depart and you are requested to wait in the terminal. Please(take all your belongings and) follow our ground staff to the waiting lounge. Further information will be given to you on ground.

(Hand luggage may be left on board, but take valuables with you)Thank you!

2）返航（天气或机械原因）

女士们，先生们：

我们非常抱歉地通知您，由于_____，我们决定返回_____机场。我们预计在_____分钟后降落在_____机场。谢谢！

Ladies and Gentlemen:

We are sorry to inform you that due to _____, we are going to return to _____ Airport. We expected to land at _____ Airport in _____ minutes. Thank you!

3）取消航班

女士们，先生们：

　　我们非常抱歉地通知您，由于_____的天气不好（机械故障），我们决定取消今天的航班，请带好您的手提物品准备下飞机，如有问题，请与地面服务人员联系。谢谢！

Ladies and Gentlemen：

　　We are sorry to inform you that due to unfavorable weather condition over _____ Airport(mechanical trouble), we have decided to cancel the flight. Please take your hand baggage with you as you leave the plane. For further information, please contact our ground staff. Thank you!

4）空中盘旋

女士们，先生们：

　　非常抱歉地通知大家，我们刚接到通知，由于_____机场天气不好，能见度很低，飞机暂时无法降落，我们只好在机场上空盘旋等待。进一步的消息，我们将随时通知大家。谢谢！

Ladies and Gentlemen：

　　Due to unfavorable weather condition at _____ Airport, we have been ordered to circle over until we receive the new instructions. Thank you!

5）强顶风推迟落地

女士们，先生们：

　　非常抱歉地通知大家，由于航路上有强顶风，飞机落地时间将比原预定时间推迟_____分钟，我们将于_____分钟后到达_____机场。谢谢！

Ladies and Gentlemen：

　　Due to a strong adverse wind, the estimated time of arrival will be _____ minutes behind schedule. We will be arriving at _____ Airport at _____ minutes. Thank you!

6）天气原因备降

女士们，先生们：

　　非常抱歉地通知大家，由于降落站_____机场天气不好，飞机无法降落，我们决定在_____时_____分备降在_____机场，待天气转好后再继续飞行。备降后的有关事宜，落地后，我们将随时通知大家。谢谢！

Ladies and Gentlemen：

　　We are sorry to inform you that due to unfavorable weather conditions over _____ Airport, we are going to land at _____ Airport at _____ o'clock, and remain there until weather conditions improve. Further information will be given later. We regret this inconvenience and appreciate your patience and understanding.

Thank you!

7）颠簸

女士们，先生们，请注意：

飞机由于气流影响有些颠簸，请您回原位坐好，系好安全带，在指示灯熄灭前请不要使用卫生间（在这段时间里，我们将停止服务供应）。谢谢！

Ladies and Gentlemen：

May I have your attention, please.

We have met with some turbulence. Please return to your seat and fasten your seat belt. Please refrain from using the washing room until the sign goes off. (Cabin service will be suspended during this period.)Thank you!

8）换乘飞机

女士们，先生们，请注意：

非常抱歉地通知大家，由于_____，现在决定换乘另一架飞机，请您带好全部手提物品随同地面服务人员下飞机。对于给各位带来的不便，我们深表歉意，请您予以谅解和协助。谢谢！

Ladies and Gentlemen：

May I have your attention, please.

We regret to announce that due to _____, we decide to transfer to another aircraft. Please disembark with all your baggage and follow our ground staff to the new aircraft. We apologize for the inconvenience. Thank you!

9）排除故障

女士们，先生们，请注意：

由于飞机有点小故障，需要排除，因此飞机需要推迟起飞_____分钟，对此我们深表歉意，请您在座位上休息等候，请勿吸烟。谢谢！

Ladies and Gentlemen：

May I have your attention, please.

We regret to say that departure will be delayed due to servicing of the aircraft. Hopefully, we will be leaving soon. Please refrain from smoking. Thank you!

10）跑道拥挤

女士们，先生们，请注意：

由于进港飞机较多，跑道上比较拥挤，本架飞机还没有到达停机位，请您在座位上休息，请不要站起来提取行李。谢谢！

Ladies and Gentlemen：

May I have your attention, please.

We have not yet reached our parking area due to congestion. Please remain seated for a moment and do not take your baggage. Thank you!

11) 航空管制

女士们，先生们，请注意：

我们正在等待航空管制起飞的命令，飞机大约在_____分钟后起飞。对此我们深表歉意，请您在座位上休息等候，请勿吸烟。谢谢！

Ladies and Gentlemen：

May I have your attention, please.

We are now waiting for the departure clearance from the Air Traffic Control Tower. We expected to depart in about _____ minutes. Please remain in your seat and refrain from smoking. Thank you!

12) 装货等待

女士们，先生们，请注意：

非常抱歉地通知大家，由于本架飞机的货物还没有装完，所以我们还将等待_____分钟左右，对此我们深表歉意，请您在座位上休息等候，请勿吸烟。谢谢！

Ladies and Gentlemen：

May I have your attention, please.

We regret to say that our departure has been delayed for the loading of cargo to be completed. We expected to depart soon. Please remain in your seat and refrain from smoking. Thank you!

5.3.4 航后讲评阶段

等待全部乘客下机之后，完成相应的清舱检查工作，乘务长应组织全体乘务员一起参加航后的工作讲评，表扬工作中积极认真的好人好事，批评本次航班任务中的不足，总结经验教训，将所有的单据交到乘务值班处。

如果航班有延误，严格记录延误的时间，以及在延误过程中所采取的随机应变的服务方式，并将乘客书面或者口头意见甚至投诉如实上报，积极提出改进乘务工作的建议。

5.3.5 训练指导

在航班因故延误时，针对旅客提出的各种问题进行如下讨论。

1. 讨论题(一)

(1) 目的地机场所在城市天气状况良好，为什么还是因天气原因延误？

有旅客在获得航班延误消息后，有时会打电话到目的地向当地的朋友求证当地天气状况，一旦得知目的地城市天气良好，无大雨、无大风，旅客便会十分不理解，便认为航空公司在欺骗旅客。但是旅客们不知道的是目的地机场所在城市天气状况良好不代表该机场适宜飞机降落，覆盖在机场起飞降落航道附近的低云或雷雨区是导致这类航班延误的常见因素。为了确保飞行安全，飞机即使处在自动降落状况，在降落前的一定高度（一般为60米），飞行员也必须完全能见跑道及地面状况，如果此时无法能见跑道，则是不允许降落的。

（2）目的地机场所在城市天气状况良好，机场航班也起降正常，为什么还是因天气原因延误？

这种情况往往是因为飞行航路的气象状况不宜飞越、无法通过，如雷雨区这种情况下，飞机往往只能在地面等待。一旦在狭窄的航路上出现雷雨区等状况，某些条件下可采取以绕过雷雨区的方式通过，但出于飞行安全和国防需要，民航航路是严格受限的，可绕飞、回旋的余地很小，而雷雨区较大时，此方法就更行不通了。

（3）同样是飞往某地的航班，为什么有些能走，有些却被告知因天气原因走不了？

出现这种情况的可能性很多。首先，要明确的是飞机起降的标准与飞机机型有关，同样的机型在各航空公司定的具体安全标准也可能有差异，机长根据当前气象及趋势做出的决策也会有所不同。起飞取决于机长对飞机状态、机场、气象等条件判断后做出的决定。《中华人民共和国民用航空法》规定："机长发现民用航空器、机场、气象条件等不符合规定，不能保证飞行安全的，有权拒绝飞行。"

2. 讨论题（二）

（1）登机完毕，舱门关闭，一切准备就绪，为什么长时间不走，旁边的飞机怎么都走了，就我们走不了啊？

此时飞机通常是遇到了流量控制，飞机正在排队等候航管指令。其他飞机能正常离港，是因为目的地、方向不一致，而没有受到本次流量控制（通常是某一飞行方向）的影响。

（2）飞机一切准备就绪，滑行一段时间又停下来，走走停停的，为什么长时间不起飞啊？

飞机离开停机位，驶向滑行道应该是准备起飞。但由于机场跑道有限，此时可能落地和起飞的飞机较多，正在按一定的安全间隔依次进入跑道。如果此时从舷窗向外望，通常可以看到一架接一架的飞机正首尾相连等候进入跑道，非常像公路交通堵车时的情况。

部分繁忙机场或一般机场的高峰时段，空中交通处于超负荷运转，地面交通也是如此。在这种情况下，飞机离港往往要在地面滑行，甚至等待较长时间，这也是正常现象。

（3）既然有流量控制，为什么不晚点登机，而长时间闷在狭小的飞机客舱里？

流量控制是常事，一般时间不长，但同一方向的航班可能很多，一个航班准备就绪，就可以向管制部门及早申请，越早申请，等待时间会越短，有点类似生活中排队买东西。如果需长时间等待，通常就不是正常的流量控制。

此外，由于其他原因导致管制而没有预计起飞时间，这就要求飞机按预定计划先准备好，而空域随时都有可能开放。如果要等到管制解除了再登机，那时旅客登机、

飞机准备等又会消耗至少 30 分钟的时间,而又可能碰到下一轮的管制。

(4) 为什么因流量控制长时间等待,到后来又说走不了,要下飞机到候机楼等待,甚至到了跑道上准备起飞又滑回来等待,这不折腾人吗?

正常流量控制是有预计时间的,机组会根据情况决定旅客登机后等待或在候机楼等待。但某些时候空中管制是没有预计时间的,随时可能解除管制,空域开放可能是短时间的,这就要求飞机先要做好准备工作,这种状况下机组通常会决定旅客在机上等候。

如果时间等待太长,又没有很明确的消息何时能起飞,考虑到旅客舒适的问题(如有些旅客需要到候机楼吸烟室吸烟),会出现等待很长时间后又下飞机到候机楼等待的情况,这也是不得已的。而当空中或目的地机场出现一些意外情况时,也可能导致你坐的飞机上了跑道临近起飞了又不得不滑回等待,这种情况并不常见但有时是可能遇到的。

3. 讨论题(三)

(1) 航班因为种种原因延误了,航空公司为什么没有备用机来及时疏解?

专门准备备用飞机是一个美好的愿望,因为这样做将会大大增加公司运营成本。但就实际情况来说,航空公司也有这方面的准备,即在做航班计划时,都会留有一些余地。每天都有些飞机的航班任务不多,都有一些备勤机组在随时待命中,就是用于临时调配以便应付意外情况的出现。

(2) 航空公司因为航班出现延误而取消航班、合并航班,侵犯了旅客权益。

实际上,在许多时候航空公司取消、合并航班正是为了旅客的利益。为了解决前一航班延误影响后面航班这个问题,航空公司会选择取消或合并航班的方案,使航班运行秩序尽快恢复。这也是一种弥补方式。

(3) 为什么时间一推再推,情况一变再变,是不是在欺骗旅客啊?

旅客对于延误时间不确定,地面或者机组延误原因信息传递的不统一是意见最大的,这完全可以理解。这实际上也是不断提供延误信息带来的一个弊端。

每个航空公司都有一个调度中心在全盘掌握精心调配所有飞机的运行,一旦某一环节出问题,如飞机故障、某机场关闭等造成延误的事件发生后,都会对整个航班运行造成影响,调度中心会根据情况及时进行调整,目的是尽快恢复正常的航班运行,同时通知后续航班做相应准备,并会算出一个大概延误的时间。但情况是在不断变化的,不排除在调配过程中又有新的状况,如再次遭遇延误导致时间延长发生,导致一些计划被迫更改,这也就会出现时间一再拖延的情形发生。在出现航班延误时,除非出于保密需要(军事演习等),民航方面是不会提供虚假信息的,也完全没必要提供虚假信息。有时延误信息(延误原因)出现前后信息不一致,往往是具体情况发生了变化,或航空公司临时调配运行造成的。

4. 讨论题(四)

(1) 为什么要准备起飞了或刚起飞不久,才告知飞机出现机械故障,要滑回或返航,怎么检查的啊,是不是准备工作没做好?

和其他设备一样,有些飞机故障是突然被发现的。

(2) 为什么飞机故障后要修理多久也不清楚,时间一推再推,没有准确消息?

排除机械故障需要时间,维修部门有大致的估计,但在检修中若发现新的故障或维修过程中出现某些意外情况也会导致时间延长。发生故障后,机务在查找故障原因过程中,是无法知道到底需要多长时间才能排除故障的,此时,旅客急于询问到底需要多长时间才能修好,是很难得到满意答复的。

乘务员在回答这类问题时,不妨对旅客进行安抚,告之待维修人员查清故障原因后,才会有一个明确的时间,同时就会通知相关部门做好相应的接待和服务准备。

(3) 为什么飞机故障后修好了,再次起飞后又出现故障再次备降或返航,有没有检修好啊,这不是拿旅客生命开玩笑吗?

首先,飞机再次碰到的故障并不一定是刚才维修的,不存在没有检修好就起飞的情况,机务或者机组的负责人是不会对没有检修好的飞机放行的。其次,修好的部件设备同样可能再次出现故障,这是没办法预计的。也可能是维修人员没找到故障的源头,导致表面出故障的设备修好后,一段时间后又再次出现同样的故障。

(4) 为什么飞机发生故障后,没看见维修人员在修理啊?

维修人员可能在飞机驾驶舱或电子设备舱进行设备测试、换件。飞机发生故障后,维修不一定都要摆个很大的场面或需要很多维修人员、设备的。有时也可能飞机在非基地站出故障,而所在机场缺乏航材备件或无法维修,而在等待航材备件或基地派人来修理,这时可能要等待的时间会比较长。

5.4 相 关 案 例

案例一

2008年4月12日,记者从新疆机场运行指挥中心获悉,当日从乌鲁木齐飞往库尔勒的10架次航班CZ6675/6、CZ6695/6、CZ6681/2、CZ6685/6、CZ6691/2等受天气影响全部取消。

据了解,自4月9日以来南疆连续出现沙尘暴天气,受其影响最大的库尔勒机场能见度一直不符合飞机起降标准,从10日14时开始一直到现在,机场能见度只有600米左右,三天以来造成乌鲁木齐飞往库尔勒的26架次航班取消。

据悉,12日当天乌鲁木齐国际机场进出港航班共126架次。

案例二

近日,广州雷暴雨天气逐渐"加码"。2008年5月26日,广州白云机场有89架次出港航班受到不同程度延误,上万旅客出行受阻。同时,多个到港航班也因此备降珠海、汕头等附近机场。

从26日中午开始,广州白云机场上空雷电交加,加上雨势很大,造成该机场89

架次出港航班被迫延误,粗略统计过万名旅客出行受阻。据机场运行指挥中心介绍,这些被延误的出港航班主要集中在华东方向。此外,同样受到本场天气影响,昨天共计有 10 架次到港航班不得不备降珠海、汕头、深圳、桂林等地。据了解,这些到港航班包括来自日本、韩国的国际航班,以及从南京、长沙、温州等地飞往广州的航班。

同时,从广州飞往沈阳、南昌、乌鲁木齐、成都等地的 CZ352、CZ3535、CZ6886、CZ3413 等共计 11 架次航班因雷暴雨延误旅客登机。而从广州出发飞往晋江、赣州、南京、南阳、上海等地的 CZ3921、CZ3637、CZ3821、CZ3221、CZ3525 等共计 13 架次航班,则因前段航班飞机未能及时到达而导致后续延误。截至 26 日晚间,由于机场上空天气逐渐转好,航班陆续恢复。据机场方面预计,受影响航班应该能陆续成行,不会造成旅客滞留。

案例三

2004 年 11 月 23 日上午,准噶尔盆地南缘沿天山一带出现大雾,乌鲁木齐地窝堡国际机场能见度仅为 100 米左右,进出港航班全部延误。

受大雾天气的影响,自 23 日上午 9 时起,乌鲁木齐地窝堡国际机场就已经没有航班进出港,截至下午 18 时,仅南方航空公司就有 25 架次出港航班和 39 架次进港航班被延误,一些旅客已经办理了退票和签转手续。

据气象部门称,此次大雾天气涉及的范围广及天山北坡石河子、昌吉到乌鲁木齐一线,由于地面辐射,积雪融化,空气湿度加大,受逆温层影响在地面形成浓雾。据新疆维吾尔自治区气象局预报称,晚上气温降低,有利于空气湿度下降和浓雾消散,但由于近期天气没有太大变化,大雾将继续在次日出现。

案例四

在一次航班飞行中,由于天气原因航班延误 2 小时,天气转好后旅客登机。由于机场流量过大,航班还需要等待约 2 小时的航空管制。

部分旅客情绪变得非常激动,一个载有 127 名旅客的波音 737 飞机上,有七八名旅客在怒吼。针对航班延误问题,这些旅客还将在延误过程中遇到的其他不满一并朝乘务员爆发。后舱的三名乘务员无奈给在头等舱服务的当班乘务长打电话,请乘务长去后舱解决问题。乘务长从头等舱走到普通舱后发现,三名乘务员都在客舱中解答旅客问题,但是旅客依然不理解。

考虑到航空管制原因不是机组可以掌握的,在这时不停强调原因很难让旅客满意。乘务长将乘务员召集到后舱开了个小会,要求大家沉住气,顶住压力,从现在开始由乘务长一人出去回答旅客问题,其他乘务员都进客舱进行送水、发报纸、打开通风器,以及照顾特殊旅客等细微服务。

乘务员重新回到客舱服务,旅客的问题依然很多,乘务长此时主要采取倾听的办法与旅客交流。而其他乘务员则在进行送饮料等服务,虽然乘务员依然很忙,但客舱秩序明显转好。通过实际的服务工作和倾听的方法向旅客传递着乘务组友好的态度,乘务组避免了为暂时解释不清的问题与旅客发生正面冲突,"躲"过了旅客的气头,缓解了客舱气氛。事后,还有旅客为乘务组留下了表扬信。

小 讨 论

(1) 从以上延误航班的服务当中,我们可以获得怎样的启发?
(2) 乘务组的延误航班服务还有哪些地方可以改进?

5.5 思 考 题

1. 列举出几种对能见度影响较大的天气因素。
2. 请分析一下飞机延误时旅客的心情。
3. 在天气炎热的夏季,由于航空管制的原因,乘客们登机之后收到了延误的通知,这时在闷热的客舱里面抱怨声不断,你应该如何应对?

5.6 知 识 链 接

5.6.1 航班延误或取消

航班延误或取消时,航空公司应迅速及时将航班延误或取消等信息通知旅客,并做好解释工作。航班延误或取消时,旅客可要求签转或退票。

由于航空公司自身原因(工程机务、运输服务、空勤人员、公司计划),造成航班在始发地延误或取消,在必要时航空公司应当向旅客提供餐食或住宿等服务。

由于天气、突发事件、空中交通管制、安检,以及旅客等非航空公司原因,造成航班在始发地延误或取消,航空公司应协助旅客安排餐食和住宿,费用由旅客自理。

航班在经停地延误或取消,无论何种原因,航空公司均应负责向经停地旅客提供膳宿服务。

旅客因航班延误等其他服务问题霸占飞机或拒绝登机等过激行为偶有发生。最近,由于赔偿等问题而导致更严重的延误事件越来越多,旅客在维护利益的同时,也是在侵害后续航班旅客的利益,同时,强占飞机等过激行为其实已经属于违法行为。

5.6.2 广州新白云国际机场

如图5-1所示,广州新白云国际机场位于白云区人和镇以北与花都区新华镇以东交界处,距广州市中心海珠广场直线距离为28千米,总投资198亿元人民币,是我国首个按国际枢纽机场标准进行规划设计的超大型枢纽机场。

2004年8月5日,广州新白云国际机场正式投入运营。到2020年1月为止,广州新白云国际机场拥有两座航站楼共140.37万平方米,共有三条跑道,标准机位200

多个,可支撑每年8000万人次的旅客吞吐量,是中国南方航空集团公司和深圳航空公司的基地机场。机场开通国内外220多个通航点,其中国际及地区航点近90个,航线遍及五大洲。

如图5-1所示,广州新白云国际机场一期航站楼由主楼、连接楼、指廊和高架连廊组成,总面积达31万平方米,共分为四层,其中地上三层为出发及候机大厅,地上二层为到达夹层,地上一层为到达及接机大厅和商业层,负一层则通往地铁及停车场、机场酒店。

图5-1　广州新白云国际机场一期航站楼

广州新白云国际机场距机场快线起点站约30千米,有8条快线大巴车专门经营从市区到新机场的旅客运输业务,还有客车每天往返广州和深圳之间。

5.6.3　乌鲁木齐地窝堡国际机场

如图5-2所示,乌鲁木齐地窝堡国际机场位于乌鲁木齐市西北,距市中心17千米。机场有一条长3600米的跑道,共有3个航站楼,航站楼总建筑面积18.5万平方米。截止到2019年年底,年旅客吞吐量已达2300万人次以上。

图5-2　乌鲁木齐地窝堡国际机场俯瞰图

学习单元6　国际地区航班

6.1　训 练 情 境

在本训练情境(北京—新加坡)A330当中,通过国际线普通舱的服务训练,学生可以使用英语完成含酒类供应的客舱服务程序,能够按照要求完成机上免税品的销售,以及帮助旅客完成CIQ单据(新加坡)的填写等国际线飞行的相关训练。

知识目标

(1) 掌握机上常见酒类的中、英文名称;
(2) 国际线服务程序;
(3) 免税品销售规定;
(4) CIQ单据知识。

能力目标

1. 预先准备阶段

(1) 根据乘务长(指导教师)的要求,完成国际线航班准备会的各项内容,明确自身航班岗位职责任务;
(2) 能够说出本次航班的配餐内容。

2. 直接准备阶段

(1) 熟练完成直接准备阶段的设备检查工作(包括救生衣的确认);
(2) 完成服务用品的清点整理工作,特别是酒类供应品、免税品及入境卡等的清点准备。

3. 飞行阶段

(1) 能够根据航班服务程序完成航班服务工作,特别是酒类服务及免税品的销售;
(2) 能够帮助旅客填写新加坡的入境卡。

4. 讲评阶段

能够完成对训练任务完成情况的总结、评价。

5. 本次航程部分广播内容

(1) 免税品销售广播;
(2) 入境卡填写广播;

(3) 预计到达时间及客舱安全检查广播。

6.2 前期知识

1. CIQ 的定义

1) 海关(Customs)

设在口岸的海关是海关派驻机构。海关依照海关法和其他有关部门法律法规对进出境物品进行监管,其目的是在方便合法进出和正常往来的同时,防止和禁止借进出境物品,非法进行走私违法活动。

2) 移民局(Immigration)

设在口岸的移民局,依据各国有关公民出/入境管理办法及有关部门法规规定实施边防检查手续。所有进出境人员必须办妥出/入境手续后,才能获许进境或出境。

3) 检疫(Quarantine)

设在口岸的卫生检疫局是国家卫生管理部门的派驻机构,对出入境人员、动植物及所有货物进行卫生检查,控制传染病传入或传出。

证件种类:健康证明书、接种书、健康声明卡。

4) 世界各国(地区)办理出入境手续顺序

出境:Q→C→I。

入境:Q→I→C。

2. 中国 CIQ 规定

1) 海关免税规定

海关免税品享受年龄为 16 岁以上。

(1) 入境时:

① 当天往返,从港澳地区回来的旅客,可携带香烟 40 支或雪茄 5 支或烟丝 40 克;

② 探亲、旅游、从港澳地区回来的旅客,可携带香烟 200 支或雪茄 50 支或烟丝 250 克、酒 1 瓶(不超过 0.75 升);

③ 其他旅客,每次入境可携带香烟 400 支、酒 2 瓶(不超过 1.5 升);

④ 驻外的外交人员、海员,每次入境可携带香烟 400 支或雪茄 100 支或烟丝 500 克、酒 2 瓶(不超过 1.5 升);

⑤ 中国公民和外国公民出、入境时,每次可携带人民币 2 万元,外币折合成 5 千美元,金银及其制品 50 克以内;

⑥ 分运行李的旅客入境时,必须要填写海关申报单;

⑦ 凡是超出海关规定限量、范围者,必须要填写海关申报单;

⑧ 名贵中药材(含成药)不可带出境;

⑨ 凡是需要向海关申报者,通关时必须走红色通道;

⑩ 所有旅客到达中国入境的第一个口岸时,手提行李需要办理边防、检疫、海关的相关手续。托运行李到终点站办理相关手续。

(2) 出境时:凡是超出的限量、范围者,必须要填写海关申报单。

2) 边防规定

(1) 填写出入境卡应用中、英文填写,不得涂改;

(2) 每一位旅客都需要填写出入境卡(外国公民);

(3) 一家人可填写一张(两人用一本护照)出入境卡;

(4) 持因私护照出国的旅客不必填写出入境卡;

(5) 持港澳回乡证的旅客不必填写出入境卡;

(6) 持港澳通行证的旅客不必填写出入境卡;

(7) 外国旅游团体持中国签证的旅客,可不填写出入境卡;

(8) 持相当于护照功能的中国证件(如《港澳同胞回乡证》《台湾居民往来大陆通行证》《往来港澳通行证》《因公往来港澳特别行政区通行证》)的旅客,可不必填写出入境卡。

3) 检疫规定

(1) 每一位旅客都必须要填写"旅客健康申明卡";

(2) 在国外居住3个月以上的中国人,到达中国第一入境口岸时,需要抽血化验;

(3) 动物跟随主人可以入境(必须经检疫证明),每人限一只,隔离30天;

(4) 生肉不可带进中国,熟肉可以带;

(5) 飞机在出境前,必须持有检疫部门放行单,方可飞行。

3. 新加坡CIQ规定

1) 海关免税规定

16岁以上持护照者可享受免税品。

(1) 可免税带进烈性酒、葡萄酒各1升,以上免税品只供个人饮用,若转售或赠人,则被认为是违法行为;

(2) 禁带口香糖、烟草;

(3) 携带入境的酒类、香烟的标签、盒面及包装上不得有"新加坡免税品"字样。

注:在新加坡着陆前,乘务员应点清所有的酒类,填写酒单,并铅封锁好酒车。

2) 新加坡移民局规定

(1) 凡持有中华人民共和国因公护照者,在新加坡可享有48小时免签停留。

(2) 持因私护照者须办理签证。新加坡政府禁止逾期或非法滞留,如发现将被遣返。

3) 检疫规定

(1) 除了在机场中转的旅客,都需要提供健康证。

(2) 对携带入境的少量水果不检查,但对携带入境的花木、中药材则要进行检查。

4. 时差的计算

时差的计算方法:两个时区标准时间(即时区数)相减就是时差,时区的数值大的时间早。例如,中国位于东八区(UTC+8),而新加坡虽然在东七区的经线上,但是其采用的标准时间为 UTC+8 即东八区的时间,与北京时间一致。

6.3 训练内容

本学习单元训练内容以中国国际航空公司 CA969/970 为例进行。

6.3.1 预先准备阶段

> **训练项目**
>
> **任务 6-1 模拟国际航班航前准备会**
>
> 四位同学参加模拟航前准备会,乘务长(指导老师)检查乘务员仪容仪表并指正(要求见乘务员专业形象有关要求),确定乘务员号位,并根据航班情况提出问题。
>
> [训练提示]
>
> 乘务员接受国际航班任务后,在准备会召开前除需按照国内航线预先准备阶段的要求及时查看、了解航班相关信息外,还应在准备会前复习所到国家的 CIQ 规定(包括机组、旅客)等。

1. 航班飞行资料信息

本次航班的飞行资料信息如表 6-1 所示。

表 6-1 本次航班的飞行资料信息

航班号		CA969/970	起飞时间	15:25
飞行距离		4850 千米	飞行时间	5 小时 50 分钟
飞经地标	国家/地区	中国、越南、新加坡		
	省份(中国境内)	河北、河南、湖北、湖南、广东		
	城市/地区	北京、周口、武汉、龙川、南雄、香港、新加坡		
	河流/山脉	黄河、淮河、长江、珠江、南海、罗胥山脉、南岭、白云山		
餐食配备信息	小吃及正餐		机场概况	北京首都国际机场、新加坡樟宜国际机场

2. A330 机型乘务员岗位职责(以中国国际航空公司为例)

A330 机型为 11 人制飞行,乘务员服务岗位职责:

1) CF1 岗位职责

(1) 负责 L1 门处应急设备的检查。

(2) 全程监控和管理整个客舱的安全,以及服务工作。

(3) 负责前乘务员控制面板的使用。

(4) 负责客舱娱乐播放系统的检查及使用。

(5) 负责下达滑梯操作口令。

(6) 负责签收、交接各种文件和物品。

(7) 执行国际航线时,负责办理出入境相关手续,并检查 CIQ 申报单据。

(8) 负责免税品的核销。

(9) 填写表格或报告,对航班服务进行记录和总结。

2) CS2 岗位职责

(1) 负责 L1 门处应急设备的检查。

(2) 负责 C 舱餐食、供应品的清点、检查及回收。

(3) 负责 C 舱厨房各项设备的检查。

(4) 负责 C 舱厨房卫生。

(5) 负责 C 舱厨房控制面板的使用。

(6) 负责 C 舱各项服务准备工作,与 CS3 配合完成 C 舱客舱服务。

(7) 负责为机组提供服务。

(8) 负责 L1 门滑梯操作。

3) CS3 岗位职责

(1) 负责 LAV L11 及 R1 门处应急设备的检查。

(2) 负责礼品、酒类的清点检查及回收。

(3) 负责 C 舱客舱卫生。

(4) 负责 LAV L11 的清洁卫生。

(5) 负责 C 舱旅客娱乐系统的逐一检查和调试。

(6) 负责 C 舱阅读物的准备。

(7) 负责 C 舱客舱服务工作。

(8) 负责 R1 门滑梯操作。

4) PS4 岗位职责

(1) 负责 L2 门处应急设备的检查。

(2) 负责接收清洁卫生用品和 CIQ 单据。

(3) 负责全程监控和管理 Y1 舱的安全及服务工作,并及时向 CF1 报告。

(4) 负责 L2 门处附加乘务员控制面板的使用。

(5) 与 SS8 配合完成 Y 舱 L 通道 3~19 排客舱服务工作。

(6) 负责用第二部免税品车在 C 舱、Y1 舱、Y2 舱 R 通道进行免税品销售工作。

(7) 负责 L2 门滑梯操作。

5) SS5 岗位职责

(1) 负责 R2 门处应急设备的检查。

(2) 负责中厨房餐食、供应品的清点、检查及回收。

(3) 负责中厨房各项设备检查。
(4) 负责中厨房卫生。
(5) 负责中厨房控制面板的使用。
(6) 负责 Y1 舱各项服务准备工作。
(7) 与 SS7 配合完成 Y 舱 R 通道 3~19 排客舱服务工作。
(8) 负责 R2 门滑梯操作。

6) PS6 岗位职责

(1) 负责 L4 门处应急设备的检查。
(2) 负责全程监控和管理 Y2 舱的安全及服务工作，并及时向 CF1 报告。
(3) 负责 L4 门处附加乘务员控制面板的使用。
(4) 与 SS10 配合完成 Y 舱 L 通道 20~37 排客舱服务工作。
(5) 负责与 SS9 配合进行免税品销售工作。
(6) 负责 L4 门滑梯操作。

7) SS7 岗位职责

(1) 负责 LAV L54 及 R3 门处应急设备的检查。
(2) 与 SS5 配合完成 Y 舱 R 通道 3~19 排客舱服务工作。
(3) 负责本服务区域的客舱卫生。
(4) 负责 LAV L54 的清洁卫生。
(5) 负责 R3 门滑梯操作。

8) SS8 岗位职责

(1) 负责 LAV L35 及 L3 门处应急设备的检查。
(2) 负责 Y 舱阅读物的准备。
(3) 与 PS4 配合完成 Y 舱 L 通道 3~19 排客舱服务工作。
(4) 负责本服务区域的客舱卫生。
(5) 负责 LAV L35 的清洁卫生。
(6) 负责 L3 门滑梯操作。

9) SS9 岗位职责

(1) 负责 LAV L61/L62 及 R4 门处应急设备的检查。
(2) 与 SS11 配合完成 Y 舱 R 通道 20~37 排客舱服务工作。
(3) 负责本服务区域的客舱卫生。
(4) 负责 LAV L61/L62 的清洁卫生。
(5) 负责与 PS6 配合进行免税品销售工作。

10) SS10 岗位职责

(1) 负责 LAV L53 及 L4 门处应急设备的检查。
(2) 负责后厨房餐食的清点、检查及回收。
(3) 与 PS6 配合完成 Y 舱 L 通道 20~37 排客舱服务工作。
(4) 负责本服务区域的客舱卫生。

(5) 负责 LAV L53 的清洁卫生。

11) SS11 岗位职责

(1) 负责 R4 门处应急设备的检查。

(2) 负责后厨房供应品的清点、检查及回收。

(3) 负责后厨房各项设备检查。

(4) 负责后厨房卫生。

(5) 负责后厨房控制面板的使用。

(6) 负责 Y2 舱各项服务准备工作。

(7) 与 SS9 配合完成 Y 舱 R 通道 20～37 排客舱服务工作。

(8) 负责 R4 门滑梯操作。

3. 预先准备会乘务长常见提问

(1) 航班飞经的主要地标(如国家、省份、城市、河流、山脉等)?

(2) 目的地机场的名称?

(3) 新加坡海关对旅客/机组入境携带物品的规定?

(4) 救生衣的使用方法及注意事项?

6.3.2 直接准备阶段

> **训练项目**
>
> **任务 6-2 客舱设备检查**
>
> 按照岗位职责要求完成客舱紧急设备、服务设备的检查工作。按照号位工作职责完成服务用品的清点整理工作。
>
> [训练提示]
>
> 执行跨水飞行的航班任务时,乘务员在直接准备阶段需按照陆地飞行航线要求认真检查所负责区域的应急设备,特别应注意检查每个旅客座椅下的旅客救生衣和乘务员座位下的红色机组救生衣是否在位及包装是否完好。因为按照民航局 CCAR-91-R2 第 91.417 条规定,飞机在水面上空进行离最近的陆地超过 93 公里(50 海里)的飞行时,机上所有成员必须备有一件经批准的装有救生定位指示灯的救生衣或经批准的漂浮装置。

1. 客舱安全设备检查

在 A330 客舱应急设备检查中,一般应急设备的检查与学习单元 2 A319 相同。

救生衣的检查:每位旅客座位下均有一件黄色的、带救生定位灯的救生衣,每位乘务员座位下也有一件红色的、带救生定位灯的救生衣。乘务员在执行跨水飞行的航班前,均应严格认真检查每件救生衣的包装是否完好无损。如发现包装破损的救生衣,应该立即报告乘务长,通知机务人员更换。

2. 客舱服务设备检查

1) A330 客舱服务设备检查

客舱服务设备的检查与学习单元 2 A319 相同。

2) 服务用品准备

(1) 餐饮服务用品清点准备。该航班配备正餐,各厨房号位乘务员(CS2、SS5、SS10、SS11)按照供应品清单清点、检查供应品的种类和数量,确认后签字;清点、检查各自厨房配备的餐盘和热食的种类、数量和质量,并通过 PA 报告 CP1,由 CP1 确认后签字。

(2) 其他服务用品。其他服务用品的准备与学习单元 2 A319 相同。

(3) CIQ 单据。国际线航班乘务员还需在航前到 CP1 处领取所到国家的 CIQ 单据(包括出入境卡、海关申报单、健康申明卡)。

6.3.3　飞行实施阶段

1. 客舱英语对话

1) Passenger Reception and Seat Arrangement

S：Good morning, ma'am. Welcome aboard!

P：Good morning! Could you direct me to my seat?

S：Sure. Your boarding pass, please?

P：Yes. Here it is.

S：It's 21A. Well, it's in the middle of the cabin, the window seat. This way, please. I'll show you your seat. May I help you with your bags?

P：No, I can do it myself. Thank you just the same.

S：You are welcome... Here we are. This is the call button. If you need us for anything, please push it.

P：Thank you. I will.

S：This one is the seat-recliner button. If you push it, the seat of your chair slides out and the back reclines, so you can relax and be comfortable. But for the take-off and landing, the seat must be in an upright position. Now you can try it...

P：Ah! It's really comfortable. Thank you very much. Oh! Would you please help me adjust the air flow? It's blowing right on my head. I feel a bit cold.

S：Yes. You just turn the knob here above you in whichever direction you like, or you can also shut it off by turning it tightly to the right.

P：I see. Let me try. It's all right now.

S：This is your seat belt. Just to be on the safe side, you should keep your seat belt fastened when the plane takes off or lands. It's very easy to use it. Slip the belt into the buckle and pull tight. That's all.

P: Ok! I've got it. Thanks!

S: It's my pleasure.

2) Drink Service

P: Miss, when will you serve the drinks? I'm a little bit thirsty.

S: We are preparing for them now. Please wait a minute.

S: (A moment later) What would you like, sir? Coffee, tea, fruit juice or other drinks? Well, we still have beer, red wine and white wine. Which do you prefer?

P: I'd like a glass of ice water and a glass of white wine.

S: Ok... Here you are.

P: Many thanks.

S: What do you think about the white wine?

P: Mm... Excellent. Thank you very much!

S: You're welcome.

3) Meal Service

S: Excuse me, ma'am. We are offering meals. Are you ready for your lunch now?

P1: Yes, sure. I'm hungry.

S: What would you like to have? Beef steak or steamed mandarin fish?

P1: Mm...

S: I'd suggest the beef steak. It's delicious.

P1: Ok. Beef steak.

S: Here you are.

S: Sir, what's your choice?

P2: Same.

S: I'm sorry. There is no more beef left. Can you make a change?

P2: Never mind. Fish is ok.

S: Thank you for your understanding. Enjoy your meal.

P2: Thanks... (Passengers have finished their lunch and the stewardess comes to them.)

S: How was your meal?

P: Everything is splendid.

S: Would you like anything else?

P: No, thanks.

S: May I clear your table?

P: Yes, please.

S: Could you give us some advice on how to improve our in-flight service?

P：I think you are very good.

S：Thank you.

4) The Sale of Duty-free Items

P：Miss, could you come here, please?

S：May I help you, sir?

P：Could you recommend something as a gift for my girl-friend?

S：Certainly! We have fragrance, make-up harmony set, lip-sticks, lip brush set and so on.

P：Can you show me some brands of fragrance?

S：Ok. How do you like this one? It's popular.

P：How much is it?

S：Only 25 US dollars.

P：Plus tax?

S：All the items sold on board are tax free.

P：I'll take it, but I have some Philippine Peso. Do you accept the money?

S：I'm sorry, sir. We don't accept it. You have to pay for it in US dollars, RMB Yuan, UK pounds, Japanese Yen, HK dollars and Singapore dollars.

P：Well, I'll pay for it in HK dollars. What's the exchange rate between US dollar and HK dollar?

S：One US dollar equals 7 HK dollars. So you should pay 175 HK dollars.

P：Yes, correct... Here's 180 HK dollars. Keep the change.

S：No, thanks. We don't accept tips. It's my pleasure to serve you. Here is your change. Thank you just the same.

S：Anything else?

P：I'd like to some cigarettes for myself. What brand would you recommend? I hear Zhonghua is very popular with the Chinese people. But I've never tried any yet. Could you get me two cartons of it?

S：Sir, you're right. Zhonghua is really a famous brand in China. But I'm really sorry that you can not bring cigarettes into Singapore according to the regulation of Singapore Customs.

P：Ok. I see. Thank you.

S：You're welcome.

2. 餐饮服务

目前,国际航线的餐饮服务程序,按照飞行时间划分为三种类型。

(1) 短航线:3 小时以内(如北京—首尔)。通常只有一次餐饮服务。

(2) 中航线:3～8 小时(如北京—新加坡)。通常有一次饮料小吃服务和一次正餐服务。

(3) 长航线:8小时以上(如上海—温哥华)。通常有两次正餐服务。超过10小时会多加一次小吃服务。

本次航班与学习单元5中3小时以上航班的餐饮服务内容相同。

在通常情况下,国际航班在提供正餐之前会先送一次饮料和酒类,同时伴送小吃和小吃纸。

3. 酒类服务

> **训练项目**
>
> 任务6-3　模拟提供饮料和酒类服务
>
> 　　两位同学扮演客舱乘务员,为旅客(其他同学和指导老师)提供饮料和酒类,旅客提出各种要求,乘务员给予满意的服务。旅客还可针对酒类常识提问,乘务员应回答正确。可适当增加客舱英语对话的内容。
>
> [训练提示]
>
> 　　在国际航班上,通常都要提供比国内航班多的饮料、酒类选择。而根据各个航空公司的配备标准不同,酒类的配备种类也有所不同,一般情况下都要配备红、白葡萄酒和啤酒等。

1) 酒类的定义

酒是以谷物、水果、花瓣或其他含有丰富糖分、淀粉的植物经糖化、发酵、蒸馏、陈酿、勾兑等生产工艺而制成的含有食用酒精的饮品。

2) 酒的分类

(1) 酿造酒。借助于酵母的作用,将原汁发酵后,再进行直接提取或采用压榨方法而得到的酒,是最原始也是基本的酿酒方法。

酒精度:常在3%~18%VOL。

常见的酿造酒有葡萄酒、啤酒、果酒、中国黄酒、日本清酒等。

(2) 蒸馏酒。蒸馏酒是以粮谷或代用原料等淀粉质地的植物为原料,利用由微生物培养的曲类或麦芽、酒母等为糖化发酵剂,蒸馏发酵的植物或粮食而得到的酒。

酒精度:高于24% VOL。

常见的蒸馏酒有中国白酒、白兰地、威士忌、伏特加、金酒等。

(3) 配制酒。是以不同的基酒,添加其他各种不同的材料配制而成的酒。

常见的配制酒有开胃酒、甜食酒、利口酒、中国药酒等。

3) 葡萄酒

葡萄酒的特点如表6-2所示。

表 6-2 葡萄酒的特点

原料	葡萄	酒精度	≤14％VOL
分类	酿造酒		
质地	无泡葡萄酒：白葡萄酒、红葡萄酒、桃红葡萄酒		
	有泡葡萄酒：香槟酒		
含糖度	天然、特干、干、半干、半甜、甜		

(1) 无泡葡萄酒的开启顺序如下：

① 撕开瓶口封皮，但不要撕过开封线；

② 使用酒钻向下顺时针旋转打；

③ 向上拔出橡木瓶塞后，旋转瓶口倒出小半杯，以将碎木屑冲出；

④ 抖落瓶塞上碎木屑后，将瓶塞反向塞回瓶口待用。

(2) 供酒注意事项如下：

① 应在提供红葡萄酒前 1～2 小时提前开启醒酒，这样可使红葡萄酒充分"呼吸"，以增加香醇可口的感觉；

② 提供前，应先示瓶，待旅客同意后再斟；

③ 为异性两人服务时，应先请男士品尝，再为女士斟酒；

④ 提供红葡萄酒时，为避免瓶底沉淀物被倒出，应注意不要将酒液倒尽，应留有 1 厘米左右酒液。

(3) 白葡萄酒制作工艺：以各种颜色葡萄为原料，去除皮、梗、种子后取汁、发酵制成。一般陈酿 2～5 年，储存期 1～3 年，供酒温度为 10～12℃，适宜低温冷藏。

服务方法：白葡萄酒配餐多佐以鱼、鸡、海鲜等浅色肉类。

(4) 红葡萄酒制作工艺：以紫葡萄连皮带籽一起压榨取汁、发酵制成，其颜色来源于外皮的花色素和单宁。酿制时间比白葡萄酒长，而且多一次发酵过程。供酒温度为 16～18℃，存放室温即可。

服务方法：红葡萄酒配餐多佐以牛肉、鸭肉、野味等深色肉类和奶酪。

4) 啤酒

啤酒的特点如表 6-3 所示。

表 6-3 啤酒的特点

原料	以麦芽为主，大米、玉米为辅，添加啤酒花作为香料	酒精度	一般为 2％～5％VOL
质地	生啤、熟啤		
颜色	黄啤、黑啤、棕啤		
酒精度	低级：7°～8°，2％VOL 中级：11°～12°，3.1％～3.8％VOL 高级：14°～20°，4.5％～5.6％VOL		

(续表)

供酒温度/℃	低、中级啤酒	4～5
	高级啤酒	8～10
	黑啤/棕啤	12～14
注意事项	啤酒应事先冰镇，加冰提供会影响口感和泡沫的产生	
服务方法	七分液、三分沫，余下的与听一并送出	
食物搭配	除去以奶油为佐料所做的菜和甜食外，可佐以任何食品，最好佐以各种肉类制成的菜肴	

4. 机上免税品销售

> **训练项目**
>
> **任务 6-4 模拟机上免税品销售**
>
> 四位同学模拟销售，旅客（指导老师）提出各种购买要求，同学给予解决。在销售过程中，同学们应熟练掌握货币换算，以及刷卡单的填写等技巧。
>
> ［训练提示］
>
> 在国际航班上，机上免税品销售服务是一项与国内航班不同的服务，是国际线乘务员必须熟练掌握的服务技巧。机上免税销售的好坏，直接关系到航空公司和乘务员的经济效益，以及乘务员的专业形象。因销售提成为全体乘务组成员平分，所以除职责规定负责销售的乘务员外，其他乘务员也应该积极参与销售工作或配合销售工作。飞机上的免税品销售模式除由乘务员推车出来以外，还有直接建立在飞机上的免税店（图6-1），乘客可以在长途飞行过程中享受到在免税店购物的乐趣。

图 6-1 大韩航空 A380 的机上免税店

1）机上免税品种类

机上销售的免税品有以下几种：

（1）化妆品（COSMETIC）；

(2) 服装、首饰及纪念品（COSTUME JEWELRY AND SOUVENIRS）；

(3) 酒类（LIQUOR）；

(4) 香烟（CIGARETTES）；

(5) 其他（OTHERS）。

2) 负责免税品销售的乘务员

负责免税品销售的乘务员有 PS4(第二部车)、PS6、SS9。

3) 航前接收免税品车的步骤

航前接收免税品车的步骤如下：

(1) 确认所配免税品车上有无"机上免税物品核销表"，检查"机上免税物品核销表"上有无海关放行章；

(2) 确认免税品车铅封锁完好，核对铅封锁上铅封号与"机上免税物品核销表"上填写的铅封号一致，方可打开免税品车核查配备物品及数量；

(3) 免税品车内应备有"机上免税品销售记录表"，按照"机上免税品销售记录表"上的各项内容逐项进行核查，特别是免税品的数量和种类、备用金、计算器、刷卡机、刷卡单、当日汇率表等；

(4) 如发现任何物品实际配备数量与"机上免税品销售记录表"上配备数量不符或包装有破损等特殊情况，应立即报告 CP1；

(5) 如以上各项均完成，并无特殊情况，即可报告 CP1 确认签字接收。

4) 销售时间

机上销售免税品的时间如下：

(1) 供餐完毕、客舱清理完后，可进行免税品销售；

(2) 飞机下降前进行"停止销售免税品"的广播，然后结束免税品销售；

(3) 飞机下降前，必须完成免税品销售。

5) 销售顺序

机上免税品销售的舱位顺序如下：

(1) 依 F 舱→C 舱→Y 舱的顺序从前向后进行销售；

(2) 双通道飞机呈 U 形完成免税品销售；

(3) 应注意，原则上免税品车不进入 F 舱和 C 舱。

6) 销售方法

机上免税品的销售方法如下：

(1) 将每种免税品展示在免税品车车面上，或酌情展示部分免税品；

(2) 准备好备用金、计算器、刷卡机、刷卡单、当日汇率表、纸和笔等；

(3) 销售前，要进行"免税品销售"的广播；

(4) SS9 负责销售、PS6 负责看管钱物并做好记录，其他客舱乘务员拿《购物指南》对客舱进行巡视（每位旅客的座椅口袋里都有《购物指南》）；

(5) 销售时，主动向旅客介绍免税品的种类、价格；

(6) 旅客挑选好免税品并付款后,应将免税品装入免税袋内交给旅客并表示感谢;

(7) 当第一部免税品车销售完后,再使用第二部(或补充第一部车)。

7) 注意事项

机上免税品销售的注意事项如下:

(1) 在免税品销售过程中,乘务员应监控好免税品车,以避免免税品丢失;

(2) 在整个免税品销售过程中,各厨房应有乘务员监控,并及时完成旅客的服务要求;

(3) 掌握所到国的海关免税规定,避免旅客购买超额免税品后又要求退还。

8) 付款方式

机上购买免税品的付款方式可以使用现金或信用卡。

(1) 现金付款的接收

① 各大航空公司机上常接收的现金种类有:人民币、美元、欧元、英镑、日元、新加坡元、港币。

② 现金收取的注意事项如下:

a. 如不能辨别现金的真伪,应婉言拒收;

b. 太破、太脏、缺损的现金不收;

c. 要熟悉当日汇率,正确换算比值;

d. 收钱、找钱时,口齿要清楚,声音要稍大,以让周围的人听到为宜。

(2) 信用卡付款的接收

① 各大航空公司机上可接收的信用卡种类如下:

a. 美国运通卡(AMERICAN EXPRESS CARD);

b. 日本信用局卡(JAPAN CREDIT BUREAU CARD);

c. 国际大来俱乐部卡(DINERS CLUB INTERNATIONAL CARD);

d. 维萨卡(VISA CARD);

e. 万事达卡(MASTER CARD)。

② 刷卡的步骤如下:

a. 确保信用卡正面朝上,从刷卡机的上面插入;

b. 选择与信用卡相应的刷卡单,将刷卡单从刷卡机右侧插入,并覆盖在信用卡上;

c. 将机盖从左向右使劲拉动;

d. 当拓下的信用卡账号或持卡人姓名字迹不清时,可用圆珠笔将其填写清楚;

e. 在刷卡单上填写当天的日期和金额,并请旅客签字;

f. 核对旅客的签名和信用卡上的签名是否一致,笔迹是否相符;

g. 将刷卡单的持卡人联撕下连同信用卡一并交还旅客,同时表示感谢;

h. 将剩余刷卡单放入免税品车内。

③刷卡的注意事项如下：

a. 刷卡前，应检查信用卡是否属于可接收的范围，如卡上注明"仅限××国使用（VALID ONLY IN ××）、人民币结算、非外汇卡"等字样，不可接收；

b. 刷卡前，应检查信用卡的有效期，当月到期的不可接收；

c. 刷卡前，应检查信用卡的背面是否有旅客签名，没有旅客签名的不可接收；

d. 刷卡前，注意选择正确的刷卡单，每一种信用卡都有相应的刷卡单，一式三联；

e. 刷卡的金额范围：USA＄15.00～500.00 或 HK＄120.00～4000.00，大于或小于规定金额范围均不能使用刷卡付款；

f. 刷卡单上刷卡金额的填写必须为美元或港币（仅维萨卡/万事达卡可用港币结算，如果用美元结算，应划掉 HK＄，填上美元缩写符号）；

g. 刷卡单填写有误时，应当着旅客的面撕掉，再重新填写。

9）各币种填写方法和注意事项

(1) 各币种的国际代码和缩写符号如表 6-4 所示。

表 6-4 各币种的国际代码和缩写符号

货币名	美元 (US DOLLAR)	人民币 (RENMINBI)	欧元 (EURO)	英镑 (POUND)	日元 (JAPANESE YEN)	新加坡元 (SINGAPORE DOLLAR)	港币 (HONGKONG DOLLAR)
国际代码	USD	RMB	EUR	GBP	JPY	SGD	HKD
缩写符号	USA＄	￥	€	£	J￥	S＄	HK＄

(2) 填写方法和注意事项如下：

① 依据上表在填写前选择正确的缩写符号；

② 缩写符号应放在金额之前；

③ 金额为整数时，需要在整数后面用".00"注满；

④ 缩写符号与金额之间不能出现空格。

10）销售完毕后的工作

(1) 销售完毕后，PS6、SS9 根据所做记录和剩余免税品进行盘点，CF1、PS6、SS9 三人在场清点钱款，将所有销售收入（包括现金和刷卡单）放入钱袋、封好，装入免税品车内；

(2) 确认免税品和账目相符无误后方可进行最后的表格填写；

(3) 填写"机上免税品销售记录表"中的售出、剩余、销售总收入、营业额、提成等栏目；

(4) 填写"机上免税物品核销表"中的售出、剩余等栏目；

(5) CF1、PS6、SS9 在"机上免税品销售记录表"及"机上免税物品核销表"上相应栏目签字，填好销售后新的铅封锁号，将免税品车用铅封锁锁好；

(6) 在航班着陆前，SS9 要提前将免税品车内的酒类免税品数量、种类、铅封锁号，以及存放的位置提供给 CF1，便于 CF1 填写酒单。

11) 免税品退换的规定

(1) 旅客打开免税品的塑封包装后要求退换的，除确因质量问题，原则上不予退换；
(2) 同一航空公司、不同航班号的航班上旅客要求退换，请婉言拒绝；
(3) 免税品已被部分或全部使用的，不予退换；
(4) 旅客违反所到国海关免税规定，需要退货的，应积极配合。

5. 乘客休息阶段

在免税品销售结束之后，乘务长会将客舱灯光调暗，为乘客营造一个舒适的休息环境。越来越多的飞机上安装有机上娱乐系统，乘客可以通过自己座椅旁的手柄进行看电影、玩游戏、听音乐，甚至打卫星电话等操作。在乘客休息期间，乘务员仍需完成以下工作。

1) 巡视客舱

每 30 分钟，需要在客舱里走一圈，观察有无需要帮助的乘客。

2) 检查卫生间

每 30 分钟，检查一次卫生间，及时更换纸巾等物品，并且使用空气清新剂喷雾，保持良好的卫生间环境。

3) 饮料服务

每 30 分钟，提供一次托盘饮料服务，准备好果汁和矿泉水，提供给有需要的旅客。

4) 准备第二顿餐食服务

如果是 8 小时以上的航班，此时需要将放在冷藏区里的第二顿餐食拿出来放在烤箱里，并计划好时间提前热好餐食和毛巾。

5) 轮流休息

如果是 8 小时以上的航班，乘务员会分为两班来轮流休息，乘务长分好休息名单之后，乘务员统一在飞机上的乘务员休息室(图 6-2)里休息。

图 6-2　空客 A330 的乘务员休息室

6. 填写 CIQ 单据

> **训练项目**
>
> **任务 6-5　新加坡 CIQ 单据填写**
>
> 乘务员帮助不会填写入境卡的旅客填写入境卡,包括老年人、儿童、婴儿等。如有必要,还需要帮助旅客填写海关申报单。
>
> [训练提示]
>
> 北京—新加坡航班的旅客以求学、探亲、访友和旅游居多,其中大部分是初次出国,没有填写 CIQ 单据的经验。所以,乘务员应该在发放完单据后主动到客舱巡视,及时帮助不会填写的旅客。

新加坡入境卡(图 6-3)填写说明如下:

(1) 用英文大写字母填写与护照一致的姓名,不需在姓和名之间空格;

(2) 用"＊"选择性别;

(3) 填写护照号;

(4) 用英文大写字母填写护照签发地、填写护照到期日期、填写出生地;

(5) 依日月年顺序填写出生日期;

(6) 用英文大写字母填写国籍;

(7) 填写航班号(此栏上一行为马来西亚国籍人须填写);

(8) 依城市、省份、国家的顺序用英文大写字母填写户籍所在地;

(9) 用英文大写字母填写进入新加坡之前到达的最后一个城市;

(10) 用英文大写字母填写离开新加坡之后将要去的下一个城市;

(11) 填写在新加坡的地址;

(12) 填写在新加坡停留的时间;

(13) 根据实际情况,选择在过去 6 天内是/否到过非洲或南美洲;

(14) 根据实际情况,选择是/否曾经使用另一姓名的护照进入新加坡,如选择"是",请在下面写下与现在所用护照不同的曾用名;

(15) 根据实际情况,选择是/否曾经被禁止进入新加坡;

(16) 请旅客自己亲笔签名(旅客签名必须为亲笔签名,不能代签);

(17) 标有"FOR OFFICE USE ONLY"字样的部分为移民局填写。

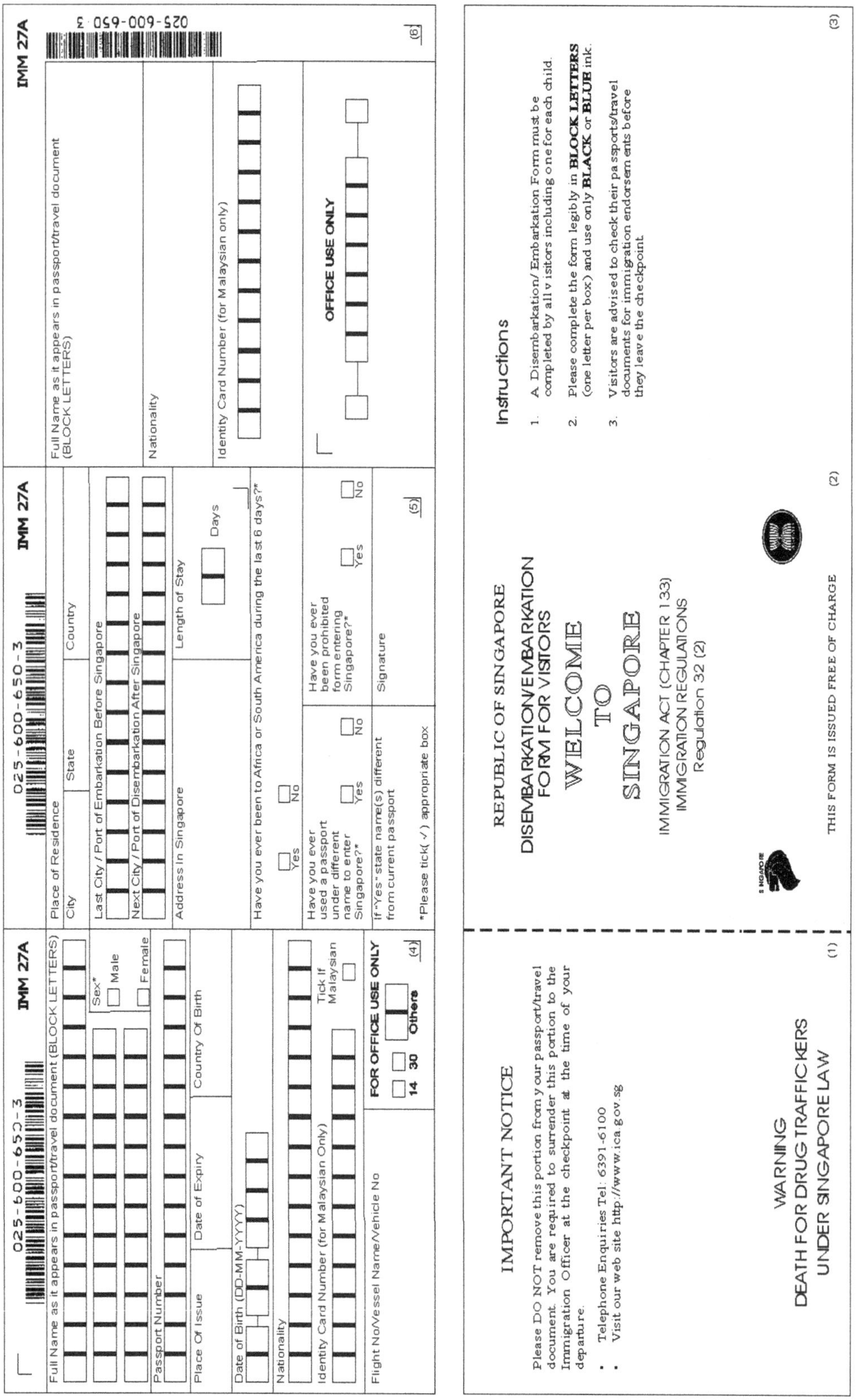
IMM 27A
025-600-650-3
Full Name as it appears in passport/travel document (BLOCK LETTERS)
Sex* Male Female
Passport Number
Place Of Issue
Date of Expiry
Country Of Birth
Date of Birth (DD-MM-YYYY)
Nationality
Identity Card Number (for Malaysian Only)
Tick If Malaysian
Flight No/Vessel Name/Vehicle No
FOR OFFICE USE ONLY
14 30 Others
(4)
IMM 27A
025-600-650-3
Place of Residence
City
State
Country
Last City / Port of Embarkation Before Singapore
Next City / Port of Disembarkation After Singapore
Address In Singapore
Length of Stay
Days
Have you ever been to Africa or South America during the last 6 days?*
Yes No
Have you ever used a passport under different name to enter Singapore?*
Yes No
Have you ever been prohibited form entering Singapore?*
Yes No
If "Yes" state name(s) different from current passport
Signature
*Please tick(✓) appropriate box
(5)
IMM 27A
025-600-650-3
Full Name as it appears in passport/travel document (BLOCK LETTERS)
Nationality
Identity Card Number (for Malaysian only)
OFFICE USE ONLY
(6)
IMPORTANT NOTICE
Please DO NOT remove this portion from your passport/travel document. You are required to surrender this portion to the Immigration Officer at the checkpoint at the time of your departure.
• Telephone Enquiries Tel: 6391-6100
• Visit our web site http://www.ica.gov.sg
WARNING
DEATH FOR DRUG TRAFFICKERS
UNDER SINGAPORE LAW
(1)
SINGAPORE
REPUBLIC OF SINGAPORE
DISEMBARKATION/EMBARKATION
FORM FOR VISITORS
WELCOME
TO
SINGAPORE
IMMIGRATION ACT (CHAPTER 133)
IMMIGRATION REGULATIONS
Regulation 32 (2)
THIS FORM IS ISSUED FREE OF CHARGE
(2)
Instructions
1. A Disembarkation/ Embarkation Form must be completed by all visitors including one for each child.
2. Please complete the form legibly in BLOCK LETTERS (one letter per box) and use only BLACK or BLUE ink.
3. Visitors are advised to check their passports/travel documents for immigration endorsements before they leave the checkpoint.
(3)

图 6-3 新加坡入境卡

7. 广播

1) 销售免税品广播

女士们,先生们:

稍后我们将出售各种免税物品,如需要购买,请参阅您前方座椅口袋内的购物指南。谢谢!

Ladies and Gentlemen:

Duty free items will be available for purchase. Please read the shopping guide in the pocket in front of you. Thank you!

2) 停止销售免税品广播

女士们,先生们:

飞机即将下降,我们将停止销售免税物品。非常感谢您的配合!

Ladies and Gentlemen:

We will stop purchasing duty free items due to descending. Thank you for co-operation!

3) 填写入境表格广播

女士们,先生们:

请注意:为了缩短在新加坡樟宜国际机场的停留时间,建议您在飞机落地前填好入境卡和申报单,落地后交移民局和海关检查站。我们将在几分钟后发放表格。如果您有任何疑问或困难,请随时呼叫我们。我们将十分乐意为您提供帮助。谢谢!

Ladies and Gentlemen:

Your attention please. In order to speed up the arrival formalities in Singapore Zhangyi international airport, you're requested to fill in the forms for the Customs, Immigration and Quarantine before landing. We'll distribute the forms in a few minutes. Please don't hesitate to call us if you have any question or difficulties in filling out these forms. We shall be more than happy to assist you. Thank you!

4) 检疫规定广播

女士们,先生们:

按照新加坡的检疫规定,旅客不能携带水果、鲜花、肉类、奶类或其他动植物制品入境。如您已带上飞机,请您在落地前处理完或交给乘务员处理。谢谢!

Ladies and Gentlemen:

Quarantine regulations of Singapore do not allow fresh fruit, flower, meat products, dairy products or any other plant or animal products to be brought into the country. If any of those has been brought into the flight, you are suggested to dispose it before arrival. Thank you!

6.3.4 航后讲评阶段

1. 服务方面

乘务长就航班飞行过程中的客舱服务进行讲评。对不规范的服务操作和语言进行指正；对好的、优质的客舱服务和乘务员提出表扬。

乘务员提出需要共同探讨的问题，全组成员进行讨论。

2. 安全方面

乘务长对航班飞行过程中出现的违反操作流程的安全事故征兆进行重点讲评。如没有特别需要指出的安全方面问题，可以省略该部分航后讲评。

6.3.5 训练指导

（1）由于本次训练项目内容较多，因此在完成的过程中，可以选择其中某个阶段进行训练。

（2）酒类服务及机上免税品销售的模拟训练，可采用同学之间和师生之间交替进行。

（3）本阶段强调能够用中、英文双语完成餐饮服务、酒类服务、机上免税品销售，以及帮助旅客填写新加坡入境卡等。

6.4 相 关 案 例

案例一

汤姆先生搭乘某航班，从广州飞巴黎，凌晨 0 点 20 分起飞，飞行全程 13 个半小时。汤姆先生坐的是经济舱，他担心这趟旅行会很累，地服小姐姐建议他："可以试试经济舱的'一人多座'服务，就是在经济舱额外购买相邻的一个座位。"汤姆先生咨询了价格后，立刻购买了一个座位并且还把座位调成了两个连座。

这趟航班的执飞机型是空客 A330-200，经济舱座位布局是 2—4—2，也就是说，左右靠窗的纵列，一排只有两个座位。由此可见，额外购买一个座位，就相当于买了一排，这明显比高端经济舱宽敞多了，也有点公务舱的小感觉。汤姆先生对此很满意。

多买一个座位的价格贵吗？根据航线类型和航程长短，航空公司将"一人多座"的价格分为三档固定价格，并且价格会比单独的一张机票座位便宜多了，这样的价格也会让旅客朋友们更为接受。

"一人多座"的服务，对体型偏胖的人来说是好消息，比起头等舱、公务舱的收费，"一人多座"的价格更实惠，买多一个座位，可以让自己坐得更舒服，享受更大的活动空间。对于带着孩子出行的旅客，家长和孩子购买"一人多座"服务，也可以坐得更舒服，不用担心孩子会打扰旁边的其他旅客。

案例二

国际航线除了一些相邻国家的航线飞行时间较短以外，很多洲际航线的飞行时间很长，有的甚至会超过 15 个小时。考虑到乘客需要在飞机上待很长的时间，很多超长航线的航空公司只提供头等舱、商务舱和高端经济舱的选择。

除了标准的餐食和饮料服务之外，还会有入境卡发放和免税品销售，有的航空公司还会人性化地在飞机上设计免税商品店、带吧台和沙发的休息厅、能够让乘客洗澡的浴室等。

露西小姐回忆起自己曾经经历过一次非常有意思的国际航班"特殊服务"。在机上餐食服务接受之后,客舱乘务员们拿出了准备好的面膜,依次帮乘客细心地敷在脸上。露西小姐说,飞机上的空气特别干燥,自己经常也会携带面膜乘坐飞机,缓解一下皮肤在干燥客舱环境中的不适。但这次由空姐来帮自己敷面膜还是第一次,感觉非常新鲜。除自己外,包括很多男士在内的大多数乘客都欣然接受了"面膜服务"。这一次的飞行经历让露西小姐记忆深刻。洲际航线上的面膜服务如图6-4所示。

图 6-4 洲际航线上的面膜服务

6.5 思 考 题

（1）按照民航局 CCAR－91－R2 第 91.417 条的规定,飞机在距离最近的陆地超过多远的水面上空飞行时,机上所有成员必须备有一件经批准的装有救生定位指示灯的救生衣或经批准的漂浮装置？

（2）白、红葡萄酒和啤酒的供酒温度是多少？最佳搭配的食物是什么？

（3）A330 负责免税品销售的乘务员有几个？分别是谁？

（4）各大航空公司机上可接收的信用卡种类有哪五种？

（5）信用卡刷卡的金额范围是多少？

（6）写出美元、新加坡元、英镑、人民币的国际代码和缩写符号。

（7）以下货币填写是否正确？指出错误的地方。

| USA $ 15.00 | SGD82.00 | 76.00£ | J￥64 |

（8）根据给出的汇率,正确换算 26890 日元等于多少人民币？98 新加坡元等于多少美元？

　　USA $ 1.00＝J￥105.00　　S $ 1.00＝￥5.00　　USA $ 1.00＝￥6.8

（9）在哪些情况下不予退换已售出的免税品？

(10) 正确填写新加坡入境卡。

(11) 填写韩国入境卡(图 6-5)、新西兰入境卡(图 6-6)。

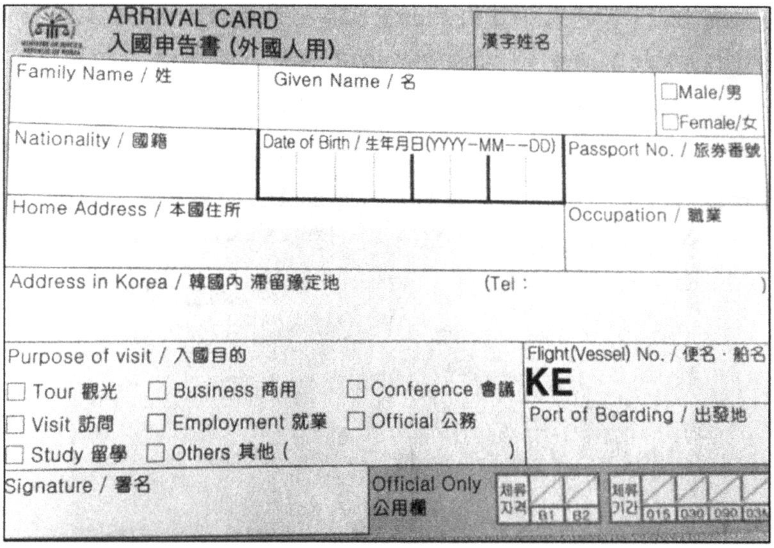

ARRIVAL CARD
入國申告書 (外國人用)
漢字姓名
Family Name / 姓
Given Name / 名
□Male/男
□Female/女
Nationality / 國籍
Date of Birth / 生年月日(YYYY-MM--DD)
Passport No. / 旅券番號
Home Address / 本國住所
Occupation / 職業
Address in Korea / 韓國內 滯留豫定地 (Tel :)
Purpose of visit / 入國目的
□ Tour 觀光 □ Business 商用 □ Conference 會議
□ Visit 訪問 □ Employment 就業 □ Official 公務
□ Study 留學 □ Others 其他 ( )
Flight(Vessel) No. / 便名 · 船名
KE
Port of Boarding / 出發地
Signature / 署名
Official Only 公用欄

图 6-5　韩国入境卡

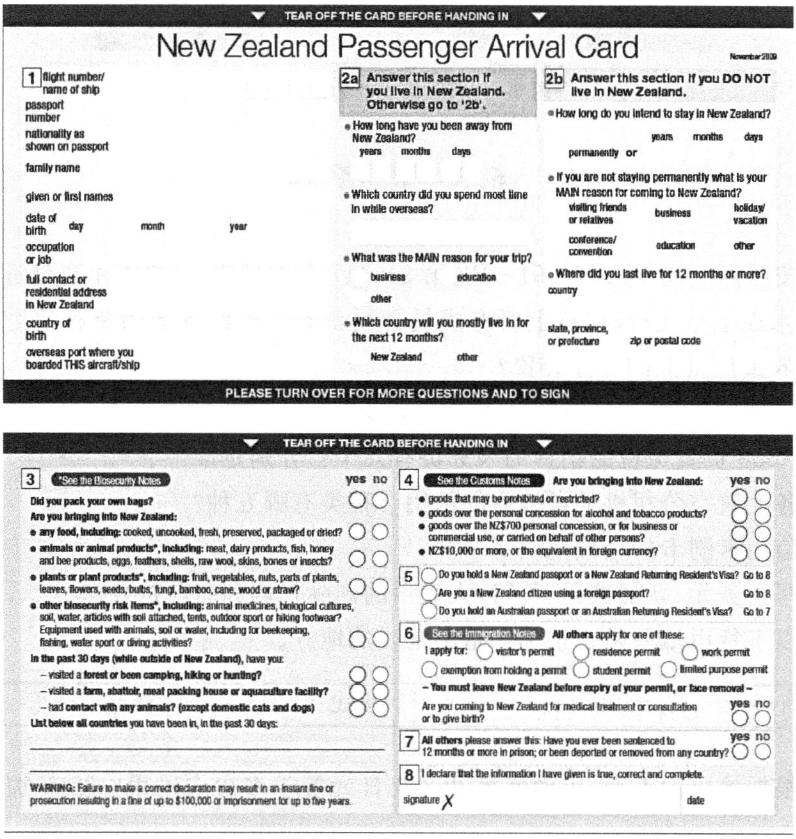

TEAR OFF THE CARD BEFORE HANDING IN
New Zealand Passenger Arrival Card
November 2009
1 flight number/ name of ship
passport number
nationality as shown on passport
family name
given or first names
date of birth day month year
occupation or job
full contact or residential address in New Zealand
country of birth
overseas port where you boarded THIS aircraft/ship
2a Answer this section if you live in New Zealand. Otherwise go to '2b'.
• How long have you been away from New Zealand? years months days
• Which country did you spend most time in while overseas?
• What was the MAIN reason for your trip? business education other
• Which country will you mostly live in for the next 12 months? New Zealand other
2b Answer this section if you DO NOT live in New Zealand.
• How long do you intend to stay in New Zealand? years months days permanently or
• If you are not staying permanently what is your MAIN reason for coming to New Zealand? visiting friends or relatives business holiday/vacation conference/convention education other
• Where did you last live for 12 months or more? country
state, province, or prefecture zip or postal code
PLEASE TURN OVER FOR MORE QUESTIONS AND TO SIGN

TEAR OFF THE CARD BEFORE HANDING IN
3 *See the Biosecurity Notes yes no
Did you pack your own bags?
Are you bringing into New Zealand:
• any food, including: cooked, uncooked, fresh, preserved, packaged or dried?
• animals or animal products*, including: meat, dairy products, fish, honey and bee products, eggs, feathers, shells, raw wool, skins, bones or insects?
• plants or plant products*, including: fruit, vegetables, nuts, parts of plants, leaves, flowers, seeds, bulbs, fungi, bamboo, cane, wood or straw?
• other biosecurity risk items*, including: animal medicines, biological cultures, soil, water, articles with soil attached, tents, outdoor sport or hiking footwear? Equipment used with animals, soil or water, including for beekeeping, fishing, water sport or diving activities?
In the past 30 days (while outside of New Zealand), have you:
– visited a forest or been camping, hiking or hunting?
– visited a farm, abattoir, meat packing house or aquaculture facility?
– had contact with any animals? (except domestic cats and dogs)
List below all countries you have been in, in the past 30 days:
WARNING: Failure to make a correct declaration may result in an instant fine or prosecution resulting in a fine of up to $100,000 or imprisonment for up to five years.
4 See the Customs Notes Are you bringing into New Zealand: yes no
• goods that may be prohibited or restricted?
• goods over the personal concession for alcohol and tobacco products?
• goods over the NZ$700 personal concession, or for business or commercial use, or carried on behalf of other persons?
• NZ$10,000 or more, or the equivalent in foreign currency?
5 Do you hold a New Zealand passport or a New Zealand Returning Resident's Visa? Go to 8
Are you a New Zealand citizen using a foreign passport? Go to 8
Do you hold an Australian passport or an Australian Returning Resident's Visa? Go to 7
6 See the Immigration Notes All others apply for one of these:
I apply for: visitor's permit residence permit work permit
exemption from holding a permit student permit limited purpose permit
– You must leave New Zealand before expiry of your permit, or face removal –
Are you coming to New Zealand for medical treatment or consultation or to give birth? yes no
7 All others please answer this: Have you ever been sentenced to 12 months or more in prison; or been deported or removed from any country? yes no
8 I declare that the information I have given is true, correct and complete.
signature X date

图 6-6　新西兰入境卡(正、反面)

6.6 知识链接

6.6.1 知名酒类品牌

1. 世界名牌红葡萄酒产地

世界名牌红葡萄酒产地有法国波尔多地区(Bordeaux)和勃艮第地区(Burgundy)。

2. 中国名牌红葡萄酒品牌

中国名牌红葡萄酒品牌有张裕、长城、王朝等。

3. 世界名牌白葡萄酒产地

世界名牌白葡萄酒产地有德国摩泽尔地区(Moselle)和莱茵地区(Rhein)。

4. 中国名牌白葡萄酒品牌

中国名牌白葡萄酒品牌有张裕、长城、王朝、皇轩等。

5. 四大啤酒生产国

四大啤酒生产国为德国、美国、日本、丹麦。

6. 世界名牌啤酒品牌

(1) 德国：贝克(Beck)、艾丁格(Erdinger Weissbier)。

(2) 美国：蓝带(Blue Ribbon)、百威(Budweiser)、米勒(Miller)。

(3) 日本：朝日(Asahi)、麒麟(Kirin)、札幌(Sapporo)、三得利(Suntory)。

(4) 丹麦：嘉士伯(Carlsbery)。

(5) 捷克：皮尔森(Pilsen)。

(6) 荷兰：喜力(Heineken)。

(7) 新加坡：虎牌(Tiger Beer)。

(8) 菲律宾：生力(San Miguel)。

(9) 墨西哥：科罗娜(Corona Extra)。

7. 中国名牌啤酒品牌

中国名牌啤酒品牌有青岛、燕京、珠江、蓝剑等。

6.6.2 常见蒸馏酒

1. 白兰地(Brandy)

白兰地的相关信息如表6-5所示。

表6-5 白兰地的相关信息

原料		以葡萄(水果)为原料发酵、蒸馏而成	酒精度	40%~43% VOL
陈年期限	E	Expecial(特别的)		
	O	Old(老的、陈年的)		
	P	Pale(浅色的)		
	S	Superior/Soft(优越的、柔顺的)		
	V	Very(非常的)		
	X	Extra(格外的、高档的)		
	F	Fine(好的、精美的)		
	VO	一般为10~12年陈		
	VSO	一般为12~20年陈		
	VSOP	一般为20~30年陈		
	FOV	一般为30~50年陈		
	XO	一般为50年以上陈		
	X	70年陈		
注意事项		以字母符号表示酒的陈年定义不是十分严格。相同的标记在不同的地区和厂家所代表的年份也是不一样的		

(1) 白兰地的饮用方式有直饮(Straight)、追水(Chaser)、加冰(On the Rocks)、鸡尾酒基酒(Base of Cocktail)及混合饮料(Mixed Drink)。

(2) 世界上很多地区都生产白兰地,但尤以法国Cognac地区以葡萄为原料生产的白兰地最好。白兰地著名品牌有：人头马(Remy Martin)、马爹利(Martell)、轩尼诗(Hennessy)、御鹿(Hine)、金像(Otard)、长颈(FOV)等。

2. 威士忌(Whisky)

威士忌的相关信息如表6-6所示。

表6-6 威士忌的相关信息

原料		以大麦或其他谷物为原料,经过发酵、蒸馏、陈年而成
酒精度		40%~43% VOL
分类	Straight Whisky	以单一原料(大麦)制作的威士忌
	Blended Whisky	以多种谷物为原料(包括大麦)
陈年期限	最少	3年陈
	一般	7~8年陈
	好的	10~12年陈
	最好的	15~20年陈

(1) 威士忌的饮用方式有直饮(Straight)、追水(Chaser)、加冰(On the Rocks)、威士忌加水(Whisky & Water)及鸡尾酒基酒(Base of Cocktail)。

(2) 世界上许多国家都生产威士忌,但尤以苏格兰生产的威士忌为最好,通常叫作Scotch Whisky。

威士忌的著名品牌有：

苏格兰产：老伯威(Old Parr)；芝华士(Chivas Regal)；顺风威(Cutty Sark)；白马威(White Horse)。

美国产威士忌称为波本威士忌(Bourbon Whisky)，如杰克•丹尼(Jack Daniel)。

加拿大产威士忌，如加拿大俱乐部(Canadian Club)。

3. 金酒(Gin)

金酒是以谷物、杜松子为原料，经发酵、蒸馏、过滤而得的酒。金酒是经过最原始的蒸馏方法制成的，以大麦芽与裸麦等为原料，经发酵后蒸馏获得谷物原酒，再反复把蒸馏过的酒精连同杜松子和其他香料，以及各种苦涩味的杏仁蒸馏而得。金酒的酒精度为33%～35% VOL。

(1) 金酒的饮用方式有直饮(Straight)(纯饮时要冰镇)及鸡尾酒基酒(Base of Cocktail)。

(2) 金酒的主要生产国有英国、荷兰、美国。

4. 伏特加(Vodka)

伏特加是以谷物为原料，经发酵、蒸馏、精炭过滤而得的酒。伏特加的酒精度为40%～43% VOL。

(1) 伏特加的饮用方式有直饮(Straight)(纯饮时要冰镇)及鸡尾酒基酒(Base of Cocktail)。

(2) 伏特加的主要生产国有俄罗斯、波兰、芬兰。

5. 朗姆酒(Rum)

朗姆酒是以甘蔗为主要原料，经发酵、蒸馏而得到的酒。朗姆酒的酒精度为38%～40%VOL。

(1) 朗姆酒的饮用方式：直饮(Straight)(纯饮时要冰镇)及鸡尾酒基酒(Base of Cocktail)。

(2) 朗姆酒的主要生产国有古巴、牙买加、波多黎各。

(3) 朗姆酒的著名品牌有摩根上尉(Captain Morgan)。

6.6.3 新加坡

历史上有关新加坡的最早记载是在公元3世纪，当时人们对新加坡的了解甚少，中国人则把新加坡称为蒲罗中(半岛尾端的岛屿)。

到了14世纪，新加坡已成为强大的Sri Vijayan帝国的一部分，由于新加坡坐落在马来半岛南端，是航海必经之地。因此，人们也贴切地称之为淡马锡(Temasek)(海域)。

后来，这个具有重要战略位置的小岛又获得了一个新名字——新加坡拉(Singa Pura)，即狮子城(Lion City)的意思。根据传说，一位来访的Sri Vijayan王子在这里看见了一头野兽，把它误认为是一头狮子，由此产生了新加坡的名称。

新加坡并不是一座孤岛,它是由一座主岛和63座小岛组成。新加坡的国土面积,包括较小的岛屿,为697平方千米。虽然面积不大,但是并未阻挡新加坡的经济发展步伐。新加坡发展为全球富裕国家之一,同时也是亚洲重要的金融、服务和航运中心。

鱼尾狮像(图6-7)坐落于市内新加坡河畔,是新加坡的标志和象征。该塑像高8米,重40吨,狮子口中喷出一股清水。是由雕刻家林南先生和他的两个孩子于1972年5月共同完成的。

图6-7 鱼尾狮像

假如用一个词语来描述新加坡,那就是"独一无二"。它拥有得天独厚的地理位置,完善的设施,引人入胜的文化背景和丰富的旅游景点,这些使它成功定位于商业和休闲的理想之地。

The earliest record of Singapore in history is in the 3rd century A. D. People at that time knew little about Singapore. And Chinese called Singapore as "Pu-Luo-Chung"("island at the end of a peninsula").

By the 14th century, Singapore had become a part of the Mighty Sri Vijayan empire. As Singapore is located at the southern end of Malay Peninsula, which means it is a must pass for navigation. Therefore, people also called it Temasek("Sea Town").

Later, A new name had been given to this small island but which has an important strategic position—"Singa Pura"("Lion City"). According to legend, it is because a visiting prince named Sri Vijayan saw a wild animal here and mistook it for a lion.

Singapore is composed of a main island and 63 small islands. It's total land area, including the smaller islands, is 697 square kilometers. However, its compact size has not affected its economic growth. Singapore become one of the most affluent countries in the world. At the same time, it has turned into an important financial, service and shipping center of Asia.

The Merlion is located on the Bank of Singapore River in the city. It is the sign and symbol of Singapore. The statue is 8 meters high and weighs 40 tons, a stream of water gushed from the lion's mouth. The Merlion was completed by sculptor Lin Nan and his two children in may 1972.

If you use one word to describe Singapore, it is "unique". It has a unique geographical location, excellent facilities, attractive cultural background and rich tourist attractions, which make Singapore a successful place for both business and leisure.

6.6.4　新加坡樟宜国际机场

新加坡樟宜国际机场位于新加坡樟宜,距新加坡市区 17.2 千米,是新加坡主要的民用机场,亚洲重要的航空枢纽,同时也是新加坡航空有限公司、胜安航空公司的主要运营基地。

新加坡樟宜国际机场向来以高素质的服务和安全著称,自从运营以来就赢得很多国际上的美誉,2019 年新加坡樟宜机场连续七次摘得 Skytrax"全球最佳机场"桂冠,也是第十次获得该殊荣。

新加坡樟宜国际机场大而舒适,一共有 4 座航站楼,之间通过空中列车和巴士换乘连接。除了承载航班的功能之外,机场还设有多个主题花园(图 6-8)和大型的免税商品区、睡眠区,甚至还有机场电影院和高达 12 米的市内滑梯,充分满足到此乘机和转机旅客的各种需要。其中位于机场最核心位置的"星耀樟宜"占地 13.57 万平方米,以独特玻璃屋顶及钢材外观设计为亮点,是一座集机场设施、景观花园、购物休闲、酒店餐饮等多功能于一体的综合性建筑。

图 6-8　新加坡樟宜国际机场内景点:星空花园

发展近 40 年的樟宜国际机场已实现联通全球约 380 个城市,年旅客吞吐量超过 6000 万人次,成为新加坡走向世界的重要枢纽。

学习单元 7　客舱服务管理

在完成客舱服务的同时,航班飞行中还需要加强客舱服务管理。这主要是从客舱资源管理与顾客服务规范及服务管理两方面着手,指导飞行乘务员(安全员)做好本职工作,确保空防、客舱安全和优质服务。本学习单元的主要内容是从整个客舱及客舱服务管理的角度更全面地认识客舱服务工作,了解客舱服务管理的方方面面,可以使各号位乘务员之间配合更协调。通过持续改进、完善、创新客舱服务和管理机制,还可以使旅客为客舱服务的品质、效率感到放心、顺心、舒心和动心。

知识目标

(1) 客舱资源管理的相关要求,包括客舱灯光管理、温度调控、音乐播放等规定;
(2) 旅客服务及服务管理的相关要求,包括酒水供应、特殊情况处置等。

能力目标

(1) 能够按照客舱资源管理的要求,在航班服务中适时地通过调控灯光、温度等,更好地为旅客提供航班服务;
(2) 能够遵从旅客服务及服务管理的要求,灵活应用客舱服务的知识技能完成训练项目;
(3) 能够初步掌握客舱特殊情况处置的步骤与注意事项,并完成场景模拟训练。

7.1　客舱资源管理

7.1.1　灯光调控管理

(1) 旅客登机之前,客舱灯光调至"高挡"(Bright)。
(2) 播放安全须知时,客舱灯光调至"中挡"(Medium)。
(3) 飞机起飞前,客舱灯光调至"暗挡"(Dim)。
(4) 飞机起飞后,"系好安全带"灯灭,客舱灯光调至"中挡"(Medium)。
(5) 夜航飞行或播放电影时,客舱灯光调至"关挡"(Off),打开门槛灯。
(6) 夜航飞行开第二餐前 10 分钟,客舱灯光调至"暗挡"(Dim),5 分钟后再调至"中挡"(Medium)。

(7) 飞机落地前8分钟,将客舱灯光调至"暗挡"(Dim);滑行中调至"中挡"(Medium);飞机落地停稳后,调至"高挡"(Bright)。

(8) 在夜航飞行中,厨房灯光调至"中挡"(Medium)。

(9) 头等舱、公务舱灯光在有条件的机型中可以单独控制。

客舱灯光调节操作要求如表7-1所示。B737系列飞机客舱灯光的调节操作以海南航空公司为例。

表7-1 客舱灯光调节

时间段		窗灯	顶灯	工作灯	入口灯
迎客、送客		Bright	Bright	Off	Bright
安全示范	录像	Dim	Dim	Off	Dim
	人工	Bright	Bright	Off	Dim
安全检查		Dim	Dim	Off	Dim
起飞/落地前	日航	Off	Dim	On	Off
	夜航	Off	Bight	On	Off
平飞后		Dim	Dim	Off	Dim
播放录像					
乘务员行礼	日航	Bright	Dim	Off	Bright
	夜航	Dim	Dim/Mid	Off	Dim
餐饮服务		Bright	Dim	Off	Dim
机上竞拍	日航	Dim	Bright	Off	Dim
	夜航	Dim	Dim/Mid	Off	Dim
巡舱	日航	Off	Dim	On	Off
	夜航休息	Off	Bight	On	Off
乘务员还礼	日航	Bright	Dim	Off	Bright
	夜航	Dim	Dim/Mid	Off	Dim
还礼完毕	日航	Dim	Dim	Off	Dim
	夜航	Off	Dim	Off	Dim

(10) 客舱灯光调节的注意事项:

① 长航线夜航飞行时,灯光调节时应注意由暗逐渐到亮,给旅客以适应的过程。

② 当旅客在阅读时,必须经过询问后才能帮助打开阅读灯。

③ 在飞行中的任何时候,厨房值班灯不得关闭。

④ 公务舱和普通舱的灯光调节,可以根据各自工作进度的不同进行分别调节。

⑤ 入口灯在迎、送客时打开,其余时间关闭;工作灯在入口灯关闭时打开。

7.1.2 温度调控管理

在白天飞行时,客舱温度调至21~23℃。夜间及旅客休息时客舱温度调至22~

24℃。通常情况下,客舱温度是比较符合人体需要的。如果旅客普遍反映温度偏高或偏低,可以报告乘务长,通知机组根据情况调整客舱温度。

> **训 练 项 目**
>
> 任务7-1　温度调节
>
> 根据上述客舱温度调控的要求,讨论当老年人、儿童等在乘坐飞机时,客舱温度怎样进行调节较为合适？同时,如果旅客的意见出现冲突,又该如何处理？
>
> [训练提示]
>
> 请从白天飞行、夜间飞行,以及休息等多方面进行阐述。

7.1.3　厨房管理

厨房乘务员应为旅客提供安全、卫生的餐饮服务。冷、热食物及用具要分开冷藏或者加温,以保证凉食必须凉,热食必须热。

厨房内所有服务用具要轻拿、轻放、轻开、轻关,并保证用具的干净、无污迹。保证厨房内的冰箱、烤炉、保温箱、储藏室的干净、整洁。

不要把塑料袋或者纸类品放在烤炉和保温箱内。按照要求操作服务设备,起飞、落地时必须将所有厨房用电关闭。

7.1.4　客舱环境管理

CIQ表格、乘务员个人和公司统一发放的物件等,应放在规定的位置。

乘务员负责洗手间的清洁和服务用品的补充,主任乘务长或乘务长要经常检查,以确保洗手间的清洁。保持旅客小桌板、客舱地板的干净、整洁。着陆前收起报纸、杂志并放在书报架上。

保持厨房工作间的整洁干净,飞机在起飞、降落时,所有物品都必须安全存放。不要将食物、烟头或色拉油的油状液体及橘子汁牛奶、茶叶等倒入洗涤槽内。当飞机在地面停留时,不应该将液体直接倒入洗涤槽内,咖啡和冰块不能倒入坐便器内。

着陆前,将旅客使用的毯子整理好。离开飞机前,所有客舱服务用品和厨房用品必须放到规定的地方。

7.1.5　播放登机音乐管理

旅客登机时,播放音乐,音量以不影响二人交谈为适宜。旅客登机完毕,关闭机门后,关闭音乐。

飞机落地滑行时,播放音乐。旅客全部下机后,关闭音乐。

7.1.6　播放安全告示管理

介绍与示范表演应急设备在飞机舱门关闭后立即进行。如果飞机上有录像设备,则播放事先录好的录像;如果该飞机上没有录像设备,则由乘务员进行人工演示。

B737-700、B737-800 系列飞机一般分为两个舱别,需要有三名乘务员人工进行演示。其中 SS3 站在公务舱第 1 排进行演示,经济舱第 3 排和紧急出口处各有一名乘务员。

安全设备告示内容包括:安全带的规定;应急出口的示意图和使用方法;氧气面罩脱落后的使用;吸烟规定;收直椅背,扣紧餐桌;滑梯的使用;应急撤离灯光;延伸跨水运行,救生衣的使用及救生设备的操作方法;出示安全须知卡。

7.1.7　机内广播管理

负责广播的乘务员,必须经过专门培训,取得广播资格证书后方可上岗。保证相应的航线有相应语种的广播。

广播语种顺序依次为:中文、相应语种、英文。有条件的机型在必要的情况下分舱进行广播。

长航线的夜航飞行,中途开快餐车时,可以不进行餐前广播。头等舱和公务舱在第二餐时酌情广播。

乘务长/主任乘务长负责监督广播的实施。

7.1.8　飞机喷洒药物的管理

飞往美国、法国、英国、澳大利亚等国需要喷洒药物。乘务长/区域乘务长负责接收、清点药物。

检疫放行单由国内出镜站提供,并由乘务长/区域乘务长负责交接。

澳洲药物有三种:红色瓶盖为货舱喷药,在国内出境站交货运人员,由他们负责喷洒药物;绿色瓶盖为客舱喷药;黄色瓶子为洗手间喷药。

7.1.9　顾客物品保管的管理原则

> **训 练 项 目**
> 任务 7-2　顾客物品保管
> 如果有顾客强烈要求你保存贵重的瓷瓶,假如你是乘务人员,该怎么做?
> [训练提示]
> 两位同学为一组进行角色扮演,模拟当时的情境,按照顾客物品保管的管理原则,即要婉言向顾客讲明责任,又不能得罪顾客,最后要给顾客留下乘务员专业、负责任的好印象。时间不宜超过 2 分钟。

乘务员在接受旅客的物品时要格外小心,协助旅客将衣物放进行李箱或者座位下,注意行李箱必须关闭牢固。

为头等舱、公务舱旅客保管衣、物或者挂衣服的时候,需要确认衣服口袋内是否有贵重物品,如钱包、护照、首饰等。

原则上不要为旅客保管贵重、易碎的物品,如果不能推辞就要婉言地向顾客讲明责任。

为旅客保管冷冻食品,要了解冷冻的程度,如果需要干冰冷冻,但又不能解决干冰的问题,就要向旅客讲明。到站前的10分钟把物品交还旅客。

为旅客保管物品,要做到全程负责,如果中途站不更换乘务组,该乘务组要负责避免地面人员误拿。如果中途站更换乘务组,原则上要将物品归还旅客,并建议交下组乘务人员保管,以免丢失。

7.1.10 旅客出口座位安排管理

1. 出口座位的确认

（1）乘务长/主任乘务长必须确保已经进行过合适的广播或安全须知简介;

（2）在专、包机飞行和任何乘客登机牌上、无座位号的航班上,当没有做过飞行前紧急出口座位确认时,乘务员在登机门关闭前必须做一次目视和口头上的评估,口头评估应包括旅客对应急安全须知卡上的中、英文指示的责任是理解的;

（3）客舱区域乘务员对每一个坐在出口座位上的旅客确认后,在飞机地面移动之前,报告乘务长/主任乘务长;

（4）在离港之前,乘务长/主任乘务长将出口座位的确认情况报告机长。

2. 不能坐在出口座位的旅客

（1）缺乏阅读能力和理解印刷图片形式能力的旅客;

（2）不能将信息口头传达给其他人的旅客;

（3）不能推、撞、拉、转动和操作紧急出口机构的旅客;

（4）视觉不佳者的旅客;

（5）缺乏听觉能力的旅客;

（6）不满15周岁的旅客。

3. 可以坐在出口座位的旅客

（1）能够确定出口的位置;

（2）能够认出出口的开启机构;

（3）理解使用出口的提示;

（4）能够进行出口操作;

（5）可评估打开出口是否会增加对旅客的伤害;

（6）能够遵循机组成员给予的口头指示或者手势;

（7）能够在应急情况下妥善放置或固定应急出口门以便不妨碍使用该出口;

（8）能确认滑梯的状况,并协助旅客撤离;

（9）迅速地从应急出口撤离;

（10）评估、选择和沿着安全路线从出口离开,并到达安全区域。

4. 旅客座位更换

(1) 民航规则规定:旅客应遵守关于出口处座位的限制,如果该旅客不能或不愿意承担上述要求,必须更换该旅客的座位。

(2) 如可能,将位于出口位置的旅客换至非出口位置。

(3) 如果没有符合标准的旅客愿意被换至出口位置,本次航班即被认为过满,应劝一位自愿者离开飞机;如果没有自愿者,要求改换非出口座位的旅客将被拒绝登机,并给予适当的拒绝登机的补偿。

(4) 如果飞机已经在滑行中,必须将此情况报告机长,让机长决定是否返回登机口,飞机必须完全停稳后才能更换旅客座位。

(5) 残疾旅客的座位应尽可能地靠近出口座位处。

7.1.11 客舱故障填写要求

(1) 机上任何设备如发生故障,必须向乘务长/主任乘务长报告,必要时由乘务长/主任乘务长报告机长;

(2) 乘务长/主任乘务长应按照规定填写客舱故障报告。

7.1.12 公邮、票证箱的签收及交接

(1) 公邮、票证箱由地面服务部门或办事处人员送上飞机,由乘务长/主任乘务长签字;

(2) 到达站后,交给地面服务部门或办事处人员;

(3) 地面服务部门或办事处人员接到后,要让乘务长/主任乘务长签字。

7.1.13 食品单、餐食单的核实及签收

(1) 因为每个厨房都有装卸极限,食品公司应按计划发送食品和供应单。

(2) 所有食品公司都应递交食品和供应品检查单,供厨房乘务员检查,任何差异应由供应者更正,若无法更正,应在乘务日志中详细记录。

(3) 由乘务长/主任乘务长核实各区域餐食后,在餐食单上签字。各区域乘务员按供应品检查落实后,报告乘务长。

7.1.14 核销单的检查、签收及交接

(1) 打开免税品车前,必须确认有无核销单,核对铅封号后方可打开;

(2) 出售免税品后,主任乘务长必须检查核销单并签字;

(3) 到达基地后,由乘务长与航机员交接。

7.1.15 货单、业务袋的签收及交接

1. 货单

(1) 货单由货物员放在业务袋内送上飞机,由乘务长/主任乘务长签字;

(2) 到达站后,货单由货运员取走;

(3) 危险货物由货运员送上飞机,货单交机组。

2. 业务袋

(1) 业务袋内装有旅客名单、平衡表及总申报单和到达国家的 CIQ 单；

(2) 业务袋由配载人员送上飞机，乘务长/主任乘务长检查是否齐全；

(3) 到达外站后，交办事处人员；

(4) 到达国内段后，在总申报单上填写过站人数、到达人数、客人情况并签名，填写四份，分别交边防、海关、检疫部门。

7.2 顾客服务规范及管理

7.2.1 顾客服务规范

1. 迎送客服务管理规范

(1) 乘务员迎送客时的站位，以 B737 系列机型为例。

① 如航班只开 L1 门，迎送客位置如表 7-2 所示。

表 7-2　B737 迎送客位置（开 L1 门）

号位	迎　客	送　客
PS1	L1 门内侧	L1 门内侧
SS2	公务舱 2 排 D 座	先在公务舱与经济舱之间，公务舱旅客下机后，在廊桥口或客梯车上送客
SS3	R2 门卫生间旁	R2 门卫生间旁
SS4	经济舱 4 排 D 座	L2 门卫生间旁
SS5	紧急出口处 D 座	各自座位旁
SS6	经济舱倒数第 3 排 D 座	

② 航班开 L1、L2 门，迎送客位置如表 7-3 所列。

表 7-3　B737 迎送客位置（开 L1、L2 门）

号位	迎　客	送　客
PS1	L1 门内侧	L1 门内侧
SS2	公务舱 2 排 D 座	先在公务舱与经济舱之间，公务舱旅客下机后，在 L1 门口处廊桥口或客梯车上送客
SS3	L2 门内侧	L2 门内侧
SS4	经济舱 4 排 D 座	L2 门口处廊桥口或客梯车上
SS5	紧急出口处 D 座	各自座位旁
SS6	经济舱倒数第 3 排 D 座	

(2) 乘务员迎送客的形象要求有如下几项。

① 站姿：双腿并拢，身体与舱门成45°角。

② 眼睛：面带微笑，目视客人的眼睛。

③ 鞠躬：15°鞠躬并向客人问好。

④ 手势：五指并拢、手势明确。

2. 餐食服务

在飞机上，餐食主要分为正餐(含热食)、冷正餐(不含热食)、早餐(含热食)、冷早餐(不含热食)、点心五类。

1) 餐食烘烤的温度

含热食的餐食必须烘烤加热后才能提供给旅客。任何剩余的食品不能再次冷却后再加热进行供应。

训练项目

任务7-3　根据餐食种类选定烘烤温度

热食种类	烘烤温度/℃	烘烤时间/分钟
牛肉饭		
鱼肉饭		
鸡肉饭		
素食		
早餐热食		

[训练提示]

米饭热食的烘烤温度是170℃，烘烤时间为20分钟；素食与早餐热食的烘烤温度较低，一般是150℃，烘烤时间分别为10分钟与15分钟。

2) 特殊餐食的种类

根据旅客个人要求，特殊餐食提供以适应宗教或健康的需要，但旅客须在飞机起飞前至少24小时内向承运人提出要求。特殊餐食由航空公司根据"特殊食品通知单"提供，并做好特殊标记，特殊旅客通知单上标有要求的特殊餐食及座位号。旅客登机前，乘务长要了解特殊餐食的内容、旅客座位号并确认，及时通知该区域的乘务员。供餐时，应先于其他旅客提供特餐。婴儿用餐时，乘务员视情况待婴儿用餐完毕，再提供其监护人餐食。提供特殊餐食，需尊重各国及各地风俗习惯。

(1) 穆斯林餐。严禁猪肉类食品，严守教规的穆斯林希望肉食是依教规屠宰的，牛羊肉可接受，鱼是允许的。若无特殊食品，水果、蔬菜和米饭可作为替代食品。

严格的穆斯林不饮酒。软饮料一般是茶或咖啡。开斋节期间，在太阳升起至落下前不准进食。

(2) 素食。乘客可因宗教、节食、医疗或因简单的个人选择要求素食供应,且口味可有很大不同。如有些绝对素食者,不吃任何动物类食品,包括牛奶制品、蛋类。而有的又可以接受牛奶和蛋类制品,甚至可以吃鱼、海产品。

乘务员可以在没有素食餐的时候根据实际情况为旅客配餐。

(3) 儿童餐。儿童餐食通常是为12岁以下的儿童旅客提供。提供的餐食多是一些孩子喜欢的或易消化的食品,如鱼排、香肠、春卷、面条、比萨等;开胃品通常是新鲜水果、巧克力布丁、果料甜点等。

(4) 婴儿餐。婴儿餐食适用于10个月以上的婴儿食用。这时的孩子还不能吃固体食品,为此机上提供小孩子吃的是去渣肉、去渣菜,常见品牌是"亨氏"。此外,有时飞机上还提供小儿甜点及婴儿水果汁。

(5) 犹太教餐。犹太教餐是依据犹太教规在特殊的厨房中制作的,是在犹太教士的严格监督下制作的。

犹太教餐应该在完整无损的盒中保存,整套地提供给乘客,并打开检查,打开后将由乘客本人将套餐交给乘务员加热。套餐由一锡纸封严,加热后交回乘客手中,应确保锡纸封严完好无损。

下列规则可作为掌握犹太教餐特点的总体指南:

① 猪肉和火腿是禁止的,其他肉类食品只有在犹太教士的监督下屠宰的才可接受;

② 可食用带鳞带翅的鱼,可蒸、煮、熏;

③ 不允许进食的鱼有鳐、牡蛎、螃蟹、小龙虾、龙虾、鳝鱼等;

④ 可食用牛奶制品;

⑤ 如果飞机上没有犹太教餐时,可以将饼干、面包、罐装鱼、干酪、水果、蛋糕、沙拉、蔬菜等提供给犹太教旅客。

(6) 印度教餐。牛肉是绝对被禁止的,而且严格意义上的印度教徒一般几乎是素食者。

飞机上如果没有专门配备特殊餐食时,乘务员要征求乘客意见,看是否吃肉类食品(牛肉除外)或者是素食,然后根据旅客的要求提供肉类(牛肉除外)、鱼、鸡蛋、沙拉、蔬菜、水果、米饭等食品。

(7) 糖尿病人餐。糖和所有甜食都不能吃。面包、米饭、面条、通心粉等可以吃,但只限少量。所有肉类、家禽、海鲜是可以吃的,但做法要避免有甜汁或甜果冻,如酸梅酱、薄荷果冻等,所有蔬菜和水果允许吃。

在定糖尿病人餐时,同时要送低脂肪含量的饮料或果汁、茶、咖啡、矿泉水、葡萄酒。

常见特殊餐食名称和代码如表7-4所列。

表 7-4 特殊餐食代码

特餐代码	英文全称	中文全称	中文注解
AVML	Vegetarian Asian (hindu) meal	亚洲素餐	通常由来自亚洲次大陆的旅客选定,通常是亚洲生产的蔬菜,不包括肉或海鲜
BBML	Baby meal	婴儿餐	含肉类、蔬菜或水果类
BLML	Bland meal	清淡餐	菜肴包括低脂肪和低纤维食物。避免油炸食物、黑胡椒、含气植物、芥末、咸菜、大蒜、坚果和含咖啡因或酒精的饮料。适合有胃肠疾病的乘客进食
CHML	Child meal	儿童餐	菜肴含有儿童喜欢的食物。避免过咸过甜食品
DBML	Diabetic meal	糖尿病餐	菜肴是低糖食物,适合糖尿病人食用。不含有任何种类的糖
FPML	Fruit platter meal	水果餐	菜肴只包括水果,包括新鲜水果、糖渍水果和水果甜品
GFML	Gluten intolerant meal	无麸质餐	菜肴是为麸质过敏和不耐的客人准备的(麸质是存在于小麦、大麦、燕麦、黑麦等中的蛋白质)。面包、汁类、奶油蛋羹、蛋糕、巧克力、饼干、谷物及其制品被严禁使用
HNML	Hindu meal	印度教餐	印度教餐不包括牛肉或猪肉,但包括羊肉、家禽,其他肉类、鱼和牛奶制品。此特别餐是专为少数可吃肉或鱼的印度旅客准备的
KSML	Kosher meal	犹太教餐	一切准备按犹太饮食习惯,并购自有信誉的制造商(请注意:需提前 48 小时申请)
LCML	Low calorie meal	低卡路里餐	菜肴包括瘦肉、低脂肪奶制品和高纤维食物。糖、奶油、汁类、蛋黄酱、脂肪食品被禁止使用
LFML	Low fat meal	低脂肪餐/低胆固醇餐	菜肴适合需要减少脂肪摄入量的客人食用。不含油炸食品,肥肉、奶制品、加工食品、浓汁、内脏、带壳水产品、蛋黄和焙烤制品
LSML	Low salt meal	低盐餐	菜肴中的盐有一定的控制量,是为了患有高血压、闭尿症和肾病的乘客准备的。食品不含盐、蒜盐、谷氨酸钠、苏打、腌渍咸菜、罐头肉和鱼、奶油、吉司、贝壳类、土豆泥、肉汁类、鸡粉、面包、罐头蔬菜
MOML	Moslem meal	穆斯林餐	菜肴不含有猪肉、熏肉、火腿、肠类、动物油脂或酒精及无鳞鱼类和鳗鱼、甲鱼。所有的家禽和动物在被宰杀和烹饪时需要遵守伊斯兰教的有关规定
NLML	Low lactose meal	低乳糖餐	餐肴不包括乳糖及奶类制品,亦没有任何相关材料。不含奶酪、奶制品、酸奶、黄油、人造奶制品、蛋糕及饼干、奶油类甜品和布丁、土豆泥、太妃糖、巧克力和奶油
RVML	Vegetarian raw meal	生蔬菜餐	餐食仅以水果及蔬菜为原料,不含有任何动物蛋白原料

(续表)

特餐代码	英文全称	中文全称	中文注解
SFML	Seafood meal	海鲜餐	专为喜欢海鲜的旅客定制,菜肴包括一种或多种海鲜。不含肉类制品
SPML	Special meal	特殊餐食	此代码无任何具体含义,必须与具体说明一起使用。例:SSR SPML CA NN1 PEKHKG 109 K06DEC PAX NEED A MOML,BUT NO SALT/P1
VGML	Vegetarian vegan meal	纯素餐	素餐也被称为Vegan meal。餐食中不能含有任何的动物或动物制品。菜肴不包括肉、鱼或奶制品、鸡蛋、奶酪及相关制品,可食用人造黄油
VJML	Vegetarian jain meal	耆那教餐	专为耆那教徒提供,是严格的素餐,用亚洲方法烹制。无任何根类植物如洋葱、姜、大蒜、胡萝卜等,无任何动物制品
VLML	Vegetarianlacto-ovo meal	西式素餐	菜肴不包括肉或海鲜及其制品,但包括日常的黄油、奶酪、牛奶和鸡蛋
VOML	Vegetarian oriental meal	东方素餐	东方素餐是按中式或东方的烹饪方法制作。不带有肉、鱼或野味、奶制品或任何生长在地下的根茎类蔬菜,如生姜、大蒜、洋葱、大葱等

训练项目

任务7-4 特殊餐食供应

按照特殊餐食种类代码,划分餐食符合哪部分人群食用,并完成下面的表格填写。

特殊人群划分	餐食代码
婴儿	
儿童	
老年人	
肠胃溃疡患者	
糖尿病患者	
印度教徒	
穆斯林教徒	
素食主义者	

3) 烘烤餐食的技巧

(1) 检查烤箱有无餐食。

(2) 烘烤前,要将干冰从烤箱内取出来。

(3) 热食不能直接摞在一起,每层之间要用烤架隔开。

(4) 特殊餐食不要和普通餐热食一起烘烤,以免送错。

(5) 如果食物中毒会影响飞行机组的工作能力,进而影响飞行安全。为机组供餐的乘务员应绝对保证供给机长和其他机组成员的食品是完全不同的。

7.2.2 顾客服务管理

1. 客舱旅客的管理规则

如有旅客违反了旅客管理规则,应按航空公司的法律法规委婉地进行劝告,并要求其执行,如旅客遵守照办了就没有进一步行动的必要;如果旅客拒绝或不能遵守法规,可能会被解释成干扰机组的工作,应立即通知机长寻求合适的解决办法。

2. 严重行为不当旅客的处理

严禁任何旅客袭击、威胁、恐吓或干扰机组成员执行工作,如违规可以被认为是严重的行为不当。

乘务员一经发现严重的旅客行为不当,应立即报告给乘务长/主任乘务长,乘务长/主任乘务长通告并与机长协商决定处置方案。

3. 非正常旅客的处理

1) 起飞前的处理

登机时,如果有旅客显示醉态,或在麻醉品作用影响下干扰了机组成员工作,并/或危及旅客与机组的安全,乘务员要通知地面值班人员和/或机长;地面值班人员将其带下飞机并做善后处理。

2) 离开登机门后的处理

飞机离开登机门后,如果有旅客显示醉态或处在麻醉品作用之下,乘务员应通知机长,并由机长来决定是否滑回劝其离机。

如果飞机返回登机口,通知地面值班人员处理该旅客的离机及善后事宜。

3) 飞行中的处理

如有旅客在起飞后显示醉态或处在麻醉品的作用下,乘务员要通知机长。乘务长/主任乘务长要在机长的指示下采取必要的措施。

飞机到达目的地后,警察或其他官员可上飞机来处理该旅客,并询问目击者。如果旅客的不当行为涉及并危及机组成员工作,管理部应报告中国民航总局。

4) 事件的报告

乘务长填写事件报告单,并报告机长签名。将报告送呈给公司。

4. 可拒绝接受的旅客

1) 责令旅客下机的处理

下列旅客可被责令下机:

(1) 非法无票登机者;

(2) 无登机牌的旅客；

(3) 飞机发生超载时,已登机的候补旅客按登机优先次序从后向前；

(4) 任何不可接收的旅客和登错飞机的旅客。

如果所有责令下机旅客的方法均告失败,地面值机人员或机长可以要求当地强制执行官员责令旅客下机；如果旅客仍拒绝下机,他/她将被指控为非法行为,并且由强制执行官员带走该旅客。

2) 航班可不接受的旅客

(1) 是或像是中毒者；

(2) 是或像是吸毒者；

(3) 要求静脉注射者；

(4) 已知是传染性疾病患者,并在航班中有可能传染他人的,或该人无法提供有效证明无传染危险者；

(5) 拒绝人身或物品安全检查者。

3) 需持有医疗证明旅客的管理

(1) 需用早产婴儿保育箱者；

(2) 要求在空中额外吸氧者；

(3) 可能在空中有生命危险,或要求医疗性护理者；

(4) 已知有传染性疾病,但采取措施可以预防者。

这种医疗证明必须说明旅客应遵守的相关规定,并在乘机之日前的10天之内签署；在旅客登机前,这种医疗证明必须交乘务长一份。

5. 需特殊帮助旅客的处理

1) 特殊旅客服务通知单

航空公司为需要特殊帮助的旅客准备一份特殊服务通知单,并将通知单送交该航班乘务长。

2) 征求志愿服务者

(1) 班机的民航内部人员；

(2) 由该旅客选定的人员；

(3) 愿意提供帮忙的其他旅客；

(4) 机上工作人员志愿服务者,如果所在舱位人员允许,可作为最后的选择。

3) 对志愿服务者的要求

(1) 应是体格强壮者；

(2) 必须大于15岁；

(3) 每次航班,每位残疾者可能只有一位服务人员；

(4) 不能附带照顾婴儿、幼儿。

6. 投诉旅客的处理

(1) 对待生气的旅客,乘务员要耐心地听取其倾诉,切不可与其争执；

(2) 如有可能，应想方设法改变当时的状况；

(3) 向生气旅客道歉，并保证他/她的意见能转达给相关的人员；如该旅客不满意，到达目的地时，通知给地面工作人员；

(4) 如有可能，记录下所有相关信息，包括旅客姓名、地址，以便事后与旅客联系；

(5) 在机长和乘务长之间相互沟通，以解决发生的问题。

7. 航行中的客舱管理

1) 旅客要求冷藏药品的处理

旅客在航班中要求冷藏药品时，可将药品放入盛有冰块的塑料袋内，但绝不能将药品冷藏于厨房冷藏箱或冰柜中。

2) 旅客要求更换座位的处理

经乘务员允许，旅客在飞行中可更换座位，但不能允许不符合条件的旅客坐在出口处座位。

3) 进入头等舱/公务舱访客的处理

原则上禁止普通舱旅客进入头等舱/公务舱访客。如果旅客有此需要，乘务员通过收取适当费用可将旅客舱位升级，或要求头等舱/公务舱旅客进入经济舱访客。

4) 头等舱/公务舱卫生间的管理

乘务员主动向经济舱旅客介绍和提醒其所应用卫生间的位置。在空中平飞阶段，应拉上各舱间的隔离帘，以减少普通舱、公务舱的旅客进入头等舱。

5) 进入驾驶舱的管理

在地面时，除非有航空公司特许人员陪同（但不必是一个机组人员），否则访问者不被允许进入驾驶舱。

有权在驾驶舱的人员，如安全检查人员或授权的公司雇员在要求进入驾驶舱时，必须向机长出示身份证及证书，并等待许可。

佩带有身份证的中国民航总局的检查官员可自由地进入驾驶舱。

8. 遗失物品旅客的处理

1) 客舱内拾到物品的处理

(1) 在旅客离机后，或在旅客登机前，乘务员在客舱捡到任何有价值的物品时，必须马上报告乘务长进行查看；

(2) 乘务长填写旅客遗失物登记表，并将遗失物及登记表一同签字后交给地面工作人员；

(3) 如果是在旅客中捡到，并且证明是该旅客的物品，经乘务长确认后归还给旅客。

2) 旅客报告遗失物品的处理

首先询问清楚丢失物品的品名和丢失的地点、时间、物品颜色、大小、特征、旅客姓名等。

(1) 在地面遗失物品的处理。如果飞机未起飞,立即报告乘务长和机长,与地面工作人员联系,请他们帮助查询。找到后,应让旅客确认一下,当面交还失主。

如果飞机已关舱门或起飞后,旅客报告丢失物品时,除要了解丢失物品的情况外,还应问清楚遗失物品旅客的地址、旅行目的地、联系方法等,并向旅客解释不能下机寻找,如有消息会马上通知。

经查询,如地面报告物品已找到,应尽快告知旅客,并将物品尽快带到目的地,交给客人;经查询而未找到旅客的遗失物品时,应先向失主表示歉意,并表示如以后找到会及时通知,并希望失主和候机楼问讯处经常保持联系。

(2) 机上丢失物品的处理。如果在机上发生偷窃,乘务员首先要确定是发生在飞机上后,先在客舱内寻找,找不到则应报告机长,并将如下信息通知给即将抵达的航站:丢失物品及其价值;偷窃是在机上发生的;是否在有可能丢失的地方查找过;在到站时,乘客是否需要报案。

9. 延误/等待航班的客舱管理

飞机在规定时间范围内机门不能按时关闭,乘务长应了解推迟的原因,并及时广播通知旅客。

如因特殊原因等待,乘务长应与机长保持联系,并根据等待的时间长短向旅客提供服务。

旅客登机后,如需重新回到候机室等待,乘务员应了解旅客的特殊要求,由乘务长根据情况与地面值班人员联系。

旅客登机后,遇有再次验票,乘务长应配合地面服务人员,广播通知旅客准备好机票。

7.2.3 训练指导

在本学习单元的内容中,除要求每一位学生都能够按照乘务长的相关职责要求完成客舱服务管理的工作外,主要是希望能够通过本学习单元的学习与训练,帮助学生从乘务长客舱服务管理的角度来思考具体的客舱服务工作,判断怎样的服务工作是能够被允许及接受的。

乘务长进行客舱服务管理不仅仅是其职责的体现,更是为了满足航班"安全第一、正常飞行、优质服务"的基本要求。作为乘务员,更多、更细致地了解航班服务的方方面面,可以帮助乘务员从航班任务完成的大局出发,在做好本职工作的同时并完成协作配合,服从管理,更快地成长为一名合格的客舱乘务员。

7.3 相关案例

案例一

旅客王某投诉:其于某日乘坐某航空公司大连至深圳的航班,在下机后发觉将数

码相机遗失在飞机上,遂要求某航空公司深圳地面的工作人员帮助寻找。清洁队人员说在机上是捡到一部相机并已交给该航班乘务员甲,但取到该相机的乘务员甲误以为相机是继续前往海口的过站旅客的,于是就将相机放在拾到区域的前排座椅背后的口袋里,造成相机再次丢失。旅客要求由某航空公司赔偿其相同型号的相机一部或做出相应的经济补偿。经查,该款相机已经停产,因此无法赔偿其相同相机一部。经与旅客协商,旅客因此要求赔偿人民币 2000 元整。

本案例存在的问题是乘务员甲未按照《飞行乘务员手册》中旅客物品遗失的规定进行操作。乘务员甲若发现有旅客遗失的物品,应及时告知乘务长,由乘务长在《乘务日志》中详细记录并与捡拾者进行签字交接。

在过站期间不清楚是过站旅客还是本站旅客丢失物品的情况下,乘务长在过站旅客登机后进行失物招领广播,让乘务员与旅客进行确认。

若在无过站旅客进行认领的情况下,应确定为本站下机旅客遗失的物品,乘务长应将遗失物品与航站代办交接,并在《乘务日志》上写明情况由代办签字。

案例二

某航空公司从深圳飞往北京的航班上,在离降落时间只有 40 分钟时,一名年过半百的老年旅客突然晕倒在客舱过道内。抢救工作马上展开,乘务员在旅客中通过客舱广播寻找到了一位医生,在这位医生的帮助下,乘务员迅速解开病人的领口、领带,对病人施行心肺复苏术。同时,乘务员取来了氧气瓶,待病人渐渐苏醒后,乘务员立即调出附近一排座位,放下扶手,轻轻地将病人抬到座位上,盖好毛毯,此后该名乘务员一直守候在病人的身旁,直到飞机落地。

机上急救是指对遭意外损伤或突然发病的旅客给予立即和暂时的处理,以等待医生到来或送往医疗单位诊治。飞机在飞行中的旅客急救处置原则:及时报告机长并在机上广播寻求医务人员的帮助,在医务人员未到之前或机上无医务人员时,按急救箱内所附的"急救指导"进行急救。

生活中,旅客昏迷的原因很多,如脑外伤、脑供血障碍、血液成分改变、癫痫等,表现为患者跌倒,不省人事。本案例中乘务员的处置是使患者尽量舒适,使病人卧于相对安静处,根据情况决定是否给病人吸氧。对于旅客未能很快清醒者又无禁忌时,应置于恢复体位,半侧俯卧,右腿伸直,左腿屈曲,左臂上举内收,头部低于身体尽量仰伸,以保持呼吸道通畅并防止呕吐物或分泌物进入呼吸道内,并在急救处置后及时记录旅客的详细资料,如旅客姓名、国籍、年龄、性别、职业、身份证号码、家庭住址、联系电话等。

附 录 A

附表1 国内航线部分城市三字代码及名称

三字代码	城市名称	三字代码	城市名称
AAT	阿勒泰	DOY	东营
ACX	兴义	DSN	东胜
AEB	百色	DYG	张家界
AKA	安康	ENH	恩施
AKU	阿克苏	ENY	延安
AOG	鞍山	FOC	福州
AQG	安庆	FUG	阜阳
AVA	安顺	FUO	佛山
AYN	安阳	FYN	富蕴
BAV	包头	GHN	广汉
BFU	蚌埠	GOQ	格尔木
BHY	北海	HAK	海口
BPX	昌都	HEK	黑河
BSD	保山	HET	呼和浩特
CAN	广州	HFE	合肥
CCC	潮州	HGH	杭州
CGD	常德	HJJ	芷江
CGO	郑州	HLD	海拉尔
CGQ	长春	HLH	乌兰浩特
CHG	朝阳	HMI	哈密
CHW	酒泉	HNY	衡阳
CIF	赤峰	HRB	哈尔滨
CIH	长治	HSN	舟山
CKG	重庆	HTN	和田
CNI	长海	HUZ	徽州
CSX	长沙	HYN	黄岩
CTU	成都	HZG	汉中
CZX	常州	INC	银川
DAT	大同	IQN	庆阳
DAX	达县	JDZ	景德镇
DDG	丹东	JGN	嘉峪关
DIG	迪庆	JHG	景洪
DIG	香格里拉	JIL	吉林
DLC	大连	JIU	九江
DLU	大理	JJN	晋江
DNH	敦煌	JMU	佳木斯

(续表)

三字代码	城市名称	三字代码	城市名称
JNG	济宁	SHE	沈阳
JNZ	锦州	SHP	秦皇岛
JUZ	衢州	SHS	荆沙
JZH	九寨沟	SIA	咸阳
KCA	库车	SJW	石家庄
KHG	喀什	SWA	汕头
KHN	南昌	SYM	思茅
KMG	昆明	SYX	三亚
KNC	吉安	SZV	苏州
KOW	赣州	SZX	深圳
KRL	库尔勒	TAO	青岛
KRY	克拉玛依	TCG	塔城
KWE	贵阳	TEN	铜仁
KWL	桂林	TGO	通辽
LHW	兰州	TNA	济南
LIA	梁平	TNH	通化
LJG	丽江	TSN	天津
LUZ	庐山	TXN	黄山
LXA	拉萨	TYN	太原
LXI	林西	URC	乌鲁木齐
LYA	洛阳	UYN	榆林
LYG	连云港	WEF	潍坊
LYI	临沂	WEH	威海
LZH	柳州	WHU	芜湖
MDG	牡丹江	WNZ	温州
MIG	绵阳	WUA	乌海
NAO	南充	WUH	武汉
NDG	齐齐哈尔	WUS	武夷山
NGB	宁波	WUX	无锡
NKG	南京	WUZ	梧州
NNG	南宁	WXN	万县
NNY	南阳	XEN	兴城
NTG	南通	XFN	襄樊
NZH	满洲里	XIC	西昌
PEK	北京	XIL	锡林浩特
PVG	上海浦东	XIN	兴宁
PZI	攀枝花	XIY	西安
SHA	上海虹桥	XMN	厦门

(续表)

三字代码	城市名称	三字代码	城市名称
XNN	西宁	YNJ	延吉
XNT	邢台	YNT	烟台
XUZ	徐州	YNZ	盐城
YBP	宜宾	YUA	元谋
YCU	运城	ZAT	昭通
YIH	宜昌	ZHA	湛江
YIN	伊宁	ZUH	珠海
YIW	义乌	ZYI	遵义

附表 2 国内部分航空公司徽标、名称及两字代码

公司徽标	公司名称	两字代码
	奥凯航空有限公司	BK
	中国国际航空股份有限公司	CA
	国泰航空有限公司	CX
	中国南方航空集团有限公司	CZ
	成都航空有限公司	EU
	上海航空股份有限公司	FM
	华夏航空股份有限公司	G5
	上海吉祥航空有限公司	HO
	海南航空控股股份有限公司	HU
	北京首都航空有限公司	JD

（续表）

公司徽标	公司名称	两字代码
	中国联合航空有限公司	KN
	厦门航空有限公司	MF
	中国东方航空集团有限公司	MU
	河北航空有限公司	NS
	澳门航空股份有限公司	NX
	西部航空有限责任公司	PN
	山东航空股份有限公司	SC
	深圳航空有限责任公司	ZH
	四川航空股份有限公司	3U
	云南祥鹏航空有限责任公司	8L
	春秋航空股份有限公司	9C

附表 3 国外主要航空公司两字代码 (Codes of Airlines)

两字代码	航空公司英文名称	中文名称	国家或地区
A			
AA	American Airlines	美国航空公司	美国
AC	Air Canada	加拿大航空公司	加拿大
AE	Air Europe	欧洲航空公司	英国
AF	Air France	法国航空公司	法国
AH	Air Algeria	阿尔及利亚航空公司	阿尔及利亚
AJ	Air Belgium	比利时航空公司	比利时
AL	Allegheny Airlines Inc.	阿勒格尼航空公司	美国
AM	Aero Mexico	墨西哥航空公司	墨西哥
AN	Ansett Airlines of Australia	澳大利亚安捷航空公司	澳大利亚
AQ	Aloha Airlines	阿罗哈航空公司	美国
AR	Aerolineas Argentinas	阿根廷航空公司	阿根廷
AS	Alaska Airlines Inc.	阿拉斯加航空公司	美国
AV	Aerovias Nacionales decolombia	哥伦比亚国家航空公司	哥伦比亚
AY	Finn Air	芬兰航空公司	芬兰
AZ	Alitalia	意大利航空公司	意大利
B			
BA	British Airways	英国航空公司	英国
BF	Alert Bay Air Services Ltd	阿勒特湾航空公司	加拿大
BI	Royal Brunei Airlines	文莱皇家航空公司	文莱
BL	Belavia Belarusian Airlines	白俄罗斯航空公司	白俄罗斯
BT	Air Baltic	波罗的海航空公司	拉脱维亚
BY	Britannia Airways	大不列颠航空公司	英国
C			
CO	Continental Airlines	大陆航空公司	美国
CP	Canadian Airlines International	加拿大国际航空公司	加拿大
D			
DL	Delta Air Lines	达美航空公司	美国
DT	TAAG-Angola Airlines	安哥拉航空公司	安哥拉
E			
EA	Eastern Airlines	东方航空公司	美国
EG	Japan Asia Airways (JAA)	日本亚洲航空公司	日本
EI	Aer Lingus	爱尔兰航空公司	爱尔兰
EK	Emirates Airlines	阿联酋航空公司	阿拉伯联合酋长国
ER	DHL Airways	敦豪航空公司	美国
ET	Ethiopian Airlines	埃塞俄比亚航空公司	埃塞俄比亚

(续表)

两字代码	航空公司英文名称	中文名称	国家或地区
EY	Etihad Airways	阿联酋联合航空公司	阿拉伯联合酋长国
EZ	Evergreen International Airlines	常青国际航空公司	美国
F			
FG	Ariana Afghan Airlines	阿丽亚娜阿富汗航空公司	阿富汗
FI	Iceland Air	冰岛航空公司	冰岛
FJ	Air Pacific	太平洋航空公司	斐济
FR	Ryan Air	瑞安航空公司	爱尔兰
FX	Federal Express(Fed EX)	联邦快运公司	美国
G			
GA	Garuda Indonesia Airways	印度尼西亚航空公司	印度尼西亚
GF	Gulf Air	海湾航空公司	巴林
GM	Air Slovakia	斯洛伐克航空公司	斯洛伐克
GX	Air Ontario	安大略航空公司	加拿大
H			
HJ	Air Haiti	海地航空公司	海地
HP	American West Airlines	美洲西部航空公司	美国
I			
IA	Iraq Airways	伊拉克航空公司	伊拉克
IC	Indian Airlines	印第安航空公司	印度
IO	Air Paris	巴黎航空公司	法国
IR	Iran Air	伊朗航空公司	伊朗
IT	Air France Europe	法国欧洲航空公司	法国
IW	AOM French Airlines	乌特雷默法国航空公司	法国
IZ	Arkia Israel Inland Airlines	阿基亚以色列航空公司	以色列
J			
JK	Span Air	西班牙航空公司	西班牙
JL	Japan Airlines	日本航空公司	日本
JS	Air Koryo	朝鲜航空公司	朝鲜
J2	Azerbaijan Airlines	阿塞拜疆航空公司	阿塞拜疆
K			
KE	Korean Airlines	大韩航空公司	韩国
KL	KLM Royal Dutch Airlines	荷兰皇家航空公司	荷兰
KM	Air Malta	马耳他航空公司	马耳他
KQ	Kenya Airways	肯尼亚航空公司	肯尼亚
KU	Kuwait Airways	科威特航空公司	科威特
L			

（续表）

两字代码	航空公司英文名称	中文名称	国家或地区
LF	Fly Nordic	瑞典航空公司	瑞典
LH	Lufthansa German Airlines	德国汉莎航空公司	德国
LO	LOT Polish Airlines	波兰航空公司	波兰
LX	Swiss Air	瑞士航空公司	瑞士
LY	Israel Airlines	以色列航空公司	以色列
M			
MH	Malaysia Airlines	马来西亚航空公司	马来西亚
MI	Silk Air	胜安航空公司	新加坡
MM	SAM Colombia	哥伦比亚麦德林航空公司	哥伦比亚
MJ	LAPA	阿根廷航空运输公司	阿根廷
MS	Egypt Air	埃及航空公司	埃及
MX	Mexicana Airlines	墨西哥国际航空公司	墨西哥
N			
NB	JAS	日本佳速航空货运	日本
NH	ANA All Nippon Airways	全日空航空公司	日本
NQ	Orbi Georian Airlines	奥比格鲁及亚航空公司	格鲁吉亚
NW	Northwest Airlines	美国西北航空公司	美国
NZ	New Zealand Airways	新西兰航空公司	新西兰
O			
OA	Olympic Airways	奥林匹克航空公司	希腊
OK	Czech Airlines	捷克航空公司	捷克
OS	Austrian Airlines	奥地利航空公司	奥地利
OV	Estonian Air	爱沙尼亚航空公司	爱沙尼亚
OZ	Asiana Airlines	韩亚航空公司	韩国
P			
PC	Fiji Air	斐济航空公司	斐济
PG	Bangkok Airways	曼谷航空公司	泰国
PK	Pakistan International Airlines	巴基斯坦航空公司	巴基斯坦
PR	Philippine Airlines	菲律宾航空公司	菲律宾
PS	Ukraine International Airlines	乌克兰国际航空公司	乌克兰
PT	Air Sweden	瑞典航空公司	瑞典
PZ	LAPSA Air Paraguay	巴拉圭航空公司	巴拉圭
Q			
QC	Air Zaire	扎伊尔航空公司	扎伊尔
QF	Qantas Airways	澳洲航空公司（澳大利亚快达航空公司）	澳大利亚

(续表)

两字代码	航空公司英文名称	中 文 名 称	国家或地区
QI	Cimber Air	辛博航空公司	丹麦
QN	Royal Airlines	皇家航空公司	加拿大
QR	Qatar Airways	卡塔尔航空公司	卡塔尔
QZ	Zambia Airways	赞比亚航空公司	赞比亚
Q7	SkyBahamas Airlines	巴哈马天际航空	巴哈马
R			
RA	Royal Nepal Airlines	尼泊尔皇家航空公司	尼泊尔
RG	Varig Brazil	巴西航空公司	巴西
RJ	Royal Jordanian	约旦皇家航空公司	约旦
S			
SA	South African Airways	南非航空公司	南非
SD	Sudan Airways	苏丹航空公司	苏丹
SK	Scandinavian Airlines	北欧航空公司	瑞典
SQ	Singapore Airlines	新加坡航空公司	新加坡
SN	SABENA	比利时世界航空公司	比利时
SR	Swiss Air	瑞士航空公司	瑞士
SU	Aeroflot Russian Airlines	俄罗斯国际航空公司	俄罗斯
SV	Saudi Arabian Airlines	沙特阿拉伯航空公司	沙特阿拉伯
S8	EIK Airways	爱沙尼亚航空有限公司	爱沙尼亚
T			
TC	Indian Airlines	印度国家航空公司	印度
TG	Thai Airways International	泰国国际航空公司	泰国
TN	Australian Airlines	澳大利亚航空公司	澳大利亚
TK	Turkish Airlines	土耳其航空公司	土耳其
TO	Orient Thai Airlines	泰国东方航空公司	泰国
TP	TAP Air Portugal	葡萄牙航空公司	葡萄牙
TS	Turkmenistan Airlines	土库曼斯坦航空公司	土库曼斯坦
TU	Tunis Air	突尼斯航空公司	突尼斯
TW	Trans World Airlines Inc.	环球航空公司	美国
U			
UA	United Airlines	联合航空公司	美国
UL	Air Lanka	斯里兰卡航空公司	斯里兰卡
US	U. S. AIR	美国航空公司	美国
UY	Cameroon Airlines	喀麦隆航空公司	喀麦隆
V			
VG	VLM Airlines	维尔姆航空公司	比利时

(续表)

两字代码	航空公司英文名称	中 文 名 称	国家或地区
VJ	Royal Air Cambodge	柬埔寨皇家航空公司	柬埔寨
VN	Vietnam Airlines	越南航空公司	越南
VP	VASP	圣保罗航空公司	巴西
VS	Virgin Atlantic Airways	维珍航空公司	英国
W			
WN	Southwest Airlines	西南航空公司	美国
WT	Nigeria Airway	尼日利亚航空公司	尼日利亚
WV	Air South Airlines	南方航空公司	美国
WY	Oman Air	阿曼航空公司	阿曼
W5	Tajikistan Airlines	塔吉克斯坦航空公司	塔吉克斯坦
4			
4J	Air Arabia	半岛航空公司	阿联酋
5			
5X	United Parcels Service(UPS)	联合包裹服务公司	美国

附表4 世界主要国家或地区的货币(Main Countries and Currencies)

亚 洲			
国家或地区		货 币 单 位	货币缩写
Afghanistan	阿富汗	Afghani	阿富汗尼	Af
Brunei	文莱	Dollar	文莱元	B$
Burma	缅甸	Kyat	缅元	K
Cambodia	柬埔寨	Riel	瑞尔	Ri
Cyprus	塞浦路斯	Pound	塞浦路斯镑	£
China	中国	Chinese Renminbi Yuan	人民币元	RMB(CNY)
Hong Kong	中国香港	H. K. Dollar	港元	HK$
India	印度	Rupee	印度卢比	Rs
Indonesia	印度尼西亚	Rupiah	印尼卢比	RP
Iran	伊朗	Rial	伊朗里亚尔	RLs
Iraq	伊拉克	Dinar	伊拉克第纳尔	ID
Israel	以色列	Pound	以色列镑	I£
Japan	日本	Yen	日元	J
Jordan	约旦	Dinar	约旦第纳尔	JD
Korea	韩国	Won	韩元	KRW
Kuwait	科威特	Dinar	科威特第纳尔	KD
Laos	老挝	Kip	基普	Kip
Lebanon	黎巴嫩	Pound	黎巴嫩镑	L£

（续表）

亚　洲				
国家或地区		货　币　单　位		货币缩写
Macao	中国澳门	Pataca	澳门元	Pat
Malaysia	马来西亚	Dollar	马来西亚元	M＄
Nepal	尼泊尔	Rupee	尼泊尔卢比	NR
Pakistan	巴基斯坦	Rupee	巴基斯坦卢比	PRs
Philippine	菲律宾	Peso	菲律宾比索	P
Saudi Arabia	沙特阿拉伯	Riyal	沙特里亚尔	SRI
Singapore	新加坡	Dollar	新加坡元	S＄
Syria	叙利亚	Pound	叙利亚镑	LS
Thailand	泰国	Baht	泰铢	B
Vietnam	越南	Dong	越南盾	D

欧　洲				
国家或地区		货　币　单　位		货币缩写
Albania	阿尔巴尼亚	Lek	列克	Lek
Austria	奥地利	Europe Dollar	欧元	EUR(€)
Belgium	比利时	Europe Dollar	欧元	EUR(€)
Bulgaria	保加利亚	Lev	保加利亚列弗	L
Czech	捷克	Koruna	捷克克朗	CZK
Slovakia	斯洛伐克	Koruna	斯洛伐克克朗	SKK
Denmark	丹麦	Krone	丹麦克朗	DKr
Finland	芬兰	Europe Dollar	欧元	EUR(€)
France	法国	Europe Dollar	欧元	EUR(€)
Germany	德国	Europe Dollar	欧元	EUR(€)
Britain	英国	Pound	英镑	£
Greece	希腊	Europe Dollar	欧元	EUR(€)
Hungary	匈牙利	Forint	匈牙利福林	Ft
Iceland	冰岛	Krona	冰岛克朗	IKr
Ireland	爱尔兰	Europe Dollar	欧元	EUR(€)
Italy	意大利	Europe Dollar	欧元	EUR(€)
Luxembourg	卢森堡	Europe Dollar	欧元	EUR(€)
Malta	马耳他	Lira	马尔他里拉	Lm
Netherlands	荷兰	Europe Dollar	欧元	EUR(€)
Norway	挪威	krone	挪威克朗	NKr
Poland	波兰	Zloty	波兰兹罗提	Zl
Portugal	葡萄牙	Europe Dollar	欧元	EUR(€)
Romania	罗马尼亚	Leu	罗马尼亚列伊	Lv

(续表)

欧　　洲			
国家或地区		货　币　单　位	货币缩写
Spain	西班牙	Europe Dollar　欧元	EUR(€)
Sweden	瑞典	Krona　瑞典克朗	SKr
Switzerland	瑞士	Swiss Franc　瑞士法郎	Sf
Turkey	土耳其	Lira　土耳其里拉	LT
Russia	俄罗斯	Ruble　卢布	R
美　　洲			
国家或地区		货　币　单　位	货币缩写
Argentina	阿根廷	Peso　阿根廷比索	$ a
Bolivia	玻利维亚	Peso　玻利维亚比索	$ b
Brazil	巴西	Cruzeiro　巴西克鲁赛罗	Cr $
Canada	加拿大	Dollar　加拿大元	Can $
Chile	智利	Peso　智利比索	E
Colombia	哥伦比亚	Peso　哥伦比亚比索	Col. P
Cuba	古巴	Peso　古巴比索	$,Cub $
Ecuador	厄瓜多尔	Sucre　苏克雷	SI
Jamaica	牙买加	Dollar　牙买加元	J $
Mexico	墨西哥	Peso　墨西哥比索	Mex $
Nicaragua	尼加拉瓜	Cordoba　尼加拉瓜科多巴	C $
Panama	巴拿马	Balboa　巴拿马巴波亚	B
Peru	秘鲁	Sol　秘鲁索尔	SI
Trinidad & Tobago	特立尼达和多巴哥	Dollar　特立尼达和多巴哥元	TT $
USA	美国	Dollar　美元	USA $
Uruguay	乌拉圭	Peso　乌拉圭新比索	Urug $
Venezuela	委内瑞拉	Bolivar　委内瑞拉博利瓦	$ b
非　　洲			
国家或地区		货　币　单　位	货币缩写
Algeria	阿尔及利亚	Dinar　阿尔及利亚第纳尔	DA
Angola	安哥拉	Escudo　埃斯库多	Esc
Cameroon	喀麦隆	CFA－Franc　非洲金融共同体法朗	CFAF
Central African	中非	CFA－Franc　非洲金融共同体法朗	CFAF
Chad	乍得	CFA－Franc　非洲金融共同体法朗	CFAF
Congo	刚果	CFA－Franc　非洲金融共同体法朗	CFAF
Egypt	埃及	Pounds　埃及镑	E
Ethiopia	埃塞俄比亚	Ethiopia Birr　埃塞俄比亚比尔	BR
Gabon	加蓬	CFA－Franc　非洲金融共同体法朗	CFA－Fr

(续表)

非　　洲			
国家或地区		货币单位	货币缩写
Ghana	加纳	new cedi	新塞地	NC
Kenya	肯尼亚	Shilling	肯尼亚先令	SH
Ivory Coast	象牙海岸	CFA－Franc	非洲金融共同体法朗	CFAF
Liberia	利比里亚	Dollar	利比里亚元	$,Lib $
Libya	利比亚	Dinar	利比亚第纳尔	LD
Madagascar	马达加斯加	Franc	马达加斯加法朗	MFr
Mali	马里	CFA－Franc	非洲金融共同体法朗	FM
Mauritania	毛里塔尼亚	Ouguiya	毛里塔尼亚乌吉亚	UM
Mauritius	毛里求斯	Rupee	毛里求斯卢比	MR
Morocco	摩洛哥	Dirham	摩洛哥迪拉姆	DH
Niger	尼日尔	CFA－Franc	非洲金融共同体法朗	CFAF
Nigeria	尼日利亚	Naira	尼日利亚奈拉	N
Rwanda	卢旺达	Franc	卢旺达法朗	RF
Senegal	塞内加尔	CFA－Franc	非洲金融共同体法朗	CFA－FR
Somalia	索马里	Somali－Shilling	索马里先令	SoSh
South Africa	南非	rand	南非兰特	Rand
Sudan	苏丹	Pound	苏丹镑	£S
Tanzania	坦桑尼亚	Shilling	坦桑尼亚先令	TSh
Togo	多哥	CFA－Franc	非洲金融共同体法朗	CFAF
Tunisia	突尼斯	Dinar	突尼斯第纳尔	TD
Uganda	乌干达	Shilling	乌干达先令	USh
Zambia	赞比亚	Kwacha	赞比亚克瓦查	K
大　洋　洲			
国家或地区		货币单位	货币缩写
Australia	澳大利亚	Dollar	澳大利亚元	A $
Fiji	斐济	Dollar	斐济元	F $
New Zealand	新西兰	Dollar	新西兰元	NZ $

附表5　各航空公司所飞国内主要东线地标

航线	时间	距离/千米	省份	地标
北京—上海	1小时30分钟	1160	河北、山东、江苏	大运河、黄河、长江、泰山、骆马湖、洪泽湖、太湖
北京—南京	1小时25分钟	946	河北、山东、江苏	大运河、黄河、长江、泰山、骆马湖、洪泽湖
北京—温州	2小时05分钟	1578	河北、山东、江苏、浙江	大运河、黄河、长江、泰山、雁荡山、骆马湖、洪泽湖、太湖

(续表)

航线	时间	距离/千米	省 份	地 标
北京—杭州	1小时40分钟	1200	河北、山东、江苏、浙江	大运河、黄河、长江、钱塘江、泰山、骆马湖、洪泽湖
北京—青岛	0小时55分钟	635	河北、山东	海河、黄河、渤海、莱州湾、胶州湾

附表6　各航空公司所飞国内主要西线地标

航线	时间	距离/千米	省 份	地 标
北京—西安	1小时30分钟	1046	河北、山西、陕西	汾河、黄河、渭河、太行山、秦岭
北京—成都	2小时25分钟	1630	河北、山西、陕西、四川	汾河、渭河、嘉陵江、太行山、吕梁山、秦岭、华山
北京—昆明	3小时10分钟	2210	河北、山西、陕西、四川、贵州、云南	汾河、黄河、渭河、长江、太行山、吕梁山、秦岭、华山、滇池
北京—乌鲁木齐	3小时30分钟	2634	河北、内蒙古、宁夏、甘肃、新疆	黄河、天山、祁连山、燕山
乌鲁木齐—广州	4小时15分钟	3773	新疆、甘肃、四川、贵州、广西、广东	长江、珠江、天山、祁连山

附表7　各航空公司所飞国内主要东北线地标

航线	时间	距离/千米	省 份	地 标
北京—沈阳	0小时55分钟	633	河北、辽宁	密云水库、辽河、燕山、长城
北京—哈尔滨	1小时15分钟	1044	河北、内蒙、吉林、黑龙江	滦河、西辽河、松花江、燕山、长城
北京—延吉	1小时15分钟	1030	河北、辽宁、吉林	辽河、松花江、图门江、燕山、长城、长白山
北京—大连	0小时50分钟	607	河北、辽宁	海河、渤海湾

附表8　各航空公司所飞国内主要南线地标

航线	时间	距离/千米	省 份	地 标
北京—广州	2小时40分钟	2000	河北、河南、湖北、湖南、广东	黄河、淮河、长江、珠江、罗霄山、南岭、白云山
北京—武汉	1小时20分钟	1120	河北、河南、湖北	黄河、淮河、长江
北京—深圳	2小时40分钟	2146	河北、河南、湖北、湖南、广东	黄河、淮河、长江、罗湖、罗霄山、南岭
北京—海口	3小时20分钟	2543	河北、河南、湖北、湖南、广西、广东、海南	黄河、淮河、长江、湘江、漓江、雷州湾、琼州海峡

(续表)

航　线	时　间	距离/千米	省　份	地　标
北京—香港	2 小时 50 分钟	2265	河北、河南、湖北、湖南、广东	黄河、淮河、长江、珠江、罗霄山、南岭、白云山
北京—厦门	2 小时 20 分钟	1902	河北、山东、江苏、浙江、福建	大运河、黄河、长江、富春江、闽江、骆马湖、洪泽湖、高邮湖、太湖、泰山
杭州—大连	1 小时 40 分钟	1192	浙江、江苏、山东、辽宁	杭州湾
黄山—广州	1 小时 20 分钟	980	安徽、江西、广东	赣江、鄱阳湖
南昌—深圳	1 小时 10 分钟	756	江西、广东	赣江、珠江
三亚—北京	3 小时 30 分钟	2715	海南、广东、广西、湖南、湖北、河南、河北	黄河、长江、湘江、洞庭湖
武夷山—深圳	1 小时 30 分钟	864	福建、广东	

1. 国内航线飞越的主要地标介绍

1) 大运河（Grand Canal）

大运河北起北京通县，南至浙江杭州，途经北京、天津、河北、山东、江苏、浙江 4 省 2 市，沟通了海南、黄河、淮河、长江、钱塘江五大水系。全长 1790 千米。

2) 长江（Changjiang River/Yangtze River）

长江是中国第一大河。长江的北源沱沱河出自青海省西南边境唐古拉山脉雪山，与长江南源当曲汇合后称通天河；南流到玉树市巴塘河口以下至四川省宜宾市之间称金沙江；宜宾以下始称长江；扬州以下旧称扬子江，在上海称黄浦江。长江流经青海、四川、西藏、云南、重庆、湖北、湖南、江西、安徽、江苏、上海等省、市、自治区，在上海市注入东海；有雅砻江、岷江、沱江、嘉陵江、乌江、湘江、汉江、赣江、青弋江、黄浦江等支流。在江苏省镇江市同京杭大运河相交，全长 6380 千米，流域面积 180 万平方千米。

3) 滇池（Dianchi Lake）

滇池位于昆明市南的西山脚下，其北端紧邻昆明市大观公园，南端至晋宁区内，距市区 5 千米。在历史上，这里一直是度假观光和避暑的胜地。滇池古名滇南泽，又名昆明湖，距昆明市约 20 千米。滇池东南北三面有盘龙江等 20 余条河流汇入，湖水由西面海口流出，经普渡河而入金沙江。滇池形似弦月，南北长 39 千米，东西宽 13.5 千米，平均宽度约 8 千米。湖岸线长约 200 千米；湖面面积 300 平方千米，居云南省首位。湖水最大深度 8 米，平均深度 5 米，蓄水量 15.7 亿立方米，素称"五百里滇池"，是中国第六大内陆淡水湖。

4) 黄河（Huanghe River）

黄河是我国第二大河，世界第五大河，源于青海省巴颜喀拉山脉北麓（源头海拔 4800 米），干流贯穿九个省、自治区，流经青海、四川、甘肃、宁夏、内蒙古、陕西、山西、河南、山东,全长 5464 千米,流域面积 75 万平方千米,年径流量 574 亿立方米,平均径流深度 79 米。黄河水量不及珠江大,沿途汇集有 35 条主要支流,较大的支流在上游,有湟水、洮河;在中游有清水河、汾河、渭河、沁河;下游有伊、洛河。黄河两岸缺乏湖泊,黄河下游流域面积很小,流入黄河的河流很少。黄河的入海口河宽 1500 米,一般为 500 米,较窄处只有 300 米,水深一般为 2.5 米,有的地方深度只有 1.2～1.3 米。

5) 海河(Hai He River)

海河是中国华北地区主要的大河之一。海河由北运河、永定河、大清河、子牙河、南运河五条河流自北、西、南三面汇流至天津后东流到大沽口入渤海,故又称沽河。

海河干流自金钢桥以下长 73 千米,河道狭窄多弯。海河流域东临渤海,南界黄河,西起太行山,北倚内蒙古高原南缘,地跨京、津、冀、晋、鲁、豫、辽、内蒙古八省(自治区、直辖市),全长 1090 千米。流域面积为 31.78 万平方千米,占全国总面积的 3.3%,其中山区约占 54.1%,平原约占 45.9%。

6) 淮河(Huaihe River)

淮河是中国长江和黄河之后的大河。洪泽湖以下为淮河下游,水分三路下泻。主流通过三河闸,出三河,经宝应湖、高邮湖在三江营入长江,至此全长约 1000 千米,流域面积 187000 平方千米;另一路在洪泽湖东岸出高良涧闸,经苏北灌溉总渠在扁担港入黄海;第三路在洪泽湖东北岸出二河闸,经淮沭河。

7) 赣江(Ganjiang River)

赣江是中国江西省最大的河流,长江下游重要支流之一,位于长江以南、南岭以北。西源章水出自广东省毗连江西南部的大庾岭,东源贡水出自江西省武夷山区的九连山,在赣州汇合称赣江;北流经吉安、清江、丰城到南昌市注入鄱阳湖,后泻入长江,长 758 千米,流域面积 81600 平方千米。中、上游多礁石险滩,水流湍急;下游江面宽阔,多沙洲。主要支流有信江、锦江等。赣州以下可以通航。旧时赣江沿岸各地是长江下游与两广的交通纽带。

赣江南北流贯江西省,包括贡水在内全长 751 千米,是长江的第七大支流,也是江西省最大的河流。赣江古称扬汉(杨汉)、湖汉等,流域面积 8.35 万平方千米,占江西省面积的 51%,以万安、新淦为界,分为上游、中游、下游三段。

8) 珠江(Zhujiang River)

珠江是中国南方最大的河系,与长江、黄河、淮河、海河、松花江、辽河并称中国七大江河。

珠江旧称粤江,是中国境内第三大河流,按年流量为中国第二大河流,全长 2400 千米。珠江原指广州到入海口的一段河道,后逐渐成为西江、北江、东江和珠江三角洲诸河的总称。

珠江干流西江发源于云南省东北部沾益区的马雄山,干流流经云南、贵州、广西(自治区)、广东四省及香港、澳门特别行政区。在广东三水与北江汇合,从珠江三角洲地区的8个入海口流入南海。北江和东江水系几乎全部在广东境内。

9) 辽河(Liaohe River)

辽河为中国东北地区南部大河,流经河北、内蒙古、吉林和辽宁四个省区,在辽宁盘山县注入渤海,长1430千米。辽河上游分东、西两支。东辽河源于吉林省辽源市哈达岭附近,水从山洞中流出,经东部山地丘陵在三江口入辽宁省,长383千米。西辽河有两源头:一源头来自河北省平泉市光头岭,流入内蒙古自治区宁城县,称老哈河,长873千米;另一源头来自内蒙古克什克腾旗白岔山,称西拉木伦河,长380千米。老哈河、西拉木伦河在通辽市的苏家铺汇合后称西辽河。西辽河长449千米,东流在吉林省双辽市内转向南流,在辽宁省昌图县福德店与东辽河汇合后,始称辽河。辽河干流长512千米,自东北向西南贯穿辽河平原。平原由深厚的河流冲积物构成,地势平坦,间有沼泽分布。辽河水系包括辽河、浑河、太子河、绕阳河等,流域总面积22940平方千米。

10) 鄱阳湖(Po-yang Lake)

中国最大的淡水湖,古称彭蠡泽、彭泽或澎湖,在江西省北部,汇集赣江、修水、鄱江、信江、抚江等水经湖口注入长江。湖盆由地壳陷落、不断淤积而成,形似葫芦,南北长110千米,东西宽50～70千米,北部狭窄仅5～15千米。在平水位(14～15米)时,湖水面积为3050平方千米;高水位(21米)时,为3583平方千米。但低水位(12米)时仅500平方千米,以致"夏秋一水连天,冬春荒滩无边",使数百万亩湖滩地不能大量耕种,还易滋生草滩钉螺。

11) 太湖(Taihu)

中国第三大淡水湖,在江苏省南部,古称震泽、具区、笠泽,由长江、钱塘江下游泥沙封淤古海湾而成。正常水位3米时,湖面积2250平方千米,平均水深1.94米,蓄水27.2亿立方米。

12) 泰山(Taishan Mountain/Mount Tai)

泰山又称岱山、岱宗、岱岳、东岳、泰岳等,名称之多,实为全国名山之冠。泰山突兀地立于华北大平原边上的齐鲁古国,同衡山、恒山、华山、嵩山统称"五岳",因地处东部,故称东岳。泰山地处山东中部,泰山南麓北依省会济南,南临"圣城"曲阜,东连"齐都"淄博,西滨黄河。

13) 华山(Huashan Mountain)

华山被称为"西岳",是我国著名的五岳之一,位于陕西省华阴市境内,距西安120千米,海拔2154.9米。华山南接秦岭,北瞰黄渭,扼守着古代中国心脏地区——古称"天府之国"的长安关中地区、进出中原的门户,素有"奇险天下第一山"之称。

14) 秦岭(Qin Ling)

秦岭是横亘于中国中部的东西走向的巨大山脉,西起甘肃省临潭县北部的白石山,以迭山与昆仑山脉分界,向东经天水南部的麦积山进入陕西。

秦岭在陕西与河南交界处分为三支:北支为崤山,余脉沿黄河南岸向东延伸,通称邙山;中支为熊耳山;南支为伏牛山。

山脉南部一小部分由陕西延伸至湖北郧阳区。秦岭山脉全长1600多千米,南北宽数十千米至二三百千米,面积广大,气势磅礴,蔚为壮观。

陕西境内的秦岭呈蜂腰状分布,东、西两翼各分出数支山脉。西翼的三支为大散岭(海拔2819米)、凤岭(海拔2000米)和紫柏山(海拔2538米);东翼分支自北向南依次为华山(海拔1997米)、蟒岭山、流岭和新开岭。山岭与盆地相间排列,有许多深切山岭的河流发育。秦岭中段主体为太白山(海拔3767米)、鳌山(海拔3476米)、首阳山(海拔2720米)、终南山(海拔2604米)、草链岭(海拔2646米)。

秦岭山体横亘,对东亚季风有明显的屏障作用,是南北气候上的分界线,又是黄河支流渭河与长江支流嘉陵江、汉江的分水岭。

15) 天山(Tianshan Mountain)

天山是亚洲中部的一条大山脉,横贯中国新疆的中部,西端伸入哈萨克斯坦。天山长约2500千米,宽250~300千米,平均海拔约5000米,最高峰海拔为7435.3米,汗腾格里峰海拔6995米,博格达峰海拔5445米。这些高峰都在中国境内,峰顶白雪皑皑。

16) 长白山(Changbai Mountain/Changbai Shan)

长白山位于吉林省东南部地区,东经100°10′~100°20′,北纬40°10′~100°20′之间的地带。长白山主峰白头山为东北最高峰,海拔2690米。长白山主峰附近的白头山天池是中、朝两国界湖,湖面海拔2194米,面积9平方千米。长白山是一座休眠火山。

2. 各岗位乘务员应急撤离的职责及携带物品

附表9　B737-300机型岗位职责及携带物品

乘务员代码	职　责	携带物品	脱出位置
PS1	(1) 负责舱内总指挥; (2) 负责L1门指挥; (3) 负责广播; (4) 检查客舱	旅客舱单; 手电筒; 麦克风	L1或R1
FS2	(1) 负责前厨房; (2) 负责R1门指挥	手电筒; 食品、饮料; 药箱	R1
SS3	(1) 负责右翼上出口指挥; (2) 负责舱内旅客	手电筒; 药箱	左、右翼出口
SS4	(1) 负责L2门指挥; (2) 负责打开应急灯	手电筒; 发报机	L2
SS5	(1) 负责后厨房; (2) 负责R2门指挥; (3) 负责地面指挥	手电筒; 食品、饮料; 麦克风	R2

附录 A

附表 10 B767-200 机型岗位职责及携带物品

乘务员代码	职 责	携带物品	脱出位置
CF1	(1) 负责舱内总指挥; (2) 负责广播; (3) 负责打开应急灯; (4) 检查客舱左通道	旅客舱单; 手电筒; 麦克风	L2
CS2	(1) 负责前厨房; (2) 负责 R1 门指挥; (3) 检查客舱右通道	手电筒; 食品、饮料; 药箱	R1
CS3	(1) 负责公务舱右翼出口指挥; (2) 负责 L1 门指挥	手电筒; 发报机	L1
SS4	(1) 负责 B 舱左侧客舱; (2) 负责左翼紧急出口指挥; (3) 负责关闭娱乐系统	手电筒	左翼紧急出口
SS5	(1) 负责后厨房; (2) 负责 R2 门指挥; (3) 负责地面指挥	手电筒; 药箱	右翼紧急出口
PS6	(1) 普通舱总指挥; (2) 先下飞机负责地面总指挥	手电筒; 麦克风	L2
SS7	(1) C 舱右通道; (2) 负责 R2 门指挥	手电筒; 药箱	R2
SS8	(1) 负责后厨房; (2) 负责 L2 门指挥	手电筒; 食品、饮料	L2

附表 11 B767-300 机型岗位职责及携带物品

乘务员代码	职 责	携带物品	脱出位置
CF1	(1) 负责舱内总指挥; (2) 负责广播; (3) 负责打开应急灯; (4) 检查客舱左通道	旅客舱单; 手电筒; 麦克风	L3
FS2	(1) 负责头等舱厨房; (2) 负责 R1 门指挥; (3) 检查客舱右通道	手电筒; 食品、饮料; 药箱	R3
FS3	(1) 负责头等舱; (2) 负责 L1 门指挥	手电筒; 发报机	L1
PS4	(1) 负责公务舱; (2) 负责 L2 门指挥; (3) 负责关闭娱乐系统	手电筒; 药箱	L2

189

（续表）

乘务员代码	职　责	携带物品	脱出位置
CS5	（1）负责中厨房； （2）负责 R2 门指挥	手电筒； 药箱	R2
PS6	（1）普通舱总指挥； （2）普通舱左通道； （3）先下飞机负责地面总指挥	手电筒； 麦克风	L3
SS7	（1）普通舱左通道后部； （2）翼上左出口	手电筒	左翼紧急出口
SS8	（1）普通舱右通道前部； （2）翼上右出口	手电筒	右翼紧急出口
SS9	（1）普通舱右通道右边； （2）负责 R3 门指挥	手电筒	R3
SS10	（1）负责后厨房； （2）负责 L3 门指挥	手电筒、药箱； 食品、饮料	L3

附表 12　B777－200 机型岗位职责及携带物品

乘务员代码	职　责	携带物品	脱出位置
CF1	（1）负责舱内总指挥； （2）负责广播； （3）检查 L 通道	旅客舱单； 手电筒； 麦克风	L4
SS2	（1）负责中厨房； （2）负责 L2 门指挥	手电筒； 药箱	L2
SS3	负责 R2 门指挥	手电筒； 饮料	R2
PS4	（1）负责打开应急灯； （2）负责检查指挥 Y1 舱 L 通道； （3）负责关闭娱乐系统	手电筒； 饮料	L2
CS5	（1）负责前厨房； （2）负责 L1 门指挥	手电筒； 发报机	L1
PS6	（1）普通舱总指挥； （2）普通舱左通道； （3）先下飞机负责地面总指挥	手电筒； 麦克风	L4
SS7	负责 L3 门指挥	手电筒	L3
SS8	负责 R4 门指挥	手电筒； 发报机	R4
SS9	负责 R3 门指挥	手电筒	R3
SS10	协助 L3 门指挥	手电筒； 药箱	L3

(续表)

乘务员代码	职责	携带物品	脱出位置
SS11	(1) 负责后厨房； (2) Y2舱R通道检查和指挥	饮料； 食品	R3
SS12	负责L4门指挥	手电筒； 药箱	L4
CS13	(1) 负责R1门指挥； (2) R通道的最后客舱检查	手电筒； 药箱	R4
CS14	Y1舱R1通道的指挥和检查	手电筒	R3

附表13　A-300机型岗位职责及携带物品

乘务员代码	脱出位置	座位排数/排	旅客人数/人	携带物品
PF1	L1	1~4	12	手电筒、发报机、鞋
SS4	R1			药箱、手电筒、食品
PS2	L2	9~23	55	手电筒、食品
SS5	R2			手电筒、食品、鞋
SS6	L3	24~32	35	手电筒
SS7	R3			
PS3	L4	33~42	35	手电筒、麦克风、鞋
SS8				手电筒、发报机、食品
SS9	R4			手电筒、鞋、食品
SS10				手电筒、药箱
PS1	指挥	涌舱检查最后下机，携带舱单、麦克风		

附表14　水上撤离乘务员的职责及携带物品（B737-800）

乘务员代码	职责	携带物品	脱出位置
PS1	(1) 负责舱内总指挥； (2) 负责L1门指挥； (3) 负责广播； (4) 船与机体分离	旅客舱单； 手电筒； 麦克风	L1
SS2	(1) 负责L2门指挥； (2) 船与机体分离； (3) 确认、打开应急灯	发报机； 手电筒	L2
SS3	(1) 负责前厨房； (2) 负责R1门指挥； (3) 船与机体分离	手电筒； 药箱	R1

(续表)

	职 责	携带物品	脱出位置
SS4	(1) 负责后厨房； (2) 负责 R2 门指挥； (3) 船与机体分离	手电筒； 麦克风	R2
SS5 SS6	负责左右翼上出口指挥	手电筒； 药箱	L2/R2

3. 飞行任务单(Flight Task Documents)

附表15 飞行任务单

```
              ××航空公司飞行任务单
               (Flight Task Documents)

机型(AC TYPE)：                机号(AC REG)：
机长(Captain)：                 检查员(Inspector)：
资深副驾驶(Senior first officer)：
一副(First officer)：            检查种类(Type of check)：
二副(Second officer)：
学员(Student pilot)：           机械师(Mechanic)：
随机(On board)：                报务员(Radio operator)：

主任乘务长(Chief Purser)：
乘务长(Purser)：
安全员(Safety officer)：
检查员(Inspector)：
乘务员(Flight attendant)：
```

日期 (YY/MM/DD)	航班号 (Flight No.)	起飞时间 (Take-off time)	航段 (Segment)	性质 (STC)

计划空中飞行时间：

周航班计划由乘务调度中心——乘务计划室于固定时间在各发布点及公司内部网发布,乘务员应自觉确认本周航班。

日航班计划由乘务调度中心——乘务调度室于每日固定时间在各发布点及公司内部网发布,乘务员应自觉确认次日航班。

次日备份人员必须于每天固定时间前,主动向乘务调度室确认次日的飞行任务。

4. 摄氏度与华氏度换算关系

目前,世界上采用摄氏温标(Celsius temperature scale)和华氏温标(Fahrenheit

temperature scale)两种计量温度单位:摄氏度(℃)及华氏度(℉)。

$$华氏温度＝摄氏温度×1.8＋32$$

5. 安全须知(A319)

为了您的安全,请仔细阅读安全须知,理解内容,并遵照执行。

(1) 旅客须知:盗窃、故意损坏或者擅自移动求生物品属于违法行为;紧急出口是一个特殊座位,如果您坐在紧急出口那一排,当紧急情况发生时,将要由您来打开出口,并协助机组人员。因此,您如有下列情况,请要求调换此座位:

① 自认体力和健康状况不佳;

② 缺乏在紧急情况下处事的勇气和能力;

③ 听力、视力、语言障碍;

④ 不明白这本小册子所教授的内容;

⑤ 携带小孩旅行的旅客;

⑥ 年龄在 15 岁以下;

⑦ 不愿救助他人。

(2) 起飞降落时(TAKE-OFF AND LANDING):

① 手提行李请放在前面座椅下(Put hand luggage under the seat in front of you.);

② 起飞或者降落时,请将小桌板收起,将座椅靠背调节到正常位置(During take-off and landing please stow the tray table and adjust the seat back to the normal position.)。

(3) 电子设备(ELECTRONIC DEVICES):

① 全程禁止使用电子、电器设备(Do not use electrical or electronic devices during flight.);

② 在飞机起飞、爬升、下降、落地滑行等飞行关键阶段禁止使用电子、电器设备(During the crucial period of take-off and landing,please do not use any electrical or electronic devices.);

③ 飞行期间,当机组人员发现存在电子干扰,并怀疑该干扰来自机组上的乘客使用的便携电子设备,且旅客不听劝告继续使用电子设备时,机组人员有权强制该电子设备的使用(During flight,when there is presenge of electronic interference suspected from portable electronic devices using by passengers,and who refused to stop using it regardless of exhortations, crew members are authorized to compel him/her to stop using it.)。

(4) 氧气使用(需要时会自动脱落)[Use of oxygen(drop automaticlly if needed.)],见附图 1。

(5) 紧急撤离指示灯以及有烟雾时的救生通道(INDICATING EMERGENCY LIGHTS ON FLOOR & ESCAPE PATH),见附图 2。

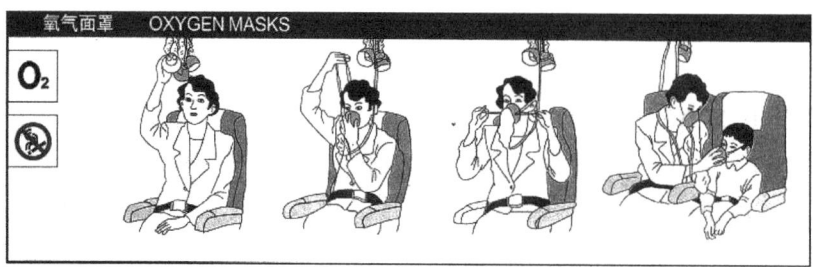

附图1

附图2

（6）紧急降落时的安全姿势（BRACE POSITION），见附图3。

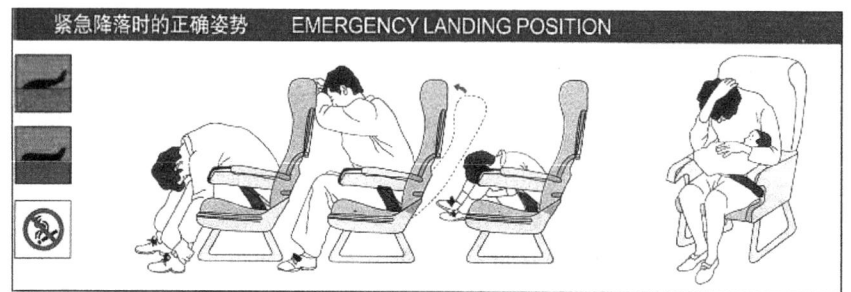

附图3

（7）陆地紧急撤离（LAND EVACUATION），见附图4。

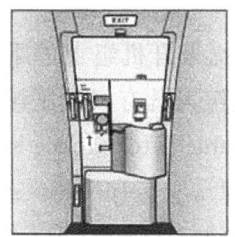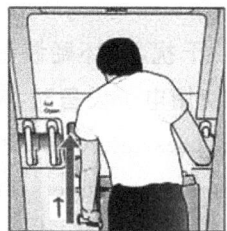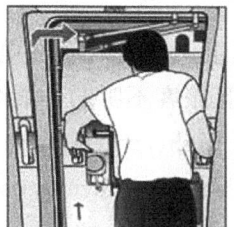

附图4

（8）紧急出口开启（TO OPEN EMERGENCY EXIT），见附图5。当出口周围发生火灾，有烟雾或者障碍物时，把乘客引至别的出口（When there is a fire, smoke or obstruction at an exit, guide passengers to othere exits.）。

（9）水上迫降撤离（DITCHING EVACUATION），见附图6。

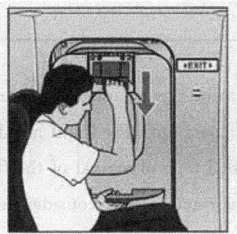

附图 5

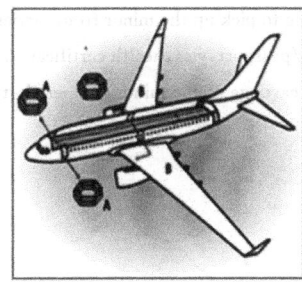

附图 6

(10) 救生衣的使用方法(USE OF LIFE VEST),见附图 7。

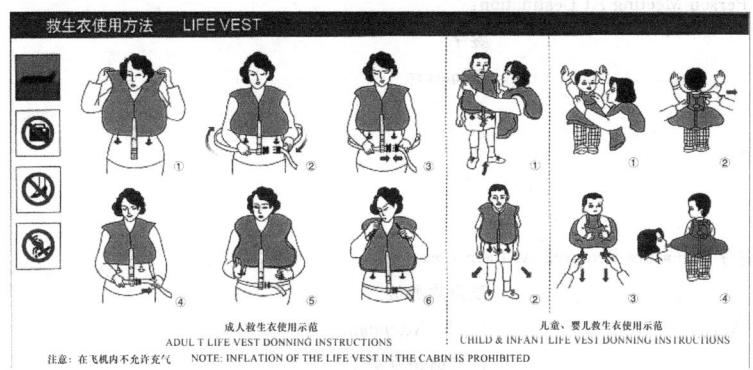

附图 7

6. UM 交接单

附表 16　UM 无成人陪伴儿童乘机申请单(Request Carriage)

儿童姓名 Minor's Name:		年龄 Age:	性别 Sex:
从 from	自 To	航班号 Flight	日期 Date
申请人声明： 我确认上述姓名的儿童在出发和到达时,由下述姓名的人负责迎送。我将留候在出发地机场直至航班起飞,下述姓名的接领人也经安排将在航班到达时在机场迎候。如该儿童未被指定人接领,我授权承运人为保护儿童的安全,可以采取必要的行动包括将其送回始发地,我同意支付由此发生的合理费用。一旦该儿童被送回始发地,我将前往机场将其接回。我确信上述儿童已经具备相关法令要求的一切有效的旅行证件(身份证/护照、签证、健康证明书及其他),我同意并为该儿童申请无人陪伴运输,并保证所提供的咨询情况正确无误。			

(续表)

Applicant Statement：
I confirm that I have arranged for the minor named above to be accompanied to the airport on departure and met on arrival by the persons named below. I will remain at the airport until the flight has departed and have arranged for the person named below to be at the airport at the scheduled time of arrival of the flight. Should the minor not be met as stated above. I authorize the carrier to take whatever action they consider necessary to ensure the minor's safe custody, including return of the minor to the airpotr of departure, and I agree to indemnify and reimburse the Carrier's for the necessary and reasonable expenses incurred by them in taking such action. In the event that carrier returns the minor to the airport of departure, I agree that I will be available to pick up the minor from carrier's custody. I certify that the minor is in possession of all travel documents(I. D. /passport, visa, health certificate, etc.)required by the applicable laws. I agree to and request the unaccompaniedd carriage of the minor and certify that the information provided is accurate.

申请人姓名	日期
Name(Print)	Date
签字	联系电话
Signature	phone Numbers
住址	
Address	

终点站接领人 Person Meeting At Destination：

姓名	签字
Name(Print)	Signature
联系电话	
phone Numbers	
住址	
Address	

各地服务人员签字 Signature Required At Each Location：

始发航站	航班乘务员
Origin Airport Agent	Flight Attendant
中转航站	衔接航班乘务员
Transfer Airport Agent	Connecting Flight Attendant
终点航站	
Termination Airport Agent	

7. VIP 通知单

附表 17　××航空公司 VIP 信息传递卡

航班号：　　飞机号：　　停机位：　　年　月　日

座位号	姓名	性别	职务	备注

第一联　服务员

说明：此卡用于 VIP 服务员与乘务员之间信息传递。　　服务员：　　乘务员：

8. 特殊旅客乘机通知单

附表 18 特殊旅客乘机通知单   序号：

航班/日期	特服种类	1. 担架旅客 2. 轮椅旅客 3. 患病旅客 4. 盲人旅客 5. 聋哑旅客 6. 犯人 7. 其他				第一联 特服项目留存
旅客姓名		特服种类编号	座位号	到达站	机上特服要求	

特服服务员：   登机口服务员：   当班乘务长：

参 考 文 献

[1] 高宏,安玉新,王化峰,等.空乘服务概论[M].北京:旅游教育出版社,2007.
[2] 张黎宁,刘丽新.民航客舱服务[M].北京:高等教育出版社,2007.
[3] 张澜.民航服务心理与实务[M].北京:旅游教育出版社,2007.
[4] http://www.carnoc.com.